ÂMAGO:
OBSCURO

Catalogação na Fonte
Elaborado por: Josefina A. S. Guedes
Bibliotecária CRB 9/870

R763a 2023	Romeu, Raquel Âmago: obscuro / Raquel Romeu. – 1. ed. – Curitiba : Appris, 2023. 290 p. ; 23 cm. ISBN 978-65-250-4810-9 1. Ficção brasileira. 2. Mitologia. 3. O Contemporâneo I. Título. CDD – B869.3

Editora e Livraria Appris Ltda.
Av. Manoel Ribas, 2265 – Mercês
Curitiba/PR – CEP: 80810-002
Tel. (41) 3156 - 4731
www.editoraappris.com.br

Printed in Brazil
Impresso no Brasil

Raquel Romeu

ÂMAGO:

OBSCURO

Appris
editora

FICHA TÉCNICA

EDITORIAL	Augusto Vidal de Andrade Coelho
	Sara C. de Andrade Coelho
COMITÊ EDITORIAL	Marli Caetano
	Andréa Barbosa Gouveia (UFPR)
	Jacques de Lima Ferreira (UP)
	Marilda Aparecida Behrens (PUCPR)
	Ana El Achkar (UNIVERSO/RJ)
	Conrado Moreira Mendes (PUC-MG)
	Eliete Correia dos Santos (UEPB)
	Fabiano Santos (UERJ/IESP)
	Francinete Fernandes de Sousa (UEPB)
	Francisco Carlos Duarte (PUCPR)
	Francisco de Assis (Fiam-Faam, SP, Brasil)
	Juliana Reichert Assunção Tonelli (UEL)
	Maria Aparecida Barbosa (USP)
	Maria Helena Zamora (PUC-Rio)
	Maria Margarida de Andrade (Umack)
	Roque Ismael da Costa Güllich (UFFS)
	Toni Reis (UFPR)
	Valdomiro de Oliveira (UFPR)
	Valério Brusamolin (IFPR)
SUPERVISOR DA PRODUÇÃO	Renata Cristina Lopes Miccelli
REVISÃO	Marcela Vidal Machado
DIAGRAMAÇÃO	Renata Cristina Lopes Miccelli
CAPA	Sheila Alves

Eterna gratidão aos que acreditaram no potencial que ainda resistia aqui dentro, o qual sempre hesito buscar. Espero que esta jornada possa aquecer corações, esboçar sorrisos e iluminar almas.

*A infelicidade é não saber o que se quer
e fazer um esforço enorme para consegui-lo.*

(D. Herold)

SUMÁRIO

PRÓLOGO

Chego como uma flecha, minha visão focada diretamente no deus à minha frente, o deus pássaro. Meu tapa-olho não me permite ver o outro deus, mas sei quem o acompanha. Viro-me e vejo um rapaz segurando o pergaminho de anotações. Uso meu cajado para me apoiar. Estou ficando velho para essas coisas.

— Finalmente resolveu aparecer, Odin — disse Zeus, no seu tom acusatório habitual.

A barba dele é maior que a minha. Essa idealização de poder que existe no mundo dele por meio da barba parece um pouco desnecessária.

— Estava resolvendo as questões que ficaram pendentes após toda essa bagunça que fizeram — respondo a acusação.

Rá está sentado em seu trono de costume, que fica na divisão arenosa e mais iluminada da montanha, usando seus trajes egípcios cor de creme. Ficou observando minha entrada irritado e em silêncio.

Sento-me no trono, a neve caindo indica que ainda estou em solo asgardiano. Já faz séculos desde que nós três nos encontramos na divisa entre mundos.

— Eu não sei por que me convocaram para tal reunião, nossos mundos não estão ligados, a não ser por essa maldita rocha — novamente Zeus e sua mania de não querer problemas para si.

— Três deuses terem fugido é algo que pode preocupar a todos, inclusive você, Zeus — Rá rebateu, com calma.

Olho para o rapaz do pergaminho, usando seu traje de servo, veio com Zeus, já que está na região mais viva, com flores e árvores. Parece comum para esses deuses gregos estarem acompanhados por servos humanos.

— Nenhum de meus deuses fugiu, acredito que eu não deva me preocupar com os erros que vocês dois cometem.

Ele olha para mim, com seus olhos brancos exalando fúria e me desafiando a enfrentá-lo.

— Não seja tão infantil, problemas com fugas são uma novidade. Nenhum deus jamais havia feito isso. Além disso, não sabemos em qual dos mundos eles estão. Pode acabar envolvendo você — consigo evitar minha frustração na voz.

— Então, digam, quais deuses? — Zeus questiona.

— Anúbis está desaparecido... Precisei enfrentar um caos ao ouvir de Osíris que o guia das almas havia sumido, ele acha que foi uma fuga, pois Anúbis levou um servo de confiança... — Rá parece aflito. — Nunca tive problemas com Anúbis, ele era excelente em sua função... Precisamos encontrá-lo.

Zeus ri levemente.

— E você, poderoso Odin? — pergunta em tom sarcástico, sempre procurando uma nova provocação.

— Hela e Jörmungandr.

— Hela e aquela serpente? Mas ela não é do tamanho do seu próprio mundo? Como conseguiu perdê-la? — Rá pergunta, olhando-me incrédulo. Seus olhos de falcão são engraçados para levar a sério.

— Hela havia sido banida para Helheim. Parecia contente, me deu presentes como agradecimento, não entendo por que faria isso — deixo escapar minha preocupação. — Ela é perigosa, é a deusa da morte. Tenho certeza, pelo que pude ver através dos meus olhos, — gesticulo para meus fiéis vigias, Hugin e Munin, presentes de Hela que cuidam de todos os acontecimentos dos nove reinos — que ela levou a irmã na sua forma humanoide, não é uma serpente que procuramos.

Os dois ficam pensativos. Sinto que eu também deveria me preocupar mais, mas sei que Loki encontrará suas filhas, mais cedo ou mais tarde.

— Vamos abrir buscas por nossos reinos, todos devem ser revistados e verificados. Não podemos deixar que eles fujam de suas funções — Rá bate sua mão no braço do trono.

— E nem que usem outro mundo como refúgio — acrescenta Zeus.

Como podem achar que será fácil? São deuses. Fico feliz que Hela seja imortal apenas em Helheim. Como aconteceu isso? Por que fugiram no mesmo momento...?

— Será que estão juntos? — pergunto sem perceber.

Os dois me olham assustados. Não devem ter pensado nisso. Zeus passa a mão por sua barba enquanto Rá se levanta, preocupado.

— Não é possível, eles não se conhecem, são mundos diferentes — Rá parece atordoado.

— Eu sei. Acho difícil que Hela, sendo como é, tenha ido com alguém para fora de Helheim, mas eles terem feito isso ao mesmo tempo deixa algumas dúvidas.

Zeus se levanta de seu trono, exibindo sua força nos músculos que ele deixa à mostra com sua túnica.

— Vamos procurar e achar esses malditos, mas já deixo um aviso: se forem encontrados no meu mundo, serão executados lá.

Rá olha para ele, irritado. Mantenho-me sentado, minha armadura é pesada e não tenho preocupação com aquelas duas, vou achar alguém para ficar no lugar daquelas aberrações de Loki.

— Você está brincando? Eu preciso de Anúbis!

Rá anda na direção de Zeus e quase cruza a fronteira entre mundos, o que poderia resultar em uma guerra. Por sorte, ele para na exata divisa, ainda em seu reino.

— Reze para que ele não esteja no Olimpo, Pássaro. E você, Odin, deixe seus corvos, vigias, ou seja lá como os chama, longe do meu mundo.

Zeus sai, com um estridente barulho de um raio colidindo com o chão, deixando claro que a reunião acaba aqui.

1

Estou olhando para a grande fila à minha frente sem estar realmente atento à mulher irritante que não para um segundo de chorar. O que poderia fazer com que ela calasse a boca? Já morreu, não posso fazer nada.

— Por favor, tenha piedade da minha alma — a mulher sem cabelos, nua, como todos, olha-me com lágrimas nos olhos.

Eu a ignoro, como faço com todos. Ninguém está pronto para o julgamento, nunca. Todos repetem a mesma cena escandalosa de temer o que os espera. Por que não fizeram suas vidas miseráveis valer a pena?

Pego a Pena da Verdade e a coloco na balança, com o coração mortal dela. Vamos ver se teremos piedade de sua alma. No fundo, já sei o resultado, mas gosto de fazer tudo lentamente com os mais irritantes. Se são culpados, devem sofrer antes mesmo de saber sua sentença.

Sorrio ao ver o lado da balança onde depositei a pena subir. Acho que este coração imundo não fez o que deveria enquanto estava batendo.

— Seu coração é pesado demais. Não a guiarei para o descanso junto a Osíris.

Ela se desespera e se ajoelha, em súplica. Meu Deus, eu odeio isso. Você foi má, não posso fazer nada por você. Não nego que, no fundo, gosto de ver o sofrimento no olhar dos merecedores de tanta dor. No âmago dos olhos, na alma que eles evidenciam para mim, descubro que ela causou dor a muitas pessoas enquanto tinha sua vida egoísta.

— Por favor, não, não!

Empurro-a usando meu cajado.

— Você irá com Ammit.

Aquele leão com partes de crocodilo se aproxima, claramente com fome, como sempre.

Ele pega o coração dela sem nenhuma preocupação. Assim como eu, ele sabe que ela merece e não estamos fazendo nada além do que é necessário. Não sou o deus da compaixão, por favor.

O demônio se alimenta do coração enquanto a mulher grita de agonia. Isso não iria acabar bem, mas eu já estou de olho no próximo da fila, tudo porque quero que desta vez seja uma pessoa boa, quero cruzar o rio Nilo para levá-lo até Osíris e, bem, também quero *vê-la*.

Sinto uma energia estranha quando cruzo o rio. Algumas vezes, vejo uma sombra atrás de uma cortina de névoa. É como se algo dentro de mim me guiasse para lá. Evito pensar nisso, é um sentimento estranho e desconfortável que desconheço. Talvez seja curiosidade. Nunca investiguei muito a fundo sobre como seria a curiosidade e seus benefícios.

— Próximo — digo sem animação aparente na voz, porque simplesmente não existe animação em uma vida como esta.

O demônio leão entra em seu covil com a mulher, agora ela é problema dele, ou solução, depende do ponto de vista.

Um homem anda em minha direção. Vejo pacificidade nos olhos dele. Trabalho há milhões de anos nisso, sei a aparência dos culpados, mas, principalmente, reconheço os olhares inocentes.

— Coração — exijo ainda sem emoção.

Ele me entrega, tremendo. Talvez por eu ser um deus? Não, acredito que seja por minha face lembrar um Dobermann gigante que tem o direito de julgar a vida dele e o destino dela. Tenho esse direito? Eu apenas uso uma pena que faz todo o trabalho, não sou tão importante. Não depois da morte de Osíris. Aquele babaca roubou minha importância no reino dos mortos. Eu sou apenas visto como mau, enquanto ele é o grande misericordioso.

Sou realmente mau, não gosto dessas pessoas. Poderia considerar toda essa fila como culpada e ir embora. Não me importaria com isso. Rá sim, ele viria até aqui com seus sermões sobre conduzir a fila com honestidade e não punir pessoas sem necessidade. Como se todos os humanos não tivessem feito algo errado.

O pensamento de Rá descendo até aqui quase me faz sorrir. Esse miserável nunca teria a audácia de pisar no reino dos mortos para me dar um sermão. Não em meu domínio.

Pena da Verdade e a balança novamente. Já sei onde isso vai dar e começo a ficar ansioso, mas sem transparecer qualquer emoção. *Eu vou vê-la.*

A balança pende para o lado da pena, o que não gera surpresas para mim, mas, para ele, é literalmente o céu.

— Você me acompanhará pelo Nilo até o descanso com o poderoso deus Osíris — ainda sem vida, abro caminho para ele passar.

Ele passa por mim e aguarda. Fecho os portões, livrando-me por alguns momentos da fila que não para de crescer.

Dirigimo-nos em silêncio até o barco dourado, esculpido no ouro. Sinto a alegria do velho homem com o rosto cheio de rugas. Alegria que nunca pertence a mim, sempre aos passageiros. Gostaria de um dia ter meu descanso final na vida após a morte e ser a pessoa aliviada que é apenas passageira neste barco. Eu estaria neste barco? Meu coração é puro? Não, eu seria comido por aquele demônio. Não estaria aqui.

O barco segue a correnteza do rio. Estou acostumado com isso e nada me diverte nessa travessia, até, finalmente, ela aparecer.

Não sei quem é aquela mulher, mas certamente não é daqui. Sou o único a cruzar este rio, logo, sou o único que sabe que existe um mundo diferente na cruzada deste rio.

Aquele lugar só é visível quando ela está próxima às margens. É quando a névoa se dissipa que posso ver com mais atenção. As árvores mortas naquele declive montanhoso fazem o lugar parecer frio demais até mesmo para a flora. Vejo grama escura, como se lutasse para sobreviver. No fundo, posso ver uma grande construção, talvez um castelo, não consigo definir, a névoa ainda é muito densa naquela parte.

Posso vê-la agora.

Ela está usando um vestido longo, negro, sua expressão é vazia, tem o rosto de uma mulher linda, cabelos vermelhos com uma mecha branca presa em uma presilha ao lado do rosto, completamente coberta por um véu escuro. Tem um corpo gracioso, nunca vi alguém como ela antes, com curvas tão definidas. Consigo me imaginar segurando sua cintura e beijando seus lábios.

Passo a língua pelo meu canino esquerdo, focando em outro ponto para não pensar mais nisso.

Ela olha para mim e sinto que sorrio, como sempre faço. Ela parece sorrir também, um sorriso estranho, de alguém infeliz. Seus olhos são de um tom lilás, como ametistas brilhantes e encantadores, porém cansados. Ela olha para trás, como se alguém a chamasse, e perco todo o lugar de vista, perdendo-se em névoa como se nunca tivesse existido. Como uma miragem no deserto.

Olho para a frente, focando no rio novamente. Por que eu pareço um idiota quando ela aparece na margem?

— Quem é aquela mulher? — o homem pergunta, analisando minha expressão chateada.

Morto intrometido.

— Não a conheço — finjo ignorar.

— Mas parece que gostaria de conhecê-la.

Quase poderia rir disso, se soubesse fazê-lo.

— Não gostaria. Foque na sua vida após a morte.

A verdade é que nunca respondo um passageiro, essa deve ter sido a conversa mais longa que já tive com algum. Normalmente eles falam e falam e eu permaneço sempre em silêncio.

— Acho que não precisamos conversar. Você é um deus e eu apenas um mero mortal que, inclusive, já morreu, mas eu percebo que você, mesmo como deus, não tem uma vida, um tempo para si mesmo. Não pensa em fugir daqui?

Olho para ele, novamente riria disso.

— Apenas faça silêncio na travessia do rio.

Poderia matá-lo se isso não fosse impossível considerando as condições dele, embora a tortura ainda seja uma opção...

Ele fica em silêncio, olhando para a frente.

Eu poderia fugir? Para quê? O que eu buscaria?

Balanço a cabeça. Não posso. Eu sou um deus que tem a função de guiar as almas.

Paro o barco próximo ao grande portão brilhante. Saio e ajudo o pobre homem a sair. Quando me viro, consigo ver o brilho de toda a força de Osíris ao se aproximar para recepcionar sua nova alma.

— Anúbis! O que você me trouxe? Mais uma boa pessoa para agraciar a vida após a morte? — Ele se aproxima do homem.

O homem é recebido com um abraço do grande deus Osíris. Eu me afasto para não atrapalhar.

Esse deus, o mais forte entre todos, está aqui, morto. Graças à fúria do próprio irmão, Seth, que obteve uma traição de sua esposa, Néftis, minha mãe. A traição foi uma revolta por Seth sempre ser um deus arrogante e egoísta, sempre furioso. Não acredito que a traição tenha sido a melhor saída, mas, em vista do resultado, não posso reclamar. Eu sou o resultado, pelo que minha mãe diz. Resultado de uma traição, uma vergonha. Por minha causa, o mais forte dos deuses foi assassinado. Não sei como o Grande Rá não me eliminou, talvez porque meus trabalhos sejam úteis.

Olho para ele. Ele está sorrindo para aquele homem, deixando-o ainda mais feliz. Será que ao menos sabe que é meu pai? Como poderia? Ninguém imaginaria que o cão-guia aqui seria filho de um deus tão poderoso. Não sou como seu filho Hórus, seu grande orgulho, o deus que o vingou e matou Seth. Nem ao menos sei qual a força de meus poderes.

Ele entrega vestes para o homem, que começa a vesti-las e, ao olhar para mim, lança-me um sorriso. Sei que seria diferente se ele soubesse. Talvez me culpasse por sua morte.

— Muito obrigado por trazê-lo em segurança, Anúbis. Você é ótimo no que faz. — Ele guia o homem e me lança um sorriso de despedida, com seu peito largo usando suas roupas de faraó. Mumificado por mim.

Apenas inclino-me levemente, em um sinal de reverência. Não gosto de palavras. São vazias.

Viro-me para sair e entro no barco. Não olho para trás, não quero mais ver Osíris e toda a compaixão dele pelas novas almas.

Sigo meu percurso de volta. Totalmente em silêncio. O outro lado do rio está vazio. Ela não está lá.

Eu deveria fugir? Se eu soubesse o que preciso encontrar... Talvez aquela mulher? Não. Isso seria ridículo. Deveria fugir sozinho e me livrar desse caos em que me encontro imerso. Não quero mais viver preso sem saber do que sou capaz. Eu sou um deus e, se existem lugares como o mundo dela, talvez eu possa ir até lá. Posso encontrar informações sobre outros lugares e trazer até nosso mundo. Usar meu conhecimento como fonte de superioridade. Tenho que ser o melhor em alguma coisa. Não quero ser apenas o que sou. Quero ir além disso.

Quero ser algo mais do que apenas o juiz desses mortais, quero ser reconhecido por outros valores e buscar mais informações sobre um lugar desconhecido pode me dar isso.

Danço com a língua em volta do canino esquerdo enquanto decido que decisão deveria tomar.

Suspiro com a ideia. Vou fazer isso.

Paro o barco e desço apressadamente, viro para a direita até meu trono empoeirado, não costumo ficar nele. Subo o primeiro degrau e chamo meu servo mais confiável. Se quero sair, essa notícia não pode chegar aos ouvidos de mais ninguém.

— Ékimet, venha cá. — Sento-me no trono.

Ékimet se aproxima com cuidado. Ele é meu servo há séculos, sei que posso contar com ele para tudo.

Ele chega até mim, seu olhar está baixo, oprimido. Ele usa apenas uma calça branca e uma túnica na cabeça.

— Mestre Anúbis, o que deseja?

— Tenho planos novos, confidenciais. Preciso do mapa. — Nunca sou delicado.

Ele sai com agilidade e sinto que está ansioso para descobrir do que se trata esse novo plano. Que se dane o que ele pensa.

Aguardo olhando para a fila que está distante, além dos portões. Não é mais problema meu. Rá poderá achar alguém melhor enquanto eu estiver fora. Consigo imaginar quem se candidataria a vaga...

Ékimet volta correndo, tropeçando nos próprios pés, tirando-me dos pensamentos, e se curva diante de mim. A sensação de poder é radiante, sinto-me vivo com isso.

— Aqui está, mestre. O mapa do submundo. — Ele estende o mapa.

O mapa tem várias divisões da longa estrada que essa fila faz, mas atento ao rio Nilo e ao lado que não tem nada escrito ou detalhado. É onde ela vive. Não posso ir para lá. Não sei o que sinto sobre aquele lugar ou sobre o que aquela mulher faz comigo, porém, tenho certeza de que não quero explorar isso. Então eu vejo. Uma terceira área no mesmo rio, sem detalhamento. É ali, provavelmente outro mundo.

Estou em pé em um salto. Não tenho tempo a perder. Meu cajado está acomodado ao lado do trono, onde sempre fica quando estou aqui. Ele é fundamental para mim, até onde sei, todo meu poder fica mais intenso com a ajuda dele. Eu o pego para me acompanhar. É a única companhia de que preciso, a única de que sempre precisei.

Sigo em direção ao barco e um servo se coloca à minha frente.

— Mestre, temos uma rebelião mais ao fundo da fila.

Humanos e sua impaciência. Tudo bem, acho que múmias são mais quietas do que malditos mortais atrevidos.

— Iniciem o embalsamento deles, isso irá deixá-los mais calmos.

Lembro-me de quando Osíris chegou, eu mesmo o embalsamei e preparei seu corpo. O corpo de meu próprio pai. A primeira múmia já criada, eu a fiz. Foi glorioso.

O servo sai, avisando os outros para que sigam minhas ordens. Isso vai ocupar o tempo de todos eles para que não reparem em minha ausência tão cedo. O processo da mumificação é um ritual lento e demorado.

Viro-me e vejo Ékimet a meu lado.

— O que pensa que está fazendo, servo? — Ergo meus ombros.

O servo se curva rapidamente.

— Mestre, sou completamente fiel ao senhor, peço que me leve junto para continuar dando meus devidos cuidados ao grande deus Anúbis — sua voz é quase um desespero.

Levar um servo poderia ser uma ideia terrível.

— Não. — Viro-me em direção ao rio.

Ando até o barco e olho para a direção nunca antes explorada. A corrente do rio corre para o outro lado. É claro que ninguém teria pensado nisso. Principalmente porque sou o único desafortunado a viver aqui.

Ékimet ainda está ajoelhado atrás de mim. Eu sinto isso. Ele não me entregaria se ficasse para trás, conhece as consequências.

— Venha, servo — digo.

Não sei o porquê exatamente. Espero que ele mantenha sua excelência sendo um bom servo. Isso pode acabar sendo algum tipo de recompensa por seu comportamento.

Ele assente rapidamente, puxando o barco. Entro no barco com ele e o guio contra a corrente. Uso meu cajado para impedir que a água consiga mudar nossa direção e avanço cada vez mais contra o desconhecido.

A correnteza aumenta e a água força o barco. Quase caio. Merda. Isso é mais difícil do que pensei. Uso o meu cajado novamente, forçando-o nas águas. A luz laranja que flui de meu cajado para as águas cria uma claridade que pode vir a ser indesejada se for vista.

Vejo o pavor no rosto de Ékimet e vejo aumentar ainda mais quando olha para trás de mim.

— Mestre! Osíris foi a seu encontro, o vejo na frente dos portões.

Osíris, por que logo agora? Ele deve ter se teletransportado até lá, nunca usaria um barco, como eu.

Concentro-me na fuga. Osíris nunca foi até mim. Agora não me importo com o que ele deseja, embora vá constatar que não estou lá e que fugi.

Meu cajado sustenta nossa viagem por um tempo, com nossa navegação balançando sem parar, jogando a água do Nilo em meu rosto. Preciso usar muita força para que o rio não decida o caminho por mim. Essa força é anormal.

Uma corrente mais forte surge de repente e eu preciso emanar ainda mais força para manter o barco. Uma onda surge e sei que o barco não sobreviverá a essa jornada. Desisto de forçar e deixo que o barco vire, derrubando-nos na água. Rapidamente emerjo das águas e, com a levitação de meu cajado, levanto o corpo de Ékimet para que não se afogue.

Este lugar parece uma caverna. Tenho certeza de que saí daquele mundo.

Vou até a terra firme e olho para os lados. De longe vejo um homem com um capuz cobrindo todo o corpo, as costas curvadas e um remo nas mãos, está dentro de um barco velho. Deixo Ékimet no chão e sigo em direção àquele vulto sombrio.

— Onde estou? — falo enquanto me aproximo.

O que eu poderia dizer? Não deveria nem estar aqui.

O vulto vira para mim. Não consigo ver seu rosto pelo capuz.

— Moedas ao barqueiro para a viagem — diz ele, com uma voz sem vida, parecida com a minha.

— Viagem? Para onde? — insisto para descobrir algo.

— Para o Inferno, onde o cão de três cabeças aguarda. Esse é o rio Aqueronte. Sou o Caronte e você, quem é?

Rio Aqueronte? Cão de três cabeças? O que estou dizendo? Eu mesmo pareço um cachorro.

— Me chamo... — Merda, quem eu sou? Anúbis, o deus dos mortos? Não neste mundo. — Eu...

Ele quase ri, mas isso mais parece um grito sufocado.

— Deveria saber seu próprio nome antes de ir ao mundo dos vivos. Você não virá comigo. Você e aquele homem estão vivos. O lugar de vocês não é aqui.

Com um estalar de dedos, tudo fica preto.

Abro os olhos, atordoado.

Como aquele homem conseguiu me tirar de lá tão facilmente?

Que lugar estranho. Vejo muitas árvores e tudo aqui é muito branco. Vejo altas colunas e bancos nos cantos, como um grande jardim, ou como eu imagino que seja um. Fico maravilhado. É como a vida após a morte. Escuto pássaros cantando e sei que não é apenas Rá falando coisas que eu ignoro. É bem diferente do lugar onde o barqueiro estava.

— Mestre, talvez devesse mudar sua forma para algo mais... humano.

Olho para Ékimet. Ele tem razão, não quero chamar atenção aqui.

Fecho os olhos e me concentro em um disfarce. Tento pensar em alguém... Talvez alguém da travessia, alguém que eu gostaria de ser... Quem eu seria se fosse humano? Eu nunca seria um humano. Essa ideia é inaceitável. Posso ser desprezível de meu próprio jeito. Não quero ter ligação com mortais. Então não tenho outra opção além de revelar minha própria forma humana, sei que Rá a conhece, mas vou arriscar.

— Funcionou! — Ékimet não esconde o espanto e se afasta, colocando as mãos na frente da boca.

Sinto-me mais baixo do que antes. Olho para baixo e vejo minhas mãos, menores, e meu cajado, que se tornou uma bengala elegante.

— Então aí estão vocês! — Uma mulher extremamente linda se dirige até nós, com as mãos na cintura, tentando forçar uma expressão zangada. Ela usa uma roupa reveladora com os seios quase à mostra e uma coroa que prende seus cabelos loiros.

— Vamos, garotos. Quero todos reunidos para o chá. Que roupas são essas? Vou entregar novas a vocês.

Ela nos segura, cada mão em um de nossos braços.

Que diabos é essa mulher e por que ela acha que pode me tratar assim? Eu poderia... Não, eu não posso reagir agora, não assim.

Vejo em seus olhos o poder da sedução. Ela é uma deusa. Será bom se eu conseguir um lugar para ficar por meio dela.

— Qual o nome de vocês?

Que nome teria um mortal? Preciso lembrar de alguém.

— Ékimet e eu sou o... Octavian! — digo com determinação exagerada.

— Ótimo, meninos de Afrodite, vamos começar o show. — Ela nos solta e dá um passo para trás de nós, abrindo seus braços em um gesto de animação. Deve ser o seu jeito de dizer que somos bem-vindos.

Parece que será fácil, mas... *Quem é Afrodite?*

2

Sento-me à ponta de uma das mesas do palácio e analiso a pedra fria. Não tenho algo melhor para fazer enquanto aguardo a próxima morte. Fico deslizando minhas mãos sobre a mesa, brincando com um dos dedos. Vejo as diversas cadeiras na volta da grande mesa dessa sala de jantar vazia, o candelabro iluminando o meio da mesa com seu fogo azul, o único que acende aqui. Acho que nem mesmo as chamas suportam esse frio. As cortinas vermelhas elegantes que cobrem as janelas de vidro, sem visão de nada, a névoa cobre toda a vista.

Levanto-me abruptamente quando me irrito de esperar que algo aconteça. Sigo pelo corredor iluminado por mais velas azuis, indo para o hall, e saio até a frente do palácio olhando para onde deve estar o rio Nastronol que corre ao lado de Helheim. Não consigo vê-lo daqui, o declive e a névoa o escondem.

Desço as escadas e ando lentamente pelo jardim de flores mortas que eu insisto em tentar cultivar ao lado do rio, fazendo a volta por este lado do castelo. Sempre pensei que gostaria de flores, mas só as vejo mortas. Acho que me acostumei com a aparência delas.

Abaixo-me para tocá-las. Frias e duras. A sensação deveria ser esta?

As árvores não dão frutos, não têm folhas. A entrada do palácio é coberta pelo frio e pela névoa. O ladrilho que guia a entrada do grande portão onde recebo as novas almas até meu palácio é a única coisa que marca o grande espaço vazio. Normalmente, fico no meio da grande entrada, esperando que a alma venha até mim para que eu decida qual será seu destino.

Garm passa correndo pelos portões. Meu gigantesco cachorro é minha única companhia nesse reino.

— O que foi, Garm? Novidades?

Ele se senta a meu lado e fica olhando para o portão. É um aviso de que alguém está vindo. Já posso sentir a dor que essa pessoa traz consigo. Preciso trazer paz para essa alma atormentada. Levanto-me e vou até o centro do caminho de pedras que leva ao palácio.

Uma mulher se aproxima e já sei o que aconteceu. Mais uma morte sem honra.

— Minha pobre criança — falo enquanto abro os braços para acolhê-la.

Ela chora e me abraça.

— Você está segura comigo — digo para confortá-la.

Sinto, ao tocar no corpo frio dessa mulher, tudo o que aconteceu e que a trouxe até aqui. Sua tristeza passa por entre meus dedos, é uma saudade de alguém que nem ao menos teve a chance de pôr seus olhos, mas já tinha certeza de existir amor. Um filho. Quase posso ouvir seu desespero, torná-lo palpável. A angústia subindo pela garganta quando a dor alucinante começou. A tristeza absoluta quando soube que a vida de seu bebê definiria o fim de sua própria vida. Quando a dor física cessou, a dor emocional surgiu de sobressaio ao se deparar com a realidade de não ter visto o rosto dele, o toque na pele. A única emoção positiva que essa mulher sentiu no parto foi ao ouvir ele chorar. A alegria por a vida dele estar a salvo a deixou feliz. A confortou e deu o descanso que seu corpo já sem forças precisava. Ao ver a vida do seu filho em segurança, ela partiu.

Essa mulher é boa. Uma mãe tão amorosa e com sentimentos tão puros não pode ser alguém que mereça uma punição. Tocando em seu corpo posso sentir suas emoções ao longo da vida. Muita tristeza envolveu essa mulher. Meu foco se abstém do resto e vê apenas o amor. Essa mulher amou muito. O filho a banhou de alegria, assim como seu amado.

É meu dever confortar essa pobre mulher que agora não pode mais seguir com sua vida.

Ela chora em meus braços e consigo usar meu poder para acalmar sua dor. Concentro-me na dor dela sem muito esforço e sinto que posso acariciar essa dor. Aos poucos, seu corpo vai relaxando enquanto minha incessante magia traz a ela a sensação de bem-estar.

— Hela? — Ela levanta os olhos para me olhar.

Limpo as lágrimas de seus olhos.

— Se eu estou aqui com você... Significa que não fui digna...
— Ela parece triste.

Morrer dando à luz uma vida me parece digno o suficiente.
Acho que não nas leis do todo poderoso Odin.

— Você é digna. Não travou batalhas que consumiram sua
vida como é o esperado por vocês lá em cima, mas aqui você é
vista por mim como digna. Espero que seu filho fique bem. —
Dou meu melhor sorriso na esperança de que ela confie em mim.

Ela olha mais atentamente para meu rosto e eu puxo o véu.
Sei que ela está olhando para minha parte cadavérica que mostra
a realidade do lugar em que ela está.

— Você é bonita. — Ela sorri.

Ignoro. Sei que não é verdade. Talvez metade seja verdade,
já que apenas metade de mim se parece com o que se espera
da beleza.

— Você ficará em Helheim até se sentir melhor. Depois,
vamos cuidar para que sua regeneração seja concluída.

Ela assente e eu a guio até o espaço onde deixo as almas boas
descansando para que obtenham todo o apoio de que precisam.
Costumo ir até lá duas vezes ao dia para cuidar daquelas boas
pessoas que retornarão em breve. São dignas para mim. Lá o lugar
é claro, a névoa não é tão densa e vejo mais alegria do que em
qualquer outra parte daqui. Há fontes de gelo e música, bancos
onde vejo senhoras conversando e rindo de algo que aconteceu
em sua vida mortal, homens sentados na grama fria, contando
suas façanhas.

Sei que meu poder é importante aqui. Essas pessoas precisam
que alguém pense nelas e traga a harmonia de volta a suas vidas
conturbadas por tudo de ruim por que já passaram, mas sempre
tive o sonho de confortar almas vivas. Pessoas. Sei que poderia
evitar muitas vindas para cá se fosse ao reino dos vivos trazer a
paz enquanto ainda podem fazer algo com ela em vida. Respirar
a concórdia com seus corações ainda batendo. Esse pensamento é
bobo, Odin já deixou bem claro que eu jamais poderia sair daqui
por ser um monstro. Não tenho a opção de salvar vidas, apenas
de confortar mortes.

Volto depois de tê-la deixado lá.

Viro-me para encarar aquele belo portão, ele passa a impressão de realmente guardar o melhor lá dentro e, ao lado dele, vejo uma caverna onde estão as serpentes que servem apenas como punição. Fico feliz que isso não possa ser visto ou ouvido de dentro daquele lugar tão belo.

Aquela zona ruim representa uma parte de mim, assim como a parte bela...

Toco o esqueleto por baixo do véu e sinto dor. Eu queria ser apenas bonita, sem esse lado que sempre recorda a todos sobre a morte. A morte é bonita, é parte do ciclo de nossa existência, o povo não a encara de modo rude, a menos que ela não tenha sido digna. Doenças e velhice são algo que ninguém acha digno. Recebo pessoas boas o tempo inteiro. Bom, nem sempre...

Olho para o vapor onde as almas gritam lá, ao lado da caverna das serpentes. Jogos os impuros nesses lugares para sofrerem pelo que fizeram.

Retiro-me para dentro do palácio. Não preciso me preocupar com isso. Sou justa e prezo pela justiça. Pessoas más não merecem coisas boas e é nisso que acredito.

Elvidner, como chamo meu palácio, é, como gostam de retratar, uma fortaleza da fome, do sofrimento e de muitas coisas ruins, mas não para mim.

Vejo o amplo hall em que me encontro. Sozinha. Tem flores mortas em alguns vasos pretos, em cima de uma mesa de madeira escura, paredes estampadas por rochas que estão azuis pelo frio que faz aqui. Sento-me no sofá vermelho e desgastado que se encontra perto da longa escadaria de pedra.

Suspiro. Sinto-me sozinha aqui, mesmo com todas essas pessoas para cuidar. Gosto disso. Gosto de tirar o medo delas para que se ergam novamente. Penso em meus dois irmãos. Fenrir, o irmão temperamental que vi poucas vezes, agora está acorrentado por ser uma ameaça ao deus Odin. Tem a mesma maldade que nosso pai, Loki, a quem jurei lealdade no Ragnarok. Dizem que meu irmão irá matar Odin. Espero que mate. Não tenho questões ruins com Odin, fiquei sabendo que usa meus presentes com gosto. Talvez os corvos sejam úteis já que ele não possui um dos olhos.

Rio com o pensamento de que ele os usa para vigiar todos.

E então, tem minha irmã, Jörmungandr. Ela me visita algumas vezes, quando usa sua forma humanoide. Gosto quando ela vem aqui, ela me conta coisas sobre o mundo. Um mundo que não conheço, pois nunca saí daqui.

Levanto-me e sigo para fora novamente. Estou inquieta, alguma coisa me incomoda.

Eu saio e o ar gelado bate em meu rosto, balançando meu véu. Permito que ele saia de meu rosto e me esforço para corrigir meu rosto, dando a ele uma forma completa, sem ossos e sem decomposição. Apenas bonita.

Desço pelas flores para perto do rio que cruza o lado do palácio. Apenas descendo com cautela pela grama que consigo ver a água que corre.

Distraio-me com a água inquieta do rio. Um barco cruza esse rio e o vejo passar algumas vezes, sempre com um homem triste, com a cabeça de um cachorro que lembra em alguns traços meu irmão, o resto de seu corpo é como o de um homem, porém, com pelos curtos pretos cobrindo sua pele. Suas vestes me fazem pensar que deve ser quente onde vive, usa uma espécie de turbante que cobre suas longas orelhas e parte de seu pescoço, com listras azuis e douradas, seu peito tem algumas faixas de pano branco envelhecido, com espaços que destacam ainda mais sua cor preta. Em suas pernas posso ver um tipo de saia que dá a impressão de ser maior na parte de trás. Ele possui muitas joias, em seu cinto dourado há uma espécie de caveira com joias vermelhas em seus olhos, um longo colar dourado no pescoço, também há dourado em seus braceletes e pulseiras. Pergunto-me se todas as peças douradas seriam ouro, ele parece ser importante.

Gosto de olhar para ele, ele é forte, seus olhos laranjas me induzem a pensar nas chamas que não brilham em meu reino, poderia até dizer que é bonito, se fosse minha intenção. Algo que não posso pensar, considerando que metade de mim está se decompondo. Ninguém se interessaria por uma mulher com apenas um lado do rosto repleto de formosura.

Sempre que eu o olho, ele sorri, com dentes afiados e ferozes. Ele não parece sorrir muito. Posso sentir daqui a aflição que arde em seu coração. Seu sorriso parece gritar para mim por ajuda. Gostaria de conversar com ele.

Dessa vez, não há ninguém ali, o rio está fluindo, sozinho, fazendo seu curso habitual.

Esse homem desconhecido não é daqui, então, o que tem do outro lado?

Por que não vou falar com aquele homem agora mesmo? Poderia ser o primeiro ser vivo que posso realmente ajudar. Além disso, é uma oportunidade de conhecer algo fora daqui.

Será que seria bem recebida se chegar assim, de repente?

Já perdi anos demais com toda essa indecisão.

Eu vou tentar conversar com ele, não tenho muito a perder. Esse homem precisa de compaixão por seus sentimentos. Posso facilmente cruzar o rio para tentar trazer tranquilidade para seu rosto cansado.

Distraio-me com um barulho e ouço o som dos portões.

Ando até Garm, que está inquieto novamente. Mais alguém. Dessa vez não sinto um sentimento ruim. Apenas euforia. Já sei quem é. A única pessoa que se sente eufórica por me ver.

Minha irmã entra, sorridente e tremendo com o frio extremo.

— Nossa, Helly, este lugar precisa de um aquecedor. — Ela sorri timidamente.

— Gundy, você sabe que eu não saberia lidar com aquecedores. — Eu rio com a ideia.

Ela se dirige até mim abraçando os próprios braços.

— Alguma alma impura para condenar? Não gostaria de ver.

Na verdade, eu também não.

Minha irmã é sempre muito gentil, não sei se entende sobre a justiça que este lugar implica. Não sei se eu consigo entender.

— Por enquanto nenhuma. Gostaria que o poderoso Odin me tirasse daqui.

Ela olha assustada.

— *Sair*? Do seu reino? Achei que gostasse. — Ela para a meu lado.

— Gundy, eu nunca saí. Estou cansada. — Acho que nunca admiti isso, nem para mim mesma.

— Sabe, eu também ficaria cansada de lidar com tanta morte. — Ela fica chateada quando olha em meu rosto. — Por que está usando essa forma? Está escondendo seu rosto de novo?

Viro o rosto para o lado, sempre ocultando a parte que não me agrada, instintivamente.

— Eu só queria ser atraente. — Sinto um pesar em minhas palavras.

— Oh, Helly, você é linda. — Ela segura meu rosto. — Só precisa entender que sua beleza não é apenas na metade do corpo.

Isso não é verdade.

— Minha irmã, você não sabe como é viver em isolamento. É enlouquecedor.

Gundy fica pensativa e olha em volta.

— O que estava fazendo? — Ela suspira. — Alguma coisa aqui precisa ser boa.

Olho para o rio Nastronol e lembro-me da ideia que tive.

— Eu queria ir para o outro lado do Nastronol — confesso.

— O que tem lá que valeria a pena cruzar o rio até um lugar desconhecido?

— Eu sempre vejo um homem navegando e eu sinto a tristeza dele. Eu poderia ajudar — minha sinceridade transborda.

Ela ri.

— Quer se arriscar a atravessar o rio por um cara?

Cruzo os braços, séria.

— Não. Quero cruzar o rio e conhecer coisas novas. Você não entende porque pode andar pelos nove reinos, de uma vez só, inclusive. E lá eu sei que eu poderia ir, Odin não vigia aquele lugar, é fora daqui.

Ela olha para a direção do rio em que eu aponto, ergue os ombros e coloca uma expressão confiante no rosto.

— Vamos lá.

— O quê?

— Ficou com medo?

— Você não pode ir.

— Eu sou a mais velha aqui e como sua irmã mais velha, vou proteger você.

Reviro os olhos e suspiro. Já sei que ela não será convencida a ficar.

— Tudo bem.

Ela sorri, satisfeita.

Eu não sei se poderei retornar se Odin descobrir.

Dirijo-me até Garm, ele virá comigo. Espero que as pobres almas fiquem bem sem mim, mas preciso descobrir coisas novas e acabei de ter coragem de ir a um reino em que não serei impedida.

— Garm, venha comigo e fique perto.

— O cachorro de gelo vai?

— Não sei se poderemos voltar.

Ela fica aflita pensando sobre isso. Quando ergue a cabeça, sei que não desistiu.

Começamos a andar até as margens do rio Nastronol.

— E como fazemos? Pulamos?

Eu penso na ideia que ela trouxe, mas, antes que possa analisar todas as consequências, jogo-me no rio. Sempre quis fazer isso. Imediatamente subo usando meus poderes de criação de matéria, criando uma ponte para eles passarem.

— Nossa, achei que íamos todos nadar no gelo. Você é a única acostumada. É, talvez o Garm de gelo aqui também.

Passamos a ponte feita por uma aura roxa que some assim que cruzamos o longo rio até um lado completamente desconhecido. Como sou a única em Helheim e não recebo visitas além da Gundy, ninguém deve saber sobre esse rio e suas conexões com outro reino ou, talvez, outro mundo.

Após sairmos da ponte, olho em volta. É tudo tão diferente. A areia bate em meus olhos. Ando um pouco para conhecer mais deste lugar. Há um grande portão de bronze que esconde o outro lado com muros. Através do portão posso ver uma longa fila do outro lado. No canto esquerdo, vejo ao longe um homem amarrado. Pergunto-me o que ele deve ter feito, mas, quando olho com mais atenção, vejo que não é um homem, parece um crocodilo. Ele está mordendo um osso que parece ser humano. Ele me vê e se retira por entre um buraco na parede. Deve ser onde dorme. Tem muita areia neste lugar, areias que voam com o vento. Olho para a direita e vejo um trono, acima de uma pequena elevação de escadas, com chamas acesas de cada lado. Está vazio.

Fico tentada a andar até as chamas, quero sentir o calor.

Dou meu primeiro passo e escuto uma voz. Gundy segura minha mão e corremos para nos esconder em uma rocha.

— ... Vá! Agora! Rá precisa saber que ele fugiu — diz uma voz masculina, furiosa.

Olho para Gundy, que está me olhando assustada.

Rá? Quem é Rá?

O homem para ao nosso lado, deve estar de costas para a rocha, pois não nos vê. Consigo ver apenas parte de suas pernas, ele parece coberto por ataduras. Sinto sua energia, claramente não se trata de um homem, mas de um deus, um muito forte, que eu não conheço.

Gundy me solta e vai rapidamente até a margem do rio para se afastar do deus que emana poder.

Ele se move para frente e para, como se sentisse a presença de alguém. Deve sentir nossa energia também. Eu salto para fazer Gundy se abaixar, jogando nós duas na água fria. Consigo ver ele virar para o rio, ainda procurando algo. Ele está tão concentrado em olhar no fundo do rio que não vê Garm a seu lado. Luto para não deixar a corrente levar nós duas na direção dele e vejo que fica mais fácil quando ela também começa a usar sua força. Começamos a andar, forçando nossas pernas no fundo do rio a andar contra a corrente.

Ele desaparece da minha visão e simplesmente não sei onde ele está, mas não posso deixar esse rio nos guiar até o encontro dele. Não sei se ele seria capaz de controlar a própria água, mas não posso arriscar nossas vidas nisso.

Sinto o peso do rio ficar mais fácil para as pernas, e, quando olho para o lado, vejo Garm nos ajudando contra a corrente.

Começamos a sentir a intensidade aumentar e usamos muita força para nos mantermos firmes.

Sinto como se caísse, mas tenho certeza do chão abaixo de meus pés. A corrente cessa e nós emergimos. Olhando para os lados, nos guio até a terra firme.

— Helly, o que foi isso?!? Estamos perdidas! — Gundy está tremendo.

Olho em volta, abraçando a cintura de Gundy com um braço e acariciando a cabeça de Garm. Vejo um homem mais ao longe e resolvo ir até ele. Gundy me segura.

Eu a olho, tentando passar a ideia de que tudo está bem.

Movo-me para me aproximar e vejo outro homem, ou um deus, vestido totalmente de preto, passar reto pelo homem no barco. Também não o conheço. Volto a me aproximar com cautela.

— Moedas ao barqueiro para a viagem. — O capuz cobre seu rosto, mas sua voz soa sem vontade.

— Desculpe, não tenho moedas aqui. — Não sei do que ele está falando. — Eu estou perdida, pode me dizer que lugar é este?

— Então, não atravessará. Vão voltar ao mundo dos vivos ou ao mundo dos deuses, seja lá quem vocês sejam.

Mundo dos deuses? De quais deuses estamos falando? Eu não sou uma simples mortal para voltar ao mundo dos vivos, mas era exatamente o que eu gostaria no momento. Esse é o verdadeiro lugar que quero conhecer. Almas vivas.

Ele estala seus dedos ossudos antes que eu tenha a chance de iniciar a frase.

Estamos em um lugar diferente e escondo-me atrás de uma coluna, puxando os dois que vieram comigo junto.

— Merda, Helly. E agora? — ela sussurra para mim.

Precisamos esconder nossa energia, Odin não pode descobrir que estamos aqui.

— Eu preciso mudar de forma. Você já está com seu disfarce de quando vai a Helheim.

Concentro-me como antes, agora tentando fazer minha forma parecer mais humana.

Abro os olhos e vejo o sorriso amplo de Gundy. Já imagino que tenha funcionado. Olho para Garm e me concentro, tocando sua cabeça. Vejo ele se transformar em um cachorro amarelo e então percebo que ele parece normal.

— Um Golden Retriever? Sério? — Ela ri.

— Será que parecemos humanas? Bom, você parece. — Mostro a língua para minha irmã serpente.

Ela balança a cabeça para minha brincadeira infantil e ri.

— Quem são vocês? — uma voz masculina pergunta.

Encaro o homem que apareceu atrás de Gundy, não percebi que ele se aproximava. E agora? O que eu digo? Preciso pensar em nomes. Rápido.

— Meu nome é Jill e essa é minha irmã Rina — digo apressadamente.

Ele é alto e está segurando um cálice de ouro. Parece estar com a túnica roxa suja de vinho. Sua tontura é leve, mas evidente para meus sentidos. Tem um sentimento bom saindo da alma dele, ele quer ajudar. Deve imaginar que não somos daqui e, por algum motivo, ele parece ter compaixão por humanos.

— Humanas, é? Acho que preciso de algumas servas a mais. — Ele olha para Garm. — E esse é...?

— Garm.

— Um cachorro, tudo bem, fiquem com ele por aqui. Não me importo, podem dizer que Dionísio liberou, só não tenham certeza de que vou confirmar se perguntarem. — Ele pisca, erguendo o cálice.

Dionísio...

— Obrigada pela compreensão — Gundy diz.

— Claro, claro, gatinha. Vamos para o meu templo beber um pouco, conversas me cansam.

Olhamo-nos e seguimos o homem com um jeito de andar engraçado, talvez esteja bêbado.

Eu rio com a ideia de que ele pode realmente estar.

3

Este cômodo tem uma elegância extravagante, muitas cortinas da cor rosa caem sobre as paredes brancas do templo de Afrodite. Há muitos homens aqui dentro, a maioria sem roupa. Há um quarto com uma grande cama com lençol vermelho, travesseiros igualmente vermelhos que passam uma ideia direta que se confirma com o jogo de cama de seda. As cortinas caem aqui também, na volta da cama, para uma privacidade que eu questiono que seja um dia necessária para uma deusa como ela. Na sala onde estou tem três sofás grandes ao redor de um tapete rosa com incrível maciez. Tem um enorme lustre de cristal que cai bem ao meio da sala. Tudo isso deve ser realmente caro. Todos os móveis parecem ser feitos de ouro.

Olho para a fonte no canto da sala, ao lado do sofá em que estou. A água é rosa e a fonte tem um formato de coração. Por incrível que pareça, a fonte parece ser feita de algo como mármore, nada de ouro dessa vez.

Um homem alto, forte e bronzeado, com os cabelos pretos encaracolados caindo na testa, me entrega um conjunto de roupas dobradas.

— Aqui, Octavian. Como novo servo, tem o direito de usar roupas se quiser. — Ele sorri.

— Obrigado.

Ele se dirige até Ékimet e faz o mesmo processo.

Levanto-me para me vestir.

Não quero ser um servo, muito menos da promiscuidade que é a própria deusa Afrodite. Ela é sedutora e se relaciona sexualmente com todos desta sala, talvez com pessoas de fora dela também. Mas não posso ignorar que estou em um mundo desconhecido e não sei o que pode acontecer comigo aqui. Preciso suportar ela por enquanto, se ela acredita que sou humano, melhor eu parecer um. Uma deusa a meu lado é o melhor que posso conseguir.

Termino de vestir a calça e ela entra na sala, sorridente e com uma mão na cintura. O jeito alegre dela me causa náuseas.

— Octavian e Ékimet! Meus dois novos bebês escolheram se vestir? Não sabia que eram tímidos. — Ela se aproxima e toca meu ombro, descendo pelos músculos do meu braço.

O que essa desgraçada pensa que está fazendo? Não vou ser só mais um servo do sexo igual a esses idiotas aqui. Ela pode ter a beleza que quiser ter, mas, não estou me sentindo atraído tendo em vista todas as relações que ela andou tendo por aqui. Posso querer parecer humano ou posso exibir minha diferença em relação aos outros para que eu obtenha o respeito que espero dela.

— Eu prefiro assim — digo com mais arrogância do que pretendo.

Ela sorri e coloca a mão no meu peito, por baixo dessa túnica ridícula que me entregaram.

Seguro o pulso dela com força, obrigando-a a parar de me seduzir e olho no fundo dos olhos rosa. Apesar de ser uma mulher alta, eu a olho de cima e isso parece a deixar indefesa.

— Eu vou servi-la, mas não me trate como os outros — eu soo frio.

É óbvio que ela iria tentar me seduzir, parece ser esse o trabalho dela. Assim como é óbvio que eu estragaria meu disfarce muito rápido por ser tão irritável com esse tipo de comportamento.

Ela parece se assustar com minha reação e puxa o pulso, afastando-se e me olhando agora com surpresa.

— Eu quero que todos saiam, agora. Quero conversar apenas com esses dois. — Ela não desvia o olhar do meu.

Todos saem rapidamente, ficando apenas nós três na grande sala.

Ela sorri e se senta no sofá com as pernas cruzadas.

— Então, rapazes, não acho que estejamos entre mortais aqui. — Ela me mostra o pulso vermelho. Acho que apertei demais.

— Minha intenção não era machucá-la. — Mantenho o olhar, expressando minhas desculpas.

— Mortais não resistem a mim, não me referi apenas a sua força, mas também a sua capacidade de fugir da minha sedução.

Provavelmente, é um deus e muito forte, por sinal. — Os olhos da cor rosa brilham de ansiedade. Ela parece querer muito que isso seja verdade. Será que ela não suportaria ser recusada por um mortal?

— Me chamo Anúbis, sou o deus dos mortos.

Sinto os olhos assustados de Ékimet com minha revelação. Ele pensou que eu seria a merda de um servo para o resto da vida? Eu não receberia ordens da deusa da prostituição.

Ignoro, não posso evitar contar, além do mais, ela já sabe a verdade, mentir só geraria consequências piores.

— Anúbis. Deus dos mortos? Achei que Hades governasse o submundo sozinho. — Ela me olha em busca de explicações.

Quem é esse maldito Hades? Deve estar fodido com os mortos. Imagino que seu trabalho seja literalmente um inferno.

— Não sou deste mundo. Minha vida se tornou cansativa e eu fugi para cá. — É um bom resumo. Ela não precisa saber de detalhes.

Ela fica pensativa, como se tentasse encaixar peças de um quebra-cabeças que não sabia que faziam parte.

— Sou Afrodite, como já deve ter percebido. Deusa da beleza e do amor — ela fala rapidamente, como se lembrasse de que faltou uma apresentação de sua parte.

Da beleza e do amor, é claro. Seu corpo revelador e seu comportamento sensual agora parecem estar fazendo sentido.

Uma deusa com longos cabelos loiros, lisos e com um brilho magnífico. Olhos com a cor de uma pitaya madura. Seus grandes seios, cintura fina, uma deusa voltada para um objetivo, certamente. Seus lábios vermelhos estão sorridentes em seu rosto arredondado, ainda que esteja pensativa.

— Então, e você? — Ela olha para Ékimet.

Ele fica ereto e enche o peito com ar. Eu quase tenho vontade de rir. Ela causa efeitos nele.

— Sou apenas um servo leal ao grande deus Anúbis, senhora — ele diz firme, sem olhar diretamente para ela.

Ela se levanta e anda até parar em nossa frente. Coloca a mão no queixo, analisando-nos.

— Anúbis, eu não o conheço e não sabia da existência do seu mundo, mas eu gostei de você, algo em você me diverte. Talvez porque eu tenha minha própria versão de Hades para conhecer, sabe como é, ele não fala muito comigo. — Ela revira os olhos. — Gostaria que ficasse, eu me responsabilizarei com Zeus. Ele certamente não gostará disso. Ninguém disse que ele precisará saber. — Ela pisca.

Cruzo os braços. Ela quer me ajudar a ficar por diversão? Isso acaba de ficar interessante. Consegui a primeira coisa que buscava, um aliado poderoso para me permitir ficar aqui.

— Você vai se colocar em risco com seu deus maior apenas por diversão?

— Zeus? Ele tem muito para fazer, não ficará incomodando meus homens. É sua chance de ficar. Ele não tem como saber, sua forma humana não deixa escapar sua energia, eu nunca imaginei que você era um deus. — Ela sorri, ainda analisando.

Eu não tenho muitas opções, consegui uma deusa disposta a não me mandar embora e me deixar aqui.

— Eu agradeço. Nós gostaríamos de ficar aqui.

Ela ergue uma sobrancelha.

— Não sorri nunca, Anúbis?

— Não.

— Talvez este mundo possa mudar isso. — Ela pisca.

Olho para Ékimet, que está quase babando na deusa da beleza.

Ela bate palmas e todos voltam para a sala. Acaricia o rosto de Ékimet e o beija. Ele se inclina para segurar sua cintura e ela se afasta.

— Espero que se divirtam.

— Diversão? Pode contar comigo! — Um homem alto se apoia nos ombros dela. Ele está com uma garrafa de vinho na mão e veste uma túnica roxa com um arco de folhas nos cabelos.

— Dionísio! A que devo a honra? — Ela parece feliz em vê-lo.

Afrodite se vira e ele quase cai por perder seu apoio.

— Ei, ei. Eu vim trazer vinho para comemorarmos sua independência de Hefestos. — Ele ergue e garrafa.

Ela perde o sorriso. Parece que não sorri sempre, deusa Afrodite.

— Eu não consegui, ainda não... — Ela abaixa o rosto e se senta no sofá.

Mais uma vez, isso parece importante. Hefestos... O que será que ele faz e por que deixa Afrodite chateada?

Ele se senta no braço do sofá.

— Zeus é um babaca. Foda-se o que ele diz.

Ela ri.

— Eu aceito o vinho. Seus vinhos são os melhores. — Ela pega a garrafa e bebe diretamente, inclinando o corpo exageradamente para trás.

— Assim que se fala! — Ele ri.

Ela me olha e parece novamente ter a necessidade de me explicar alguma coisa.

— Octavian, este é Dionísio, deus dos vinhos e das festas. — Ela se levanta, com a garrafa na mão e gesticula na minha direção. — Esse é Octavian, meu novo... Assistente pessoal. Ele é mais que um servo, gosto de usar o cérebro desse. — Ela ri.

Deus dos vinhos e das festas. É realmente necessária a existência dele? Eu achava que eu era insignificante. *Prazer Dionísio, você é mais inútil do que eu*. E parece que eu sou um assistente pessoal. Eu não poderia ser só um servo e ela sabe disso.

Ele me olha e pega um cálice de seu cinto. Ele tem um cinto que mantém oito cálices pendurados na cintura.

— Sirva para o rapaz. Ele merece participar da comemoração. — Ela derrama o vinho no cálice e ele me entrega. — É um prazer, Octavian.

Pego o vinho e aceno com a cabeça.

É a melhor coisa que eu já bebi na vida. O gosto adocicado e cítrico ao mesmo tempo deixa minha boca salivando. Pelo menos, ele é bom no que faz.

— Isso tem um gosto incrível! — Os dois olham para mim e percebo que estavam em outro assunto.

Dionísio ri.

— Ah, você gostou? Eu posso levar você para beber uma hora dessas. Na verdade, eu gostaria de visitar o reino dos mortais em breve. Podemos achar uma festa e ir. O que acha, Octavian? Voltar para o seu mundo? Pode me mostrar se sabe dançar.

O reino dos mortais não chama minha atenção, não dou a mínima para eles e suas impurezas. Na verdade, acho que nunca vi ninguém vivo além dos servos. Apesar disso, sair com um deus pode ser exatamente o que eu estou buscando.

— Eu acho que seria maravilhoso.

— Adoro as festas mortais, talvez seja divertido — Afrodite diz, parece ansiosa também.

— Eu conheço um lugar que dizem que as garotas fazem até... — Uma garota aparece na porta do templo, tossindo e chamando a atenção de Dionísio. — Ah, Rina, eu já vou.

A garota parece animada. Tem os cabelos longos e lisos cobrindo parte do rosto, a cor preta no cabelo faz com que seu rosto claro se destaque mais, posso ver uma cor azul mais ao fundo, talvez esteja pintado na parte de baixo do cabelo. Ela tem olhos verdes fixos no chão, mantém as mãos entrelaçadas na frente do corpo, que é um pouco mais cheio, sem muitas curvas, e ela é mais alta que a deusa Afrodite.

Dionísio se levanta e vai até Rina, virando-se para o salão novamente.

— Combinado então. Não se esqueçam da festa no mundo dos mortais ou arrasto vocês para lá.

Ele sai rindo e bebendo vinho que jorra de seu próprio dedo. Que cena mais bizarra, e eu convivia com um demônio amarrado a meu lado.

Essa Rina me deu uma ideia. Ela veio até o próprio Dionísio para chamá-lo, sabia onde ele estava. Se eu me aliar aos servos também, será mais fácil e terei ainda mais conhecimento sobre o que acontece aqui.

Afrodite se levanta, deixando a garrafa ao lado do sofá, no chão.

— Preciso de um momento com os rapazes. Vocês estão livres para explorar o Olimpo. — Ela sorri com gentileza.

Eu gostaria de conhecer o Olimpo.

Olho para Ékimet e vejo na expressão dele que ele prefere ficar com a atenciosa deusa do amor. Que decepção, Ékimet.

— Ékimet, eu vou dar uma volta. Você pode ficar e apreciar o quanto quiser. — Toco no ombro dele para liberá-lo de sua função.

— Tem certeza, mestre? — Os olhos dele estão brilhando.

— É claro, eu vou dar uma volta rápida. — Saio, quando lembro de um detalhe que poderia ser estranho visto de outro ângulo. — Ah e, Ékimet, não me chame de mestre aqui.

Ele assente, sorrindo.

Saio para o grande pátio do Olimpo.

Consegui me livrar da irritante presença de Ékimet e de suas tolices sobre estar a meu lado. Poderia facilmente me livrar dele. Não posso desconsiderar que sua ajuda tem sido fundamental. Conviver com ele por todo esse tempo tem sido tolerável e continuará sendo, suponho.

Posso sentir a brisa revigorante que este lugar possui. As fontes em cada cruzamento de corredores arquitetados com colunas gigantescas que sustentam o teto. Tudo exageradamente branco, com exceção da água que cai das fontes e as heras que se agarram às colunas e ao teto.

Sigo andando, observando tudo. Os bancos que se encontram nos cantos dos grandes corredores, apesar de não ver muitas pessoas, apenas alguns servos andando de um lado para outro, carregando algumas frutas ou jarros em suas cabeças.

Vejo alguns templos diferentes e percebo o quanto cada templo fala sobre seu dono. Paro em frente a um, com suas paredes feitas inteiramente de água. Um deus que controla a água e a usa para forjar um templo, isso é interessante.

Olho para o lado e a vejo.

Uma garota baixa, inclinada para cheirar as flores que estão ao lado de um dos corredores. Vejo seus cabelos avermelhados com leves ondas evitando que seja liso. Ela parece encantadora. Eu me aproximo e vejo que não são apenas flores que se destacam em um corredor, ali naquela abertura, tem um vasto jardim, com todos os tipos de flores.

Ela ergue-se rapidamente. Acho que sentiu que me aproximo.

Ela me olha e sorri, seus lábios são pequenos, seu maxilar é bem delineado, um rosto delicado e posso ver seus lindos olhos cor de ônix negra. Tem um corpo atraente que evito reparar para que ela não perceba.

O olhar dela revela que ela tem uma grande carga de bons atos. Ela é gentil com as pessoas e sempre disposta a ajudar.

— Boa tarde. — Ela é simpática.

— Olá. — Eu não sou nada simpático.

Será que essa serva pode ser útil para me passar informações? Vamos testar e ver o que ela sabe e se está disposta a dividir tão rapidamente com um estranho.

Paro ao lado dela e olho para o jardim.

Caramba, essa garota é realmente baixa. Poderia ser ridículo para uma serva parecer tão indefesa assim. As outras que vi pareciam ter um corpo mais resistente do que essa. A garota poderia quebrar em mil pedaços sendo desse tamanho e com aparência tão delicada.

— Bonitas, não é? — Fingindo interesse nas flores, pareço um pouco mais simpático do que antes.

Ela abre um grande sorriso. Não deve ter muitas pessoas para conversar com ela, já que ela sorri para uma conversa tão simples. É triste porque eu realmente não ligo para flores.

— É mais vida do que eu poderia imaginar. — Ela parece lembrar de algo que faz com que olhe para baixo.

Eu a olho de cima. Ela aparenta ser ainda mais baixa enquanto olha para baixo, tem curvas sensacionais que prendem minha atenção, distraindo-me. Fico facilmente excitado com ela, mas nunca usaria alguém para ter sexo fácil. Não faz meu estilo me ligar com alguém, mesmo que seja em algo tão banal quanto o ato carnal de fazer sexo.

Percebo que estou com a língua em meu canino novamente, que mania irritante.

— Você está com quem? — ela pergunta um pouco mais animada.

Acho que fiquei muito tempo analisando-a. Agora me sinto um idiota. Estou aqui para tentar tirar algo dela e ela fez isso antes de mim. Não sei o que deveria dizer.

Passo a mão na nuca, tentando me acalmar. Preciso ser sincero se quiser que ela se abra.

— Afrodite. Sou um tipo de conselheiro pessoal dela. E você?

Ela me olha, com uma sobrancelha erguida.

— Dionísio.

Ah, Dionísio de novo. Pode ser bom obter mais informações sobre aquele babaca bêbado. Ou pode ser totalmente inútil. Ele parece ser inútil.

— Eu o conheci agora a pouco. O vinho dele é excelente. — Será que ela liga para esse tipo de comentário? Quem liga para vinho? Por que é necessário um deus para isso?

Ela suspira.

— Acho que é. Bom, eu preciso ir.

É, ela não liga para isso. Ninguém liga.

Eu não quero parar de falar e percebo que ela está se afastando. Preciso pensar em como a ver novamente, ela parece um alvo fácil para se aliar aqui dentro.

— Espero que possamos conversar mais. — Isso pode parecer estranho. — Sou novo aqui e acho que precisamos de mais amigos se não quisermos enlouquecer.

Ela se vira e sorri.

— Acho que pode ser interessante. Eu também estou aqui há pouco tempo, então, andarei por aí para conhecer o lugar. Tenho certeza de que nos veremos. — Ela acena para mim e sai.

Sendo nova aqui, não poderá me oferecer muita coisa, porém, tenho certeza de que a aproximação vai ser mais simples assim e posso saber qualquer coisa nova que ela descobrir.

Sento-me no banco em frente ao jardim. Não consigo evitar olhar para a bunda dela enquanto se afasta. Ela tem quadris fantásticos que balançam e fazem minha cabeça quase acompanhar o balanço. Eu posso me imaginar segurando sua bunda grande enquanto... É melhor parar, não quero me comprometer com ninguém. Isso tudo não passa de acréscimo a meu conhecimento. Não estou atrás de um romance fútil com uma mortal, nem mesmo com uma deusa. Tenho meus próprios problemas para enfrentar. Vou conseguir aliados aqui e tentar descobrir mais sobre este lugar.

Um deus como eu não sente nada. Sou prático e decidido. Romance e qualquer tipo de sentimento bom seria descartável para um homem como eu. Minhas raízes me fazem acreditar que não vale a pena se envolver com outra pessoa a ponto de envolvê-la em sua vida. Não consigo me imaginar fazendo algo assim. Ficar com alguém seria uma mentira, considerando como e quem eu sou.

Por ora, preciso me contentar em ter contatos, mesmo não sendo meu estilo. Preciso dessa garota sendo minha amiga para obter informações sobre Dionísio e talvez outros deuses...

Ela andará por esses labirintos chamados de corredores para conhecer melhor, percebo que sua ligação na beleza da vida é inevitável para ela. Será mais fácil encontrá-la nos jardins. Será uma chance de conhecê-la e de fazer com que ela goste de mim.

Se for realmente isso que eu desejo, preciso ser mais agradável do que de costume. Se quiser informações daquela garota, preciso que ela confie em mim e não posso ter a confiança de alguém sendo o idiota de sempre.

Será difícil ser alguém diferente. É óbvio. Aquela longa fila de almas não me preparou para uma vida normal. Eu sou um deus. Não existe nada normal para mim. Estou disposto a tentar. Já fugi daquele lugar para obter mais informações, não retornarei até ter tomado consciência de tudo que eu desejo e do que se trata este lugar.

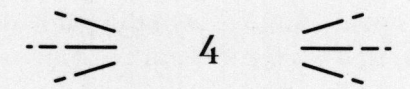

4

Eu não posso acreditar naquelas flores! São lindas.

Pego o caminho de volta pelos corredores do Olimpo até o templo de Dionísio.

Ele tem sido atencioso conosco, percebeu que não somos daqui e deixou que tivéssemos livre acesso aos corredores, exceto quando ele precisasse de nós.

Aquele homem com os cabelos prateados me deu tanta coisa para pensar. Ele pareceu ter emoções tão amortecidas, como se pudesse ter o controle delas, ou apenas não as tivesse. Enquanto falava comigo parecia nervoso e ainda assim quer me ver novamente. Sinto que ele tem algo obscuro superficial, parece ter muito mais dentro dele que ele não acessa. Talvez seja divertido encontrar com ele novamente. Um novo amigo seria bom e, agora que posso ter amigos, deveria aproveitar.

Em pouco tempo, conheci tanta coisa nova. Era exatamente o que eu queria, provavelmente com um preço alto para meu povo, um preço alto para Odin.

Estou sendo justa? Justiça é algo que sempre andou a meu lado e agora me deparo com isso. Não sei se simplesmente imaginar que posso fazer o que quiser é um ato nobre de justiça ou apenas egoísmo de uma deusa frustrada com a própria vida.

Eu chego até a frente do templo.

Dionísio me deu roupas e, tecnicamente, um lar. Estou muito grata por ele ser, apesar de tudo, um deus com um coração bom.

A entrada do templo é excêntrica, com vinho escorrendo pelas paredes como uma fonte, retornando para dentro e voltando a escorrer. Eles parecem gostar de deixar muito claro quem são.

Entro no templo. Tem um total de seis servos, pelo que contei, homens e mulheres. Agora oito, comigo e Gundy. Todos vestidos com os trajes que eles disseram ser oficiais de servos por aqui, túnicas brancas simples.

O templo é banhado pela luxúria. Eu consigo senti-la no próprio ar. As decorações são em tons escuros de roxo com verde em alguns detalhes. Há uma vertente de vinho no centro, à qual temos acesso irrestrito, obviamente, Dionísio não se importa com servos bêbados.

Almofadas no chão na volta de algo que ele chama de "narguilé". Ele traz coisas do mundo dos humanos, como rádios, televisores...

A iluminação é fraca no enorme salão com tapete de urso no chão. Um divã roxo no canto onde ele gosta de se deitar e receber bebida e comida de suas servas. Um grande espaço para dançar, com um lustre que não para de girar e emitir luzes de diversas cores. O som aqui é alto, tem uma batida atrás da outra.

Sento-me em uma das poltronas que ficam nos cantos, procuro com o olhar rapidamente pelo salão. Vejo Gundy beber vinho e dançar com um casal de servos. Garm sempre fica a meu lado, só não o levo para fora do templo. Eu acaricio a cabeça dele para tentar relaxar meus pensamentos. Tudo tem acontecido tão rápido ultimamente.

Queria ser como Gundy, ela parece sempre curtir o momento, não importa onde esteja, acho que a vida dela sempre foi mais fácil, talvez por ela mesma lutar por isso. Eu sou diferente, fui ordenada a ficar naquele reino de névoa e me calei. Nunca argumentei com Odin. Não adiantaria, mas sempre busquei a justiça e acho que esqueci a minha própria.

Dionísio está mexendo em algo que ele chamou de "telefone celular", atualizando as redes sociais da personalidade humana dele. Esse homem tem muitas personalidades, acho que poderia falar consigo mesmo durante horas. Ele consegue ser o deus imponente, o deus bêbado que não se importa com consequências e o humano que adora festas e amigos.

— Jill, por favor, venha até aqui — Dionísio me chama, sem desviar os olhos do pequeno aparelho.

Levanto-me rapidamente e vou até ele.

— Senhor?

— Você não parece estar se divertindo.

Eu olho para os lados. Não me divirto com nada disso.

— Desculpe, mas eu acho que não estou acostumada com nada disso.

Ele me olha e joga o telefone em cima do divã.

— O que gosta de fazer? Quero que todos se divirtam.

Eu não sei o que gosto de fazer.

— Conversar? — sugiro.

Ele ri, estica os braços para a frente e estala os dedos.

— Fique sabendo que sou o melhor nisso.

Eu rio.

— Então, como funciona o Olimpo? Quantos deuses vivem aqui? — Espero que ele esteja realmente disposto a conversar.

Ele se senta na ponta do divã.

— Somos um total de 12 deuses. Zeus é o nosso deus maior.

— E você gosta de Zeus?

Ele parece tranquilo com as perguntas.

— Sim. Ele me trouxe para cá.

— Como foi isso?

Ele fica mais tenso, encolhendo um pouco os ombros.

— Fui o último deus a entrar no Olimpo e, também, o único deus aqui que foi gerado por uma mortal, uma princesa. Ela e Zeus estiveram juntos, o amava e ele a engravidou. A esposa de Zeus a enganou para que pedisse para ele mostrar sua verdadeira forma, para provar quem realmente era. Ele decidiu que era justo e se mostrou na forma de deus. Como mortal, ela não suportou a luz que Zeus emanava e morreu com aquela visão. — Dionísio dá de ombros. — Nenhum dos dois sabia que isso acabaria assim se ela o visse. Por sorte, Zeus conseguiu salvar o bebê e o trouxe para junto dos deuses. — Ele me olha e sorri — Eu era o bebê.

Suas palavras trazem dor a seu coração. Ele queria ter sua mãe. Não deve aceitar o que aconteceu com ela. Talvez essa pontada de raiva mostre um desejo de vingança.

Eu fico atordoada.

— A esposa de Zeus sabia que ela morreria se visse?

Ele dá de ombros novamente.

— Ela sabia, mas Hera mata qualquer mulher que se envolve com seu marido.

Hera parece ser uma mulher cruel, ou talvez apenas tenha ciúmes demais por seu marido ser infiel. Uma deusa traída pode despertar uma ira tremenda. E Dionísio era apenas um bebê entre deuses e mortais.

— É bem clichê, eu sei. Ela morreu apenas para vê-lo. Na verdade, é idiota também.

Não consigo segurar a angústia e toco seu ombro, delicadamente. Eu preciso confortá-lo.

— Eu sinto muito por sua mãe. Qual era o nome dela?

— Sêmele.

— É um belo nome.

Ele ri.

— Não, não é, não. Mas e você, como veio parar no Olimpo sem nem ao menos saber quem é Zeus?

— Eu e minha irmã, bem, nos perdemos e encontramos um homem estranho que nos mandou diretamente para cá. — Tento não parecer ansiosa com o assunto, mas não consigo.

Ele fica intrigado.

— Como era esse cara?

— Não consegui ver muito bem, ele... — Ele me disse que somente deuses viriam para cá, não posso contar a ele sobre aquele homem do barco. — Ele andava com uma armadura negra, não consegui ver nada além disso.

Evito olhar para ele. Não lembro de muita coisa daquele deus que eu vi passar, mas sei que ele poderia me trazer até aqui.

— Hades? Hades trouxe vocês para o Olimpo? Isso é inédito. — Ele ri, não sei se acreditou.

Eu sorrio.

— Eu não sei quem era, mas agradeço por ter nos acolhido.

Ele continua me encarando.

— Ah, vamos lá. Você poderia ter escolhido tantas pessoas, eu sei que é mentira. Você me confortou quando falei sobre minha mãe, pude sentir seu conforto dentro da minha cabeça. — Ele me olha com uma expressão sarcástica. — Então, quem é *realmente* você?

Dou um passo para trás, soltando seu ombro rapidamente. Sinto o ar faltar nos pulmões. E agora?

Olho para Gundy. Não posso deixar que ela morra.

Ele toca minha mão.

— Eu não sou nenhum filho da puta. Não vou sair correndo e chamar Zeus para entregar você. Ele não ajudou Afrodite, ela é minha amiga. Poucos aqui têm motivos para ser totalmente leais a ele.

Ele parece sincero.

Eu sinto medo. Nunca senti medo antes. Medo que Gundy morra.

— Meu nome é Hela, deusa do reino dos mortos. — Eu falo em uma velocidade tão alta que eu não tenho certeza se ele ouviu.

Ele fica pensativo.

— Prazer, Hela. Você parece bem longe de casa. Já temos pessoas encarregadas dessa função. Ou é algum tipo de rebelião e você vai dominar nosso submundo à força? Adoro briga entre deuses. Eu levo o vinho.

Não sei se ele fala sério. Nunca sei.

— Eu quero distância do submundo. Saí do meu com o objetivo de ajudar os vivos, acabei me perdendo e a verdade é que agora não sei se quero voltar a Helheim.

— Hela diretamente de Helheim em meu humilde templo. Por que deixou que eu a tratasse como serva?

É com essa parte que ele se preocupa?

— Eu precisava da sua ajuda. Ainda preciso. Prefiro ser uma serva que conhece a vida do que uma deusa que vive todos os dias da mesma forma.

Estou sendo totalmente sincera com ele. Vou entregar tudo que ele quiser saber.

— E sua irmã é uma deusa também?

Assinto.

— Jörmungandr. A serpente do tamanho do mundo. Dançando na forma humana na batida dessa música.

Ele olha para ela.

— Jurmandund? — ele tenta repetir.

Eu rio.

— Eu a chamo de Gundy.

Ele suspira aliviado.

— Isso eu sei falar.

Eu aperto um dedo contra o outro na mão, nervosa.

— E então...? — Mantenho a calma.

Ele ergue uma sobrancelha.

— Você fez uma revelação e tanto. Não deveria confiar em qualquer um. Vou chamar os guardas.

Tento correr, mas ele me segura.

— Ei, ei, calma. Eu estava brincando. Seu senso de humor ficou em Helheim? — Ele suspira, frustrado. — Bom, eu disse que não sou um filho da puta. Vocês podem ficar aqui.

Fico paralisada. Ele deixou que uma deusa estranha ficasse dentro do templo dele.

— Você tem certeza?

Ele revira os olhos, inclina-se no divã, tocando a mão no telefone, e o pega.

— Se quiser desistir e fugir correndo. Faça como quiser. Me avise antes. Ok? — Ele parece distraído com o telefone.

— Eu vou avisar. — Viro-me.

— Ah. O cachorro era tipo o guarda do seu submundo, não é?

— Sim, como você...?

Ele faz um gesto com a mão para deixar para lá.

— Palpite.

Viro-me novamente. Esse deus me deixa confusa. Ele brinca e fala sério. Não sei quando ele faz o quê.

Dirijo-me até uma estante empoeirada. Ele tem livros.

Olho para ele. Não deve ter lido. Ou não parece que leu.

Eu penso em pegar um, mas já fiz tanto isso enquanto estava lá, presa. Lia o que Gundy me trazia em suas eventuais visitas.

É melhor ir até a rua e respirar ar puro.

Afasto-me do tormento das batidas e das risadas. Ando a passos calmos até uma das inúmeras fontes deste lugar. Sento-me nela e respiro fundo.

— Você está bem?

Olho assustada. Não vi que tinha mais alguém sentado do outro lado.

Ele é um homem bronzeado, magro, com olhos verdes brilhantes. Seu cabelo castanho claro está bagunçado.

— Estou. Sim. Obrigada. — Eu tenho vontade de me levantar e sair, não sei conversar com mortais que não estão mortos e precisando de mim.

— Meu nome é Ékimet Hulm. Eu não quis atrapalhar. — Ele se vira e fica sentado como se não tivesse falado nada.

— Meu nome é Jill — digo colocando uma mecha de cabelo atrás da orelha.

Como eu consegui pensar nesses nomes tão rápido? Lembrei-me das almas que recebia e foram os primeiros nomes que consegui lembrar. Jill, morte no parto, chorou durante quatro anos por nunca ter olhado no rosto do filho. Rina, morte por velhice, conversava todos os dias com ela, provavelmente, eu precisava mais do que ela mesma.

Ele me ignora e acho que não quer mais insistir em conversar, parece que algo prende sua atenção.

Sigo seu olhar e fito o homem que encontrei no jardim vindo em nossa direção.

Seus cabelos prateados também estão bagunçados, parece que ele não está acostumado a arrumar. Ele tem os músculos definidos, posso ver porque sua túnica cobre apenas metade do peito. Os olhos azuis dele estão focados em Ékimet, mas logo focam em mim, com um rosto em um formato quadrado bem marcado.

Eu desvio o olhar. Não sei o motivo, mas não consigo olhar por mais tempo.

— Ékimet, o que está fazendo aqui?

A voz dele é tão firme e com tanta autoridade, estranho para um servo.

— Eu vim apenas relaxar. Já limpei todas aquelas coisas que ela pediu — seu tom de voz parece um pedido de desculpas, ele abaixa a cabeça.

Afrodite. Ele me disse que estava com ela, provavelmente Ékimet também.

— E você, vai me perseguir o dia todo? — ele pergunta, em um tom frio.

Eu dou um salto. Ele falou comigo.

— Eu não estou perseguindo. — Viro-me. — Eu apenas sentei aqui e não vi que Ékimet também estava.

Ele parece surpreso.

— Acho que estamos destinados a traçar o mesmo caminho. — Ele sorri pela metade, seu sorriso bonito é destacado por um canino pontiagudo.

Esses dentes são um pouco diferentes dos dentes das outras pessoas, levemente mais alongados. De qualquer forma, dá nele um charme a mais.

Ele quer minha amizade por algum motivo desconhecido. Sinto que ele precisa de esforço para ter qualquer tipo de conversa. Acho que posso ser legal com ele se ele está tentando fazer o mesmo. Do jeito estranho dele de fazer as coisas.

O homem de cabelo prata me observa como se analisasse minha alma pelos meus olhos. Como da primeira vez que o vi nos jardins. Ele me deixa sem jeito.

— Talvez. Eu sou a Jill. — Levanto-me determinada a não deixar mortais me constrangerem mais. — É um prazer conhecê-lo de verdade.

Aproximo-me dele e ele cruza os braços.

— Octavian. É um prazer, Jill. — Ele dá novamente o sorriso que afeta somente metade dos lábios.

Estou confiante em estabelecer uma conversa normal com uma pessoa normal.

— Quer andar e conversar?

Percebo que me referi apenas a Octavian. Corrigir seria pior, então olho para Ékimet com uma expressão que espero parecer um convite.

— Eu vou ficar aqui. Obrigado.

Pelo menos ele entendeu como um convite. Acho que não preciso ter medo de contato com humanos.

— Vamos — Octavian diz, novamente autoritário demais para um servo.

Enquanto andamos pelos corredores, ele mantém os braços cruzados. Talvez escondendo o peito à mostra, não parece confortável com essas roupas.

— Afrodite aprova isso?

Ele me olha, sempre com um tom analista. Será que está acostumado a analisar todo mundo a cada olhar? Isso parece tão invasivo. Deixa-me constrangida com esses olhos azuis hipnóticos.

— O quê?

— Você tem um tom autoritário para um servo.

Ele se surpreende e ri, novamente só com a metade da boca. Sempre pela metade porque sua vontade de sorrir não está ali. É seu esforço em parecer legal que transborda pelo seu rosto.

— Eu disse que sou um conselheiro.

Ele parece um servo comum.

— O que um conselheiro de Afrodite faz?

— Eu guio as escolhas dela. Tento evitar que ela faça algo que possa se arrepender.

— Desculpe a pergunta, mas quem é Afrodite?

Ele parece novamente surpreso, mas tenta esconder.

— Deusa da beleza e do amor.

Beleza. Deusa da beleza. Eu consigo imaginar como ela deve ser bela. Completamente, não apenas metade dela.

Toco meu rosto na parte que fica minha deformidade, sinto apenas a pele humana, mas sei a verdade por trás disso.

— Vendo Afrodite, percebo que a beleza não é algo fundamental. Talvez ser a deusa de algo assim possa ser vazio — seu tom é analítico como seu olhar.

Beleza não é fundamental quando ele tem a aparência de um belo humano, ao invés de ter metade do rosto tomado por ossos.

— Talvez tenha razão.

— Você gosta daqui? Do Olimpo? — Octavian parece estar determinado em tentar ser meu amigo.

— Eu gosto de como é claro aqui. Silencioso.

Sem os gritos agoniados no vapor.

— Octavian! O jantar será servido agora! — Ékimet grita, vindo até nós. Ele parece se preocupar com Octavian.

Essa conversa foi tão rápida. Gostaria de saber mais sobre esse humano que tem sentimentos que nem mesmo eu consigo identificar. Não posso ajudar se não souber o que ele sente.

Octavian vira para mim e pega minha mão.

Sinto um choque percorrer minha espinha. Ele me lançou um tipo de feitiço. Preciso fazê-lo sofrer por isso.

Não. É apenas um humano que não pode me machucar. Não gosto desse meu lado que aparece quando algo sai de meu controle.

— Eu espero ver você amanhã. Podemos nos encontrar nos jardins para conversar mais.

— Eu irei.

Ele olha tão fixamente dentro de meus olhos que acabo dizendo que vou sem nem saber se Dionísio permitirá.

— Ótimo. Espero que nossa conversa possa ser de verdade da próxima vez.

Ele vira e vai até Ékimet.

Eles se afastam e eu posso observar o jeito de Octavian caminhar. Confiante. Elegante. Como um deus.

Talvez tenha aprendido com os deuses que vivem aqui.

— Eu também espero... — sussurro.

Caminhando de volta para o templo de Dionísio percebo que senti algo no toque dele. Tinha sentimentos lá. Sentimentos ruins sobre si mesmo. Tive a impressão de ter algo mais, bem lá no fundo...

5

O jantar é um grande banquete que é servido na sala do templo.

Acho que nunca vi tanta fartura em uma mesa.

Vários tipos de carnes, saladas, frutas, pães e bolos. Vinho e água são as bebidas ofertadas.

Afrodite é a primeira a se servir, pega um cacho de uvas verdes e indica para os servos começarem a comer, retirando-se da mesa e indo até uma janela.

Ela parece pensativa.

Acho que agora é um bom momento para tentar ser legal com ela. Não posso ter minha personalidade de sempre se quiser descobrir alguma coisa. Isso não daria certo nunca. Eu sei que sou um babaca.

Junto-me a ela e uso o encosto do sofá como apoio.

— Algum problema?

Ela me olha. Sem sorrisos dessa vez.

— Meu marido virá esta noite — sua voz é baixa.

Ela tem um marido. Talvez seja o homem que Dionísio mencionou. Hefestos.

Fico em silêncio. Ele é um deus que não conheço, não tenho certeza do que posso falar sobre ele. Apenas a certeza do que vejo em seus olhos, de seu passado com ele onde era agradável para ele e não para ela, e agora não é agradável para ninguém.

— Deus das forjas. Ele fez essas colunas que embelezam todo o Olimpo, todas as mais belas joias também são feitas por ele. — Ela pega a coroa do cabelo, deixando o cabelo cair no rosto. — Ele me deu isto. Como um presente. Até a própria Hera usa joias dele. Usam armas e armaduras dele em batalhas...

A coroa de ouro tem detalhes de corações, traços finos e delicados. Não há como questionar a habilidade dele.

— Ele parece ser importante para os deuses, mas não para você.

Ela está passando os dedos delicadamente pela coroa. Lembranças, eu imagino.

— Ele é atencioso, mas se tornou um fardo ficar com ele e minha falta de demonstração de afeto com meu marido o deixou irado comigo.

— Você não pode deixá-lo?

Ela dá um riso fraco, negando com a cabeça.

— Zeus me deu a ele. Ele é conhecido como o mais feio do Olimpo, logo, ele deu a seu filho a deusa da beleza. — Ela me olha e sorri, seus olhos estão tristes. — Irônico, não é?

É muito irônico.

— Então, não — concluo em palavras o óbvio.

Ela nega novamente.

— Vá comer um pouco. Eu prefiro que ninguém esteja aqui quando ele chegar. — Ela suspira e coloca a coroa. — Ele chegará em breve.

Levanto-me e me dirijo à mesa.

A grande mesa no centro esquerdo está repleta de homens. Eles comem e riem, cuspindo comida uns nos outros de maneira totalmente deselegante. Humanos são estranhos, ou talvez esses homens é que sejam estranhos.

Ékimet está segurando uma coxa de frango e uma caneca que imagino ter vinho, ele está balançando o copo no ritmo da música que um homem a seu lado canta.

Inclino-me para pegar um bife que parece suculento. Pego um prato e me sirvo. Sento-me à mesa e começo a comer.

Está de fato maravilhoso.

Termino de comer em silêncio, ignorando os outros a meu lado.

Inclino-me para pegar um pedaço de pão e um vento bate em minhas costas. Alguém poderoso entrou aqui.

Levanto-me imediatamente e viro para a porta, parando ao lado de meu cajado que está na parede, por instinto.

Hefestos é baixo e não tem cabelos. Tem o peitoral forte e suado, parece ter trabalhado na forja o dia todo.

— Afrodite — ele ordena.

Ele vem calmamente até a mesa e todos os servos se retiram para o quarto, inclusive Ékimet.

Mantenho-me em pé, encarando-o.

— E você, servo? Não sairá? — Ele pega um pedaço de bolo e coloca inteiro na boca. Faltam alguns dentes.

— Não recebi ordens para isso. — Eu o encaro sem passar qualquer emoção.

— Está recebendo agora. Saia.

Continuo em pé. Não vou obedecer a qualquer deus que se ache no direito de me impor ordens.

Afrodite surge na sala, cabisbaixa. Parece outra mulher.

— Meu marido. — Ela o recebe com um abraço.

Ele não desvia o olhar de mim.

— Quem é este servo?

Ele a ignora completamente, como se ela não o abraçasse. Sinto pena dela. Essa mulher está condenada.

— Octavian. Ele é meu conselheiro. — Ela o solta. — Octavian, fique com os outros.

Movo-me para ir e sinto a mão quente em meu peito, impedindo-me.

— Não tão rápido. Você achou mesmo que iria embora sendo tão desrespeitoso comigo? — Ele ergue os ombros para me deixar intimidado. — Eu não dou a mínima para como ela chama você, *conselheiro*. Eu vou puni-lo como um servo.

Ele ergue a mão para me atacar e eu discretamente pego meu cajado que está escorado na parede bem atrás de mim. Antes que eu faça algo, Afrodite segura a mão dele.

— Por favor, deixe-o em paz.

Essa deusa me defendeu. *Por quê?*

Ele olha para ela, furioso.

— Já estou farto de você cortejar seus servos e nunca seu marido! — ele grita.

Ele usa a força do braço que ela está segurando e a joga contra a parede de pedra. Ela cai no sofá.

Eu posso impedir que ele prossiga com seus atos violentos, mas isso colocaria em risco minha identidade no Olimpo. Se esse deus souber quem eu sou, vai me destruir perante seu deus maior.

Ele vai até ela e puxa a túnica dela, deixando seu corpo exposto.

Antes que perceba, uso meu cajado e jogo uma explosão laranja em suas costas, que queimam como chamas vindas direto do inferno. Antes que ele se vire para ver o que aconteceu, uso a levitação para quebrar um sofá também em suas costas, fazendo ele soltá-la e destinar sua raiva para o novo agressor. Eu vou matá-lo se me atacar. Não irei parar.

Ele se vira com fúria, mas outro deus toma seu campo de visão.

Esse deus usa uma couraça como armadura no peito, grevas nas pernas e uma espécie de saia de batalha. Seu corpo é extremamente forte. O elmo cobre seu rosto, mas consigo ver seus olhos brilhando em ira vermelha. Sua armadura é inteiramente dourada, com exceção das penugens vermelhas do elmo.

Minha fúria está quase nascendo, mas, para manter minha discrição, resolvo baixar meu cajado e deixar que esse outro deus leve todos os créditos pelo que eu fiz. Acho que vou assistir a uma ótima briga. Talvez seja meu dia de sorte.

Hefestos deixa escapar seu desespero ao ver aquele deus.

O outro deus acerta um soco em seu rosto, seguido de outro e outro... O som é como pedras se chocando. Ele joga Hefestos para fora do templo e o segue, levanta-o do chão e continua a dar socos.

— Ares! Por favor! Pare! — Afrodite grita enquanto cai de joelhos nas portas de seu templo.

Hefestos parece sentir uma grande fúria pelas palavras dela e acerta um soco no pescoço de Ares, que dá um passo para trás, ainda o segurando.

Ares ri e para quando vê Afrodite segurar sua perna esquerda, suplicando.

Ele solta Hefestos imediatamente.

— Vá embora agora ou irei matá-lo! — a voz é grave enquanto grita sua ordem.

Hefestos está com o rosto ensanguentado, no chão, apoiado em sua mão direita.

— Você não devia ter feito isso, Ares — ele diz e desaparece.

Esse Ares o assusta, consegui ver em seus olhos quando ele apareceu. Parece ser um adversário difícil.

— Afrodite, você está bem? — sua voz ainda é grave, mas seu afeto é perceptível a qualquer um.

Ares gosta dela.

Ele se abaixa para ajudá-la a se levantar, arrumando a túnica dela.

— Estou, sim, muito obrigada — sua voz é baixa.

Ele segura o rosto dela e a beija. Eu imaginei.

— Ah, Ares. — Ela o abraça. — Quando poderemos ficar juntos?

Viro-me para dar privacidade aos dois.

— Em breve. Se meu pai não aceitar, eu mesmo vou matar Hefestos.

Outro filho de Zeus.

— Ei. Octavian. Você me ajudou também, obrigada pelo que ia fazer.

Volto e a vejo sorrir.

— Tudo bem. — Passo a mão na nuca.

Ares me olha com aqueles olhos brilhantes. Ele ainda não tirou o elmo.

— Com licença. Deusa Afrodite. Deus Ares. — Faço um aceno com a cabeça indicando minha retirada.

Entro no quarto. Todos os homens estão deitados, imagino que não estejam dormindo.

Deito-me em um sofá vazio.

Nessa forma eu posso facilmente dormir. Sinto-me cansado e gostaria de saber como é.

Nunca dormi na vida, sempre tive que cuidar daquela fila e um deus não precisa necessariamente dormir, apesar de isso aumentar nossa força. Eu sempre me perguntei como seria simplesmente me desligar por horas. Isso me assusta. O que pode acontecer nesse intervalo de tempo? Sonhar deve ser agradável.

Ainda estou segurando meu cajado que está na forma de uma bengala. Sinto-me mais seguro dormindo com ele por perto, posso precisar quando acordar. Eu o deixo em cima de meu corpo, segurando com a mão direita enquanto minha mão esquerda repousa abaixo de minha cabeça.

Suspiro e fecho os olhos.

Dormir parece difícil. Como os humanos conseguem se desligar sabendo que tudo está acontecendo?

Consigo ver Jill em minha mente, por algum motivo, aquela humana me causa uma sensação revigorante. Consigo relaxar quando penso que posso encontrar com ela pelos corredores. Para descobrir o que eu quero, é claro.

Deveria ir até o corredor. Ela pode estar lá.

Não. É hora de dormir.

Que ideia idiota foi essa?

Passeio com a língua em volta de meu dente pontiagudo.

Preciso me concentrar novamente. Lembro-me dela. Da mulher do outro lado do rio. Nunca tive a oportunidade de trocar uma palavra com ela e nunca mais terei. Aquela linda mulher me causava uma sensação estranha, algo como precisar atravessar aquela névoa e falar com ela imediatamente, como se precisasse dela em minha vida. Como se meu destino me guiasse para ela. Nunca tinha sentido nada assim. Ela me dava sensações agradáveis. Algo que Jill também faz.

Quando minha consciência volta para meu corpo, me dou conta de que dormi. Não tenho certeza se tive um sonho. Estou confuso até mesmo sobre onde estou. Olho à minha volta e, ao ver os homens dormindo em sofás e almofadas no chão, lembro-me de que vim até este mundo estranho para ser alguém melhor. Não sei como alcançar esse objetivo ainda.

Levanto-me, passando as mãos no cabelo e o ajeito para trás. Estou cansado desses fios caindo em frente a meus olhos. Gostaria de mudar minha aparência, mas não sou eu quem decide como a forma humana se parece. Nasci com essa forma estabelecida, assim como todos os deuses. Não estou habituado a nada disso ainda, é estranho viver como um mortal. As coisas banais de que esse corpo precisa não são necessárias quando estou em minha forma divina.

Ouço sons do lado de fora do quarto onde os servos dormem. É melhor começar a fazer coisas úteis ao invés de apenas ser um inútil aqui parado com esses servos.

Quando saio do quarto a luz está irradiando a sala do templo. Nunca vi um dia tão iluminado, essa luz atrai-me imediatamente para fora da sala. Na rua vejo um belo Sol exposto em um céu azul. Fecho meus olhos e aprecio minha pele sendo aquecida lentamente pelo seu calor. Apesar de ser sempre quente onde eu vivo, não tem Sol. Nunca havia visto algo tão lindo e resplandecente.

O som que me fez sair do quarto se repete. É estranho. Não vi ninguém na sala. Viro-me para analisar novamente, talvez tenha sido distraído pela luz solar e não percebi que mais alguém estava aqui.

Entro na sala novamente e tudo parece vazio. O som parou. Estranho.

Uma almofada surge voando para o meio da sala e um cachorro vem correndo atrás dela, pulando em excitação ao balançá-la com a boca quando a pega novamente.

O cachorro para com a almofada rasgada na boca assim que me vê e parece ter sido descoberto. Ele não é um deus. Parece apenas um cachorro.

Ofereço minha mão e ele anda com cuidado até mim. Fareja, atento ao que parece ser mais do que apenas descobrir quem eu sou. Ele age como se quisesse saber se sou confiável.

— Você tem um cachorro? — Afrodite pergunta.

Não me viro. Já sei que é ela. O cachorro amarelo fica inquieto com a presença dela e solta um rosnado. Acaricio a cabeça dele para mostrar que está tudo bem.

— Não é meu. Acordei e ele já estava aqui.

Ela vai para o quarto sem olhar para o cachorro ou para mim. Acho que ela não é muito adepta a cães destruindo seu templo e a ameaçando.

— Dionísio tem comentado sobre um cachorro. Leve de volta e diga para ele manter o animal somente no templo dele. — Ela se vira quando para na porta do quarto. — Se puder, é claro.

Agora, sim. Já tinha avisado sobre me tratar como um mero servo pronto para servi-la.

— Posso fazer isso — respondo ao me levantar.

O cão me olha, esperando algum comando. Parece ser bem treinado, mas é estranho que aceite ordens vindas de mim. Saio e ele me acompanha.

Sempre gostei de animais, apesar de nunca ter tido a oportunidade de chegar tão perto de um. Posso afirmar, mesmo assim, que eles são mais confiáveis do que as pessoas.

Os corredores são novos e não sei bem onde fica o templo do deus do vinho, espero que andando eu ache um lugar com uma placa bem grande ou algo assim.

Ao passar pelos jardins, vejo que Jill está lá. Acho que tinha combinado com ela de nos encontrarmos. Ela não deve estar esperando por mim. É muito cedo ainda.

Ela vira e os olhos fixam nos meus. Seus olhos são pretos como a noite.

— Ah, Octavian, oi. — Ela parece constrangida. — Eu não sabia que viria tão cedo. Eu... — Ela olha para o cachorro a meu lado. — Garm!

Ele corre até ela e ela o abraça. Que cena dramática. Se cuidasse melhor dele, ele não estaria em um lugar desconhecido sozinho.

— Ele estava no templo de Afrodite — aviso. — Deveria cuidar melhor do seu animal se gosta tanto dele. — Não consigo evitar comentar o descuido.

Jill se levanta e ajeita a túnica, sem contato visual dessa vez. Ela sabe que está errada em deixar seu cão solto por aí com tantas pessoas que não aprovariam a presença dele.

— Eu vou garantir que ele esteja sempre próximo a partir de agora. Peça desculpas a Afrodite. — Ela olha para ele. — Espero que ele não tenha feito nada de ruim.

Além de destruir algumas coisas do templo e ter ameaçado uma deusa...

— Nada que ela não possa lidar. — Aproximo-me da abertura do jardim.

É como um arco-íris de flores ali dentro. Hortênsias, tulipas, rosas, narcisos e muitas outras cujos nomes não sei. Um colorido que dá a este lugar branco um pouco de vida além da elegância exagerada. Não aprovo tantas cores, não reflete meu espírito.

— Nunca tinha visto tantas flores. — Ela está ao lado das rosas azuis.

— Na verdade, eu também não. — Esse assunto é tedioso e não me levará a lugar algum. — Conhece os deuses daqui?

Entro no jardim aberto e ando pelo trilho de pedras que parece não ter fim no meio dessas flores.

— Não conheço ninguém além do Dionísio. — Ela volta a olhar as rosas.

Paro ao lado dela, ainda estamos no início do jardim.

— Ele é legal? — Tento parecer indiferente.

— Ele é bom. Tem um temperamento meio estranho. Nunca sei quando ele fala sério ou quando brinca. — Ela ri.

— Eu vi que ele consegue fazer vinho jorrar do próprio dedo. Aquilo foi estranho para mim. — E é verdade.

Jill começa a andar lentamente e eu acompanho seus passos.

Essa garota parece estar me fazendo de idiota. Tenho vontade de usar meu cajado para torturá-la e a obrigar a me contar tudo o que eu desejo saber. Não tenho paciência para esse jogo de descobertas lento e insuportavelmente chato.

— Esses deuses devem fazer coisas bem estranhas. — Ela ri. — Ele realmente consegue fazer o vinho verter o quanto quiser. Também consegue despertar o ânimo nas pessoas. Tudo vira uma festa, sabe?

Em uma possível invasão para os deuses de meu mundo, Dionísio seria um alvo fácil de ser abatido. Talvez possa até ser usado para fins alcoólicos, já que seu poder é esse.

— Dá para perceber que ele tem um espírito e tanto. — Comento sem muito interesse nisso. — Então, quantos deuses deve ter por aqui?

— Doze deuses.

Doze. Não serão um problema se a maioria for mais como o deus do vinho e menos como Ares.

— Pensei que fossem mais. — Preciso dar uma informação antes que ela desconfie de minhas intenções. — Ontem eu conheci Ares e Hefestos.

— Quem são eles? — Seus olhos curiosos brilham em minha direção.

— Ares eu ainda não sei muito, mas é bem agressivo e tem uma força absurdamente grande. — Ele deve ter algo relacionado a lutas ou a ira. — Hefestos é o deus das forjas, ele que fez as colunas do Olimpo.

— São bonitas, ele é bom nisso.

— Ele e Ares tiveram uma briga ontem. — Informação demais. — Digamos apenas que eles gostam da mesma pessoa.

Jill olha para os lírios, pensativa.

— Afrodite deve ser uma mulher extremamente linda — sua voz é tão baixa que não tenho certeza se ela queria que eu ouvisse.

Essa humana tem sérios problemas com sua aparência. Não entendo o motivo, sua beleza é exorbitante.

— Por favor, é para isso que ela serve. — Dou de ombros.

Afrodite tem apenas uma função, fico feliz que ela não falhe nisso. Amor é apenas uma piada de mau gosto e a beleza é superficial e sem valor. O trabalho dela é irrelevante.

— Eu ouvi falar sobre Hera também... — Ela diz·enquanto pensa. — Esposa de Zeus, o deus que comanda tudo por aqui.

Hera é a rainha deste lugar ao lado de Zeus. A força deles deve ser maior do que a de Ares. Qual será a relação que esses deuses têm?

Tiro a língua do dente.

— É bom conversar com uma pessoa normal — minto.

Odeio conversar com pessoas.

— Ah, Octavian. — Ela ri. — Isso é mentira.

O quê?

— O que quer dizer? — Mantenho a postura de indiferença.

Jill para e se apoia na perna direita, colocando as mãos para trás, entrelaçadas e olha para mim, permitindo-me analisar novamente sua alma. O passado dela não foi feliz, ficou presa muito tempo e conversava somente com Rina, parecem ser próximas há muito tempo.

— Falar não é a sua atividade favorita do dia. — Ela faz uma expressão de análise enquanto sorri. — O seu esforço em fazer isso é bem óbvio. — Ela dá um soco fraco no meu braço. — Gosto de sua determinação. Posso ser sua amiga se quiser.

Uma parte de mim parece ter sido acesa por um breve momento, até eu apagar antes que acabasse em chamas. Nunca senti isso e não é momento de começar. Nunca será o momento.

— Então, amigos. — Estendo a mão e ela aperta.

— Fico feliz com nossa amizade estranha. — Ela faz uma careta engraçada.

É um senso de humor interessante.

Não. É idiota.

— Preciso ir. — Solto sua mão.

— Vai vir aqui amanhã? — Ela parece ter esperança. Tem seus próprios planos sobre nossa amizade.

— É claro.

Quero sair logo deste lugar e me livrar dessa conversa. Já obtive o suficiente por hoje. Hora de ir embora e procurar os templos para ver se eles me dão mais detalhes sobre esses 12 deuses do Olimpo.

Ando sem me despedir, sei que ela ainda está me olhando. Ela já teve mais de mim do que eu gostaria de compartilhar. Nunca tive conversas tão longas e frequentes com alguém e agora tenho uma amiga para continuar conversando em meio a um jardim florido. É como viver meu pior pesadelo.

Passo horas fazendo anotações mentais sobre as pessoas que passam por mim e sobre as construções que observo. Gastei meu tempo em sua grande maioria no templo de água. Esperava ver o dono, porém, para minha decepção, ele não apareceu. Queria ver o templo de Zeus. A ideia é tentadora, se não fosse tão perigosa. Ainda não é o momento de ir até ele.

Volto para o templo de Afrodite e todos já estão jantando.

Melhor esperar eles terminarem, prefiro comida fria a ter que me juntar novamente com tantas pessoas em uma mesa. Não vou passar por isso de novo.

Espero na rua. Olho o Sol se pondo no horizonte. É incrível a imagem da onipresença dessa grande bola de fogo que ilumina o mundo. Deuses e mortais reduzidos a pequenos participantes do grande evento do universo, enquanto ele acontece, nós todos assistimos a seu espetáculo.

— Octavian — a voz irritante de Afrodite estraga meu momento de paz. — Sabe escrever?

— Vou ignorar sua coragem em perguntar sobre minha capacidade de escrita. — Suspiro sem desviar minha atenção do fim do dia. — Do que precisa?

Vejo papiros sendo jogados em uma mesa a meu lado. Ótimo. Trabalho. Não trabalhei o suficiente em minha existência para agora precisar receber ordens dessa mulher incrivelmente inconveniente.

— No final do dia, quero que registre os acontecimentos com os servos. Como uma fiscalização.

— Qual o fundamento disso? — Cruzo os braços e a olho.

Afrodite me encara.

— Zeus pediu uma avaliação dos servos que trazemos para cá. Quer saber se suas funções são realmente necessárias. — Ela revira os olhos. — Como meu assistente pessoal, sei que você pode fazer isso.

Dou de ombros. Meu tempo livre pode acabar se tornando irritante, de qualquer forma.

— Obrigada. — Ela sai de meu campo de visão. — Ah, e desculpe pela pergunta. Cometi o equívoco de não me lembrar do quão sensacional você é. — Seu sarcasmo é quase palpável.

Ignoro o sarcasmo e pego o papiro. Sento-me no banco ao lado da grande porta e inicio o texto sobre o que eu vi acontecer hoje. Seria pedir demais me dar ao trabalho de perguntar a eles. Eu já sei quais são suas funções diárias. Eles se dividem em equipes para buscar os jarros de água, colher as frutas e verduras, limpar as carnes que abatem, preparar a comida, limpar cada centímetro daquele lugar. Cito cada função e quem as executou. Todos fizeram alguma coisa. Espero que Zeus fique satisfeito com isso. Até Ékimet tem uma função. Ele é responsável por lavar as roupas no lago que eu imagino ser exclusivo para os olimpianos.

Termino de escrever e deixo os papiros em cima da mesa da grande sala central.

— Octavian, estamos indo tomar banho. Quer ir conosco? — Um dos servos pergunta.

Eu não sei o nome deles, reconheço quem são por suas aparências e os defini em minha escrita por números. Comprovando que todos colaboraram. Os nomes não me importam.

— Tudo bem.

Sigo com eles pelos corredores até o grande rio com sua água azul celeste. Tiro minhas vestes, assim como os outros, e entro na água. Minha última vez em um rio não foi muito agradável. Dessa vez, permito-me relaxar enquanto limpo meu corpo humano. A correnteza não é muito forte e o momento de paz é bem-vindo. Tento ignorar completamente os outros homens perto de mim. Sem sucesso.

— É uma pena que eles dividam a parte das garotas — um homem loiro com uma barba média diz com sua voz rouca.

— Afrodite não quer que tenhamos relações com outras mulheres. Sabe o quanto ela é possessiva — comenta o homem com um cabelo longo e castanho.

— Poderíamos ter algumas servas nuas se banhando aqui. Elas são tão safadas — fala o mais forte deles. Não tem cabelo e é extremamente alto.

Esses homens são repugnantes. Saio quando as risadas aumentam e começam a jogar água uns nos outros. Eles são tão infantis. Afrodite deve tratá-los como crianças mimadas e eles agem como tal. Ékimet está conversando com um grupo mais ao fundo. Espero que não seja uma conversa tão imunda como a desses homens. Pego uma das túnicas limpas que eles trouxeram.

Vou comer a comida restante sozinho. Com a paz do silêncio a meu lado. Nem mesmo Afrodite está presente agora. Nunca vi este lugar tão vazio desde que vim para cá. Como dois pedaços de pão e um cacho de uvas. Poderia facilmente comer mais, mas a mudança para a forma humana reduz meu apetite, causa até um pouco de enjoo.

Sinto meu corpo mais pesado do que antes. Meu corpo mortal precisa de descanso e eu quase me esqueço disso. Ando até o quarto e deito-me no mesmo sofá da primeira vez. É perto da porta, gosto de ter acesso fácil à saída sem ter que ficar tão próximo dos outros. Mantenho o cajado seguro em cima de mim, firme em minha mão.

O Olimpo tem um total de 12 deuses. Antes de planejar alguma coisa como um ataque, preciso conhecer melhor cada um desses 12. Seria arriscado fazer isso antes de descobrir o que cada um é capaz de fazer. Espero que amanhã Jill tenha novas informações.

Acordo com gritos, levantando-me com agilidade e já com o cajado em mãos.

— Você vai derramar tudo!

— Me joga uma pera!

— Vai comer todas sozinho?

As vozes daqueles homens no café da manhã me acalmam ao mesmo tempo em que me irritam. Sempre bárbaros, sem costumes de comportamento decente. Nem saí do quarto, mas já sei que vou pular o café da manhã hoje de novo.

Passo as mãos pelo cabelo até a nuca, massageando a tensão que vive ali. Nunca me livro disso. Saio do quarto e sigo próximo da parede, evitando que percebam minha presença. Caminho pelos corredores sabendo exatamente para onde estou indo.

O jardim está silencioso. Acho que ela não apareceu. Será que percebeu que minhas intenções eram ruins?

Paro em frente às margaridas. Tão coloridas e cheias de vida. Lembram o brilho do Sol. Toco nelas. São tão macias.

— Margaridas chamam sua atenção? Quem diria.

Jill está parada atrás de mim, segurando uma cesta. Estava tão distraído que não senti que alguém se aproximava.

— Piquenique. Não tive tempo para um café. — Ela vai até uma parte ampla do caminho de pedras e se senta no chão. — Ninguém naquele templo acorda cedo, todos ficam festejando até tarde.

Ela veio comer comigo. Parece gentil da parte dela. Ou ela desconfia de mim e colocou alguma coisa na comida. Esse pensamento parece ridículo. Essa humana não tentaria me matar.

Sento-me a seu lado com cautela que acho ser exagerada a ponto de fazê-la perceber.

— Está com algum problema? Tão quieto... — Ela me olha enquanto abre a cesta e tira uma fatia de torta.

— Desculpa. Eu só estou surpreso. Achei que não viria. — Realmente não achei que ela apareceria.

— Eu combinei com você. — Ela me entrega uma fatia. — Torta de uva. Temos tudo relacionado à uva naquele lugar. — Seu riso é contagiante.

— Obrigado por ter trazido para mim... — Eu mordo. — Isso está muito bom.

— Sem problemas. — Ela pega a fatia dela e começa a comer.

Essa torta tem um sabor fantástico. Acho que gosto de torta de uva.

— Acabei de descobrir que gosto de torta de uva. — Tento sorrir e apenas metade do meu rosto responde.

— Mesmo? Eu trago mais para você nos outros dias. Ninguém precisa saber. — Ela coloca um dedo na frente dos lábios em um sinal de silêncio.

Sinto acender novamente.

— Por que está sendo gentil comigo? — Pergunto sem olhar para ela.

— Porque sou sua amiga, Octavian.

Ela é minha *amiga*. De verdade. ·

Dane-se. Não vim aqui para fazer amigos e comer torta.

— Eu não sei como agradecer por sua generosidade — comento.

— Eu sei como. — Ela come seu último pedaço e se senta em cima dos joelhos.

Termino minha fatia e olho intrigado para ela. Seja o que for que ela acenda dentro de mim, desperta minha curiosidade sobre ela mesma, não sobre o que ela sabe.

— Me dê a mão.

Ela estende a mão e espera que eu a toque. O que ela planeja com isso? Eu não deveria fazer isso. Essa mulher não é confiável, pode estar tentando algo contra mim.

— Não tenha medo. É só contato físico, ninguém vai se machucar — sua voz é doce.

Como ela ousa dizer que sinto medo? Ela faz minha cautela parecer ridícula. Eu só tenho que ser cuidadoso com relações próximas demais ou posso ser morto em um piscar de olhos.

Estendo minha mão na direção dela lentamente. Com muito cuidado, permito que o contato aconteça. Sua pele me lembra da margarida.

Jill fecha os olhos.

— Quero que feche seus olhos também. Confia em mim — sua voz parece ainda mais doce.

Meu corpo parece leve, a tensão de sempre parece ter abandonado meu corpo. Uma tonelada foi arrancada de cima dos meus ombros com um simples toque de mãos. É como se minha mente tivesse pulmões próprios para respirar, como se não estivesse mais sendo sufocada por pensamentos cruéis e rudes sobre mim mesmo. Sinto-me bem pela primeira vez em minha vida. Não sou apenas um fardo.

— Inspire — ela indica.

Encho meus pulmões de ar e sinto que ela me acompanha.

— Agora expire.

O ar sai com força.

— Diga-me Octavian — sua doce voz me embala. — Você faz o que gosta?

— Não.

Eu odeio o que faço.

— Está vivendo de aparências? Quem você quer agradar? — A voz dela é tudo que minha mente consegue receber.

— Meu pai. Quero ser reconhecido. — Sinto apenas as palavras saindo de minha boca junto com um peso.

— Você está no seu lugar? É bom para você do jeito que é?

— Nada é bom para mim. — Novamente não sei o que estou dizendo.

A mão dela aperta um pouco mais a minha. Mantenho os olhos fechados para não perder essa sensação que invade meu corpo.

— Você acha que merece algo melhor?

— Não.

Sinto ela se movimentar. Está surpresa com essa resposta.

— Por que não?

— Eu sou uma pessoa cruel e mereço o que tenho.

Abro meus olhos quando sinto que ela soltou minha mão.

Eu não sei o que aconteceu, ela me fez falar como se minha mente não estivesse mais com suas restrições. A sensação da sua voz calma embalando meus pensamentos para o fundo de meu âmago e seu toque atencioso fazendo com que minha boca pronunciasse o que até mesmo eu desconhecia.

O que foi isso? É algum tipo de dom humano?

Ela me olha aflita, como se fosse chorar com algo que eu disse. Eu a magoei?

— Eu disse algo errado? — pergunto.

Ela nega com a cabeça e se levanta.

— Preciso de um tempo para respirar. Vejo você depois.

Fico sentado, sozinho. O que deu nela? Ela parecia bem e saiu como se fosse chorar. Tenho certeza de que não a ofendi em momento nenhum. Essa mulher me deixa confuso. Pareço um idiota sentado aqui. Não consegui informação sobre nada e ela ainda me deixou com tantas dúvidas. Como ela fez com que eu me sentisse melhor? Por que ficou magoada? E, principalmente, como ela consegue acender essa coisa dentro de mim?

O dia segue a mesma sequência monótona do outro. Espero ver outro deus, mas não encontro ninguém. Escrevo os textos para Afrodite sobre o que aqueles idiotas fizeram hoje e em seguida vou comer alguma coisa que tenha sobrado. Gostaria de outra torta de uva. Como um bife e dois pães quando todos saem da mesa. Afrodite não está em seu templo hoje. Deito-me em um ritual que está se tornando hábito para meu corpo. O dia de hoje foi estranho. Tirando a parte monótona que já estou acostumado a viver, aquela garota me deixou inquieto o dia inteiro. Não sei o que está acontecendo comigo, mas posso ter certeza de que não gosto disso.

Não gosto de onde vivo. Não gosto do que faço. Não gosto de quem eu sou.

Três dias se passaram depois do dia em que Jill saiu correndo e me deixou com dúvidas. Fui até aquele maldito jardim todos os dias, esperei durante horas e ela não apareceu. Eu devo ter dito algo muito terrível para fazer alguém fugir de mim tão depressa. Quem eu quero enganar? Todas as pessoas fogem de mim.

Termino de escrever o papiro do dia e fico sentado olhando a Lua. Gosto de apreciar as paisagens naturais do céu, sempre tão encantador em qualquer horário.

Não consegui mais informações sobre nenhum deus. É como se eu estivesse parado no tempo, fazendo as mesmas coisas, como se não tivesse saído daquele mundo.

Vou caminhar para tentar voltar a meu foco anterior. Essa humana se tornou uma distração para meu propósito. Acho que não a ver mais será muito melhor do que eu imaginei. A ideia de me tornar amigo dela para obter informações foi ruim, só piorou as coisas para mim.

Ando calmamente e vejo um clarão andando no fundo do corredor. Ninguém precisa me dizer que aquele é Zeus. Minha vontade é passar por ele e sentir o quanto de força ele possui, mas eu já cometi erros demais e sei que ele vai sentir que não sou apenas um simples servo.

Procuro rapidamente um lugar para entrar antes que aquele deus se aproxime mais. Vejo uma abertura na direita e passo por ela. Fora dos corredores, corro por entre os trilhos de pedras. Parece ser outra entrada para os jardins.

Paro depois de correr por alguns minutos. Ele não vai seguir um servo, porém precisava garantir uma distância imediata para que ele não sentisse minha presença.

— Você parece suspeito.

Sinto o sangue sair de meu rosto.

Que porra. Tem alguém aqui e ainda me viu correr.

Olho para a garota em um vestido florido que tem uma coroa de flores no topo da cabeça. Ela não é muito alta, tem longos cabelos morenos e um corpo com as curvas delineadas no vestido.

— Eu sou Octavian — respondo rapidamente.

Ela ergue uma sobrancelha.

— Meu nome é Perséfone, deusa da primavera. — Ela sorri como se descobrisse algo.

Vejo Jill vindo atrás dela. Ela está chateada, andando e olhando para as flores.

— É um prazer — digo sem dar muita importância para a deusa.

Perséfone segue meu olhar.

— Farei um favor em sair do jardim por alguns instantes. E em esconder que você não é daqui.

— Como assim? — minha voz sai em forma desesperada.

Ela sai andando tranquilamente.

— Conheço bem o olhar de pessoas do submundo.

Por que a deusa da primavera conhece o submundo?

— Octavian? — Jill para quando me vê.

— Oi. — Passo a mão na nuca. — Tudo bem?

Jill olha para onde a deusa que acabou de sair estava.

— Eu não queria interromper. — Ela se vira.

Vou até ela a passos largos e seguro seu braço, puxando seu corpo, sem perceber, e fazendo com que ela caia em meu peito.

Que merda eu estou fazendo?

— Desculpa. Não fuja mais — peço.

— Octavian, eu... — Ela olha em meus olhos.

Sinto meu rosto se aproximar do dela involuntariamente, enquanto ela olha de meus olhos para meus lábios. Eu poderia tentar. Ela é tão linda e não fugiu quando eu pedi.

Seguro o rosto dela e ela sorri sentindo a antecipação.

— Octavian! — a voz de Afrodite invade meus ouvidos.

Merda de mulher irritante.

Jill se afasta.

— Desculpa, é melhor eu ir.

Ela fugiu de novo. Merda. Merda. Merda. Se eu quiser que essa mulher pare de fugir, preciso parar de agir dessa forma.

Saio da porcaria do jardim e paro no corredor, esperando que a deusa inconveniente apareça. Não a vejo vindo de nenhum dos lados do corredor. Melhor voltar e ver o que ela quer.

Quando me aproximo do templo, ela e Ékimet estão me esperando do lado de fora.

— Octavian! — ela grita ao me ver.

— O que aconteceu? — pergunto.

Já sei que são problemas.

— Zeus esteve aqui. Ele perguntou sobre os intrusos do Olimpo.

Isso não é nada bom.

6

Desde que senti as emoções fortes daquele humano, não paro de pensar em como ele consegue agir como se não sofresse. Sua dor aguda conseguiu quase ferir meus poderes naquele dia, como se algo terrível realmente morasse dentro dele. Aproximar-me dele é tentador, mas o que vi nele naquele dia fez com que me afastasse, suas emoções, mesmo com meu poder, não diminuíam sua negatividade.

Ter me afastado pode não ter sido uma decisão pensada, fugir de alguém com problemas não faz meu estilo, não me parece justo. Se Afrodite não tivesse aparecido, eu teria cedido a ele.

Acho que eu queria isso.

É errado querer me envolver com alguém como ele?

Hoje eu o vi conversando com aquela deusa no jardim, não pareciam ter proximidade.

Isso não importa.

Ao mesmo tempo em que meus instintos dizem para fugir daquele homem, algo faz com que eu me aproxime mais dele. É como se eu quisesse estar perto dele.

Será que quero ajudá-lo seu sofrimento?

Não sei o motivo e não deveria me preocupar com isso agora. Talvez devesse realmente parar de fugir. É apenas um mortal, suas dores não deveriam ser o suficiente para me manter distante dessa forma. A não ser que não seja desses sentimentos que estou realmente fugindo.

Estar fora de todo aquele agito do templo de Dionísio me faz bem, apesar de ainda conseguir ouvir a música em bom tom aqui fora.

A noite aqui tem uma cor diferente do que estou acostumada. Os tons de laranja foram tomando forma e deram lugar a um azul escurecido que brinca com meus olhos, fazendo-os encontrarem cada vez mais estrelas escondidas.

Será possível saber quantas são?

— É uma beleza, não é mesmo?

Viro-me para a voz familiar, embora não conheça realmente a quem pertença.

— Oi. — Sorrio.

O homem em questão é um dos servos de Dionísio, lembro-me de ter conhecido todos eles, mas não consigo lembrar seu nome.

Está vestido como os outros servos, porém sua musculatura é claramente maior que a dos outros. Seus cabelos morenos balançam com o vento. Sua beleza é radiante.

— Não gosta muito das festas, não é? Vejo que sempre dá um jeito de fugir delas — ele diz ao se escorar em uma das vigas fora do templo.

— Eu ainda não estou acostumada com isso tudo.

Ele assente, analisando o céu.

— Conseguiu contar todas? — Ele ri com meu espanto ao ter meus pensamentos descobertos. — Eu já vim aqui muitas vezes. Quando estou entediado, conto estrelas.

— Consegue ficar entediado com toda essa festa? — pergunto sarcástica.

— Parece que sim.

Sento-me em um dos bancos, não quero entrar ainda, mas não estou pronta para mais um diálogo hoje. Estou conversando muito para alguém que viveu isolada por anos.

— Quer ser minha parceira amanhã? — Ele sorri com delicadeza.

— Parceira? No quê?

— Concurso de servos — ele fala enquanto anda na minha direção.

Ele se senta a meu lado.

— Desculpa, mas... O quê?

Ele ri e estica um de seus braços por cima do banco. Isso faz com que eu encolha levemente meu corpo pela aproximação repentina. Estou acostumada com contato, mas não dessa forma.

— Os deuses gostam de colocar seus servos para concorrer a provas que eles selecionam, os melhores servos ganham dias livres. — Ele sorri. — E, claro, o deus que tiver os servos campeões ganha o direito de selecionar um dos 12 deuses para dar um presente a ele. — O suspiro dele parece cansado. — Mas isso é só um pretexto para nos verem suar um pouco mais.

Tento rir para me encaixar no que ele espera, mas meu riso sai nervoso. O que tem nele que me intimida?

— E vamos ser divididos em duplas?

— Sim, cada deus pode usar duas duplas. — Sua aproximação leve é quase imperceptível, mas ainda me incomoda. — Gostaria que fosse a minha. O que me diz?

Posso sentir o cheiro do suor dele daqui. Lembro-me de vê-lo carregando os galões de vinho mais cedo e depois ele deve ter dançado com os outros. Seu cheiro não é o que me incomoda, mas o fato de conseguir senti-lo.

— Acho que talvez Dionísio queira selecionar as duplas. — Por que estou tentando fugir desse mortal?

Vejo sua mão avançando para minha coxa nua. Já sei o que me incomoda tanto nesse homem. Vi pelos olhos de muitas mulheres homens como ele.

Seguro sua mão com força.

— Algum problema? — Ele dá um sorriso leve que me enoja imediatamente.

Levanto-me.

— Você não vê nenhum problema? — Sinto minha raiva aumentar ao lembrar de cada uma delas. — Quando eu dei a entender que você poderia me tocar? Quando eu dei a entender que queria me aproximar?

Ele se levanta com as mãos na frente do corpo, se desculpando.

— Não foi minha intenção, só não tem muitas opções por aqui e achei que você estava se sentindo sozinha aqui fora — seu tom é de culpa, mas não é o que eu sinto nele. — Sem falar que você é linda.

Ele só pode estar brincando.

— Você vai se ajoelhar e pedir desculpas. Quero sentir que se arrependeu — minha ira aumenta a cada palavra. — Acha que você justificou o que você fez? Eu estava muito bem sozinha. Ou acha que para uma mulher estar bem ela precisa de alguém como você?

Ele ri.

— Já pedi desculpas, não vou me ajoelhar para uma serva.

— Você vai!

A aura roxa se instaura em minhas mãos e eu tento esconder colocando-as para trás. Não preciso de poderes para lidar com um lixo desses.

Meu lado que mantenho controlado apenas para julgamentos começa a aparecer e eu deixo. Esse homem merece sofrer um pouco.

— Vocês estão bem? — outro servo pergunta.

— Essa garota é maluca. Apenas perguntei se ela queria ir comigo ao concurso. — Ele se vira, ignorando minha presença.

— Você não pode tocar em mim e quero que se ajoelhe — repito apenas para ele.

— O que você fez? — O outro se aproxima com raiva.

Apenas ergo a mão, agora sem minha aura emergente, e o homem para.

— Eu resolvo isso — minha voz soa fria.

Aquele lixo se vira em minha direção, ainda com um sorriso sarcástico.

— E vai resolver como, bonequinha?

Assim que sua frase repugnante termina, acerto um chute no meio das suas pernas que o faz cair de joelhos. Aproveito sua posição para acertar outro chute em seu rosto.

— O que está acontecendo aqui? — Dionísio diz.

O homem com nariz sangrando olha desesperado para ele.

— Ela é louca!

Dionísio me olha e volta a olhar para o servo no chão.

— Jill, o que aconteceu?

— Ele me deixou desconfortável tentando tocar em mim. Apenas queria ensinar que isso é errado. — Ando para dentro do templo, mas antes me viro. — Aprendeu, querido?

Apresso o passo para dentro do templo tentando não chorar. Quero apenas passar reto pelos outros antes que me julguem por meu comportamento. Eu não me arrependo do que fiz, mas isso não faz parte de quem eu sou.

Sou recebida com aplausos dentro do templo.

Minhas pernas param no segundo exato em que ouço as palmas, mas, acima disso, a alegria que aquelas mulheres ali dentro transbordam.

Eu não fui a primeira.

Sinto dor ao pensar no que elas passaram, mas ao mesmo tempo, fico feliz por não ter apenas ignorado.

Aplaudo com elas. Aplaudo o que elas conseguiram enfrentar. Aplaudo porque eu sei que muitas precisaram lutar. Vivenciei o mínimo disso e senti o quanto dói.

Gundy pega meu braço.

— Como você está? Se machucou? — Ela me analisa.

— Eu estou bem. — Sorrio para confortá-la.

Sinto que alguém atrás de mim me observa e me viro.

— Posso falar com você? — aquele servo que apareceu depois pergunta.

— Claro. — respondo.

Olho para Gundy e assinto em sinal de que está tudo bem. Ela solta meu braço e fica encarando o servo, séria.

Caminho até ele, abraçando meu corpo pelo vento que aumentou do lado de fora.

— Dionísio o removeu e ele será preso.

Fico contente que mais alguém ache isso inaceitável. Pelo menos Dionísio é coerente, às vezes.

— Isso já aconteceu outras vezes? — Indico com a cabeça para o templo.

Ele coça seus cabelos negros sentindo culpa.

— Eu não sabia. Pelos aplausos, isso aconteceu antes, sim.

É claro que ele fazia isso como fez comigo: escondido dos outros.

— Eu sou novo aqui. Comecei ontem. — Ele estende a mão. — Meu nome é Leonardo, venho do Brasil. Consegui vir para cá como servo voluntário e Dionísio me acolheu, pedindo para monitorar os servos e suas necessidades.

Aperto a mão dele. A bondade dele é clara. É um homem confiável. Dionísio escolheu bem, dessa vez.

— Eu sou a Jill. — Solto sua mão e passo uma mecha de cabelo para trás da orelha.

— Você está bem? Digo, com o que acabou de acontecer.

— Eu me sinto bem, fico feliz pelo desfecho. Sempre mantenha os olhos abertos para isso. Ele não é único.

Leonardo assentiu.

— Eu sei, vou sempre prestar atenção nessa parte.

— Obrigada. — Sorrio.

Vejo que alguns servos estão pegando suas coisas, prontos para dormir.

— Acho que devemos ir deitar — ele comenta.

Viro-me e entro novamente no templo. Espero conseguir pegar no sono depois dessa noite agitada.

Será que esse concurso era sério?

— Leonardo? — chamo.

Ele está do outro lado da sala, indo em direção ao quarto masculino. Seu olhar ao se virar em minha direção é preocupado.

Sua túnica é justa em seus músculos tonificados e morenos, deve ter treinado muito tempo para conseguir entrar no Olimpo como um voluntário. Seus grandes olhos de um tom claro de castanho, cansados, dão atenção a meu chamado.

— Haverá um concurso de servos?

— Sim, explico mais para você amanhã, se quiser.

Não tenho interesse em participar, mas, considerando que não tem muitos servos aqui, eu provavelmente irei.

— Seria bom. Até amanhã.

Sigo em direção ao quarto, pronta para descansar.

Deito-me ao lado de Garm, que está dormindo.

Foi um longo dia.

Sons de cornetas distantes me acordam, vejo que os outros já despertaram.

Garm está a meu lado em sua postura protetora, acho que o barulho o deixou irritado.

— Está tudo bem. — Aliso seu pelo para acalmá-lo.

Levanto-me rapidamente e vou até o salão principal do templo, onde os outros estão reunidos.

Leonardo está entre os servos, segurando um pergaminho e lendo para os demais.

— ...Depois da seleção das duplas, os servos selecionados deverão ser guiados até a sala de inscritos. Somente após todos os servos inscritos estarem presentes, será iniciado o concurso. Boa sorte. — Leonardo começa a enrolar o pergaminho quando termina de ler. — Alguma pergunta?

Uma das servas ergue a mão. Annabeth, eu acho.

Ele gesticula para que ela prossiga com sua dúvida.

— Como saberemos se fomos selecionados?

— Eu vou conversar com Dionísio e irei chamar as duplas até o fim da manhã.

O silêncio indica que as dúvidas acabaram e Leonardo libera os servos para suas funções de rotina. Ele me olha e me chama com um aceno de cabeça.

— Bom dia, Jill. Dormiu bem? — Seu sorriso simpático me faz sorrir também.

— Bom dia, dormi sim.

— Fome? Os outros comeram antes do anúncio — Ele estende a mão para a comida na mesa.

Pego um cacho de uvas e sigo para fora do templo nova-mente. Agora que o pronunciamento acabou, a música está de volta e dificulta um pouco ouvi-lo.

Leonardo me segue, comendo amêndoas em uma taça.

— O que foram as cornetas que ouvi? — pergunto para saber se tem algo a ver com o festival que virá a seguir.

— Isso indica que os preparativos para o concurso iniciaram. Quando soar novamente, vou guiar vocês até a sala.

— Vocês? — pergunto incrédula.

— Dionísio pediu para não acordar você para o pronuncia-mento... — ele insinua algo.

— O que isso significa?

Ele olha para o outro lado, evitando contato visual. Obvia-mente não significa algo que me agrada e agora já sei o que é.

— Posso estar errado, mas isso deve indicar que você está inclusa nos servos do torneio.

É claro que Dionísio não perderia a chance de colocar uma deusa no meio de um concurso de servos para satisfazer seu ego que parece bem inflado. Ele me parece o tipo de pessoa que faria tudo para ganhar com uma boa vantagem de diferença apenas para poder se gabar depois.

— Imagino que recusar seria uma afronta muito grande? — comento em tom de pergunta.

— Ele com certeza ficaria chateado com você. — Ele ri.

Faço uma expressão de chateação que o faz rir mais.

— Poderia tentar isso. Talvez ele sinta pena.

Observo os corredores movimentados por servos entusias-mados. Seria injusto se eu ganhasse, não seria? Mesmo que não usasse meus poderes.

Será que participar desse concurso não chamaria muita atenção? Se alguém aqui sabe sobre nós, com toda certeza não podemos ser vistas juntas. Preciso evitar que minha irmã participe.

Leonardo termina suas amêndoas e suspira.

— Vou ver quem serão os outros selecionados e daqui a pouco volto para chamar vocês.

Ele se vira.

— Leonardo, posso pedir um favor?

O olhar dele se volta para mim, ainda com aquele sorriso simpático.

— Se for possível, pode evitar que ele selecione Rina? Gostaria que ela fosse poupada dessa vez, ela odeia apresentações em público. — Sorrio para minha pequena mentira.

Quem odeia público sou eu, minha irmã ama.

— Vou ver o que posso fazer.

— Obrigada.

Ele se retira e eu volto a observar os corredores agitados.

Termino de me arrumar e começo a ajudar lavando roupas.

Para lavar as roupas usamos o final do rio para que a sujeira caia na longa cachoeira que se estende por toda a beirada do Olimpo. Alguns servos se reúnem ali com o mesmo objetivo, mas ninguém troca uma palavra, nem mesmo olhares. Para mim, é agradável não precisar conversar e eu nem mesmo ousaria, não sei se existe alguma lei que os impeça ou algo do tipo.

A maioria das roupas do templo de Dionísio tem o mesmo problema óbvio, estão sujas de vinho. Eu coloco o sabão na parte manchada e esfrego com força para tentar remover a mancha irritante que se recusa a sair.

— Mancha difícil?

Ékimet se agacha a meu lado e coloca roupas no rio.

— Vinho tem sido um problema para mim nos últimos dias — comento.

Ele ri com os dentes à mostra.

Percebo que os outros servos desaprovam nossa atitude de conversar. Ékimet iniciou a conversa, ele saberia se houvesse alguma regra contra isso.

— Eu mesmo faço meu sabão, aprendi há muito tempo. Ele remove qualquer tipo de mancha. Pegue, use um pouco.

Ele despeja um pouco de um sabão de cor cinzenta em cima da mancha que exponho para ele.

— Agora esfregue e veja a mágica acontecer.

Faço o que ele diz e o que vejo parece realmente mágica, a mancha se dissipa e a vejo sumir por entre meus dedos. Ékimet sabe do que está falando.

— Incrível! — minha alegria é evidente.

Ele despeja um pouco de seu sabão a meu lado, formando um montinho.

— Aqui, use nas outras manchas.

— Tem certeza? É seu.

— Claro. Fico feliz em ajudar.

— Muito obrigada, é muito gentil da sua parte.

Pego outra peça de roupa e vejo a mágica se repetir. Obrigada por aparecer, Ékimet.

Termino todas as roupas e elas estão novamente limpas. Meu trabalho foi excelente graças à ajuda que eu tive.

O som das cornetas é ouvido novamente e fico feliz de ter terminado a tempo.

Guardo todas as roupas no cesto e o pego. Quando me viro para agradecer novamente a Ékimet, percebo que ele está atento em outra coisa. Seu rosto está pensativo, como se sonhasse com algo distante, sigo seu olhar e ele está no homem que se aproxima.

— Jill, vamos? — Leonardo diz.

— Claro — digo e novamente olho para Ékimet. — Conhece meu amigo, Ékimet? — Leonardo o olha e estende a mão — Obrigada por sua ajuda.

Ékimet aperta a mão de Leonardo com um sorriso largo.

— Meu nome é Leonardo.

— É um prazer.

Sigo em direção ao templo para largar o cesto e vejo que Leonardo me acompanha.

— Não devemos falar com outros servos enquanto trabalham.

— Ah, eu não sabia. Desculpa. — Pelo menos Ékimet ficou feliz.

Leonardo anda apressado para dentro do templo enquanto eu deixo o cesto no lugar, ao lado da porta.

Gundy para a meu lado, de braços cruzados.

— Você vai participar — ela me acusa.

— Não tive opções — defendo-me na mesma hora.

Ela não parece querer discutir e se vira.

— Espero que saiba o que está fazendo.

Eu também espero saber.

— Cuide de Garm até eu voltar, por favor. — Tento sorrir.

Ela me encara e nada diz. Como se existisse uma objeção que achou melhor deixar para lá.

Sigo em direção às duplas de servos e não vejo ninguém não acompanhado. Não consigo imaginar quem será meu par.

— Vamos — Leonardo diz.

Ele nos guia por um corredor. Eu ando atrás da dupla à minha frente.

Outros servos são guiados mais à frente. Não há sinal de deuses por aqui, eles devem esperar em suas cadeiras numeradas para assistir aos servos fazendo os mais diversos tipos de show para agradá-los.

Chegamos a uma sala coberta com paredes de bronze, em formato oval. A sala é um grande saguão sem muitas coisas, o espaço no meio é vago e, na sequência da parede, bancos são colocados com um grande espaço entre cada um. Percebo que as duplas estão separadas pelos 12 bancos na sala. Apenas dois bancos estão desocupados.

Vamos até um dos bancos vazios e vejo que o nome de Dionísio está escrito nele.

— Ok, pessoal. Vamos dar o nosso melhor — Leonardo tenta alegrar nossa equipe não muito entusiasmada.

Não conheço muito bem os servos da dupla que estão no mesmo time que o meu, porém estão claramente mais empolgados com isso do que eu.

— Apenas mais uma equipe restante e vamos começar — Leonardo avisa.

Não sei se estou pronta para isso. O público me incomoda e começo a sentir meu corpo tremer. Sinto o sangue fugir de meu rosto e meu estômago entra em uma dança sem música.

— Boa sorte — diz uma voz aveludada atrás de mim.

À minha frente, sinto que Leonardo desaprova essa conversa antes mesmo de ela ter começado.

Ao me virar vejo Octavian com sua expressão frequente de sorriso unilateral.

— Obrigada — gaguejo.

Não acredito que eu gaguejei. Estou deixando esse concurso mexer com minhas emoções.

— Nós agradecemos, amigo. Agora é melhor ir para o seu lugar. Conversar com outros grupos é proibido — Leonardo corta nossa conversa.

Octavian não parece ter sua confiança facilmente abalada e mantém seu sorriso.

— Não me importo. — Ele volta o olhar para mim. — Você parece muito nervosa. Vai ficar tudo bem, você consegue.

As palavras de auxílio dele parecem me confortar um pouco e percebo que nossos papéis estão invertidos, eu deveria fazer isso com as pessoas. Mesmo assim, eu precisava ouvir isso.

— Obrigada — digo colocando o cabelo atrás da orelha.

Ele se vira e vai até o grupo dele.

Olho para nossa equipe e vejo os dois conversando sobre algo e Leonardo fuzilando Octavian com os olhos.

— E quem será minha dupla? Ainda estou sozinha.

Ele abre os braços e seu sorriso simpático.

— Sua dupla sou eu. — Ele pisca.

Antes que eu respondesse, as cornetas soaram próximas dessa vez e muito mais animadas pelo som de uma grande plateia não muito distante.

Sinto meu corpo gelar de novo e Leonardo pega minha mão.

— Vamos ganhar isso.

Ganhar? Eu só quero que acabe logo.

A porta enorme que fica imediatamente à frente da que entramos se abre e no mesmo instante a plateia vibra ainda mais.

Leonardo toma a frente e me puxa com ele, deixando nossos dois colegas atrás.

— Equipe Zeus. — O locutor se encontra no centro do lugar.

Duas duplas de servos confiantes seguem para fora, erguendo os braços para a plateia. Eles dão a volta em uma grande arena que é envolta por muitas pessoas que eu imagino serem deuses e semideuses.

A cada dupla chamada meu coração acelerava mais, não era meu lugar, não era meu mundo e eu ainda estava no meio de todos eles, exposta. Poderiam me matar ali mesmo, na frente de todos.

Hela, se acalme. Mantenha o controle da situação. "Você consegue". A frase de Octavian fica repetindo na minha cabeça.

Olho pelo canto do olho para ele, esperando que toda aquela confiança possa ser um pouco roubada nesse momento. Ele está ereto, poderoso. Não se encaixa com os demais ao lado dele. Seus lábios estão levemente abertos, sua língua passa em seu dente afiado lentamente, concentrado. Ele sente meu olhar e olha em minha direção. Assente como se soubesse que essa multidão é meu pesadelo agora.

— Equipe Dionísio.

Forço minhas pernas trêmulas a não falharem agora, ou eu acabaria caindo no chão e tornando tudo pior. Agradeço o aperto firme de Leonardo nesse momento. Ele acena para todos e eu mantenho o olhar fixo para a frente. Prefiro não olhar para todas essas pessoas.

O lugar é enorme, tenho medo do que irão nos pedir. Paramos logo abaixo de onde Dionísio está sentado com seu vinho. Gundy está ao lado dele. Como eu desejava que ela estivesse aqui e eu lá.

Aproveito que estamos parados e olho rapidamente para a plateia, sendo atraída a olhar para os 12 deuses que são divididos separadamente. Assim como fizemos com Dionísio, seus competidores param logo abaixo deles.

Meu olhar para no deus de túnica branca e olhar severo, ele me lembra em muitos detalhes meu avô, Odin. Sem muitas informações, tenho certeza de que é Zeus. Posso afirmar por sua postura autoritária que certamente ninguém mais entre os 12 possui.

Quando percebo que estou olhando demais, paro. Não quero chamar a atenção dele, tenho certeza de que se alguém pode me descobrir aqui, é ele. Pergunto-me se Odin conhece algum desses deuses, se conhece Zeus, ele já deve ter avisado sobre meu sumiço.

— Garotos da Afrodite? — o locutor parece se questionar sobre o que acabou de ler.

Eles entram enviando beijos à plateia, exceto, é claro, por Octavian, que entra como se aquilo não tivesse a menor importância. Ele age como se não houvesse mais ninguém aqui. Seu rosto passa a ideia de tédio. Como é possível que ele não ligue para nada? Ele é realmente vazio, nunca vi ninguém assim antes.

Assim que eles param abaixo da deusa do amor, o locutor fala novamente.

— Finalmente podemos dar início a mais um concurso entre servos. Espero que tenham escolhido seus melhores competidores. — Ele faz uma pausa. — Não esqueçam que o deus vencedor poderá cobrar um presente de um dos perdedores. — Ele pega um pergaminho e ergue. — Aqui estão anotadas as provas que cada um selecionou e que serão a atração de hoje. Selecionarei embates de duplas para que haja eliminações, até que apenas uma dupla seja a campeã de hoje.

Minhas pernas voltam a tremer. Só não quero estar entre as primeiras.

Ele pega um potinho com vários pedaços de papéis.

— E a primeira dupla a ser selecionada é do deus ou deusa... — Pausa.

Não seja Dionísio. Não seja Dionísio.

— Poseidon!

Não sei quem é, mas imagino que seja aquele com a túnica azul cuja equipe decide quem vai primeiro. Até uma dupla dar um passo à frente.

— Essa dupla enfrentará... — Pausa dramática novamente.

Isso quase me mata.

Não seja eu.

— Afrodite!

Octavian automaticamente dá um passo à frente. Esse homem é sempre tão decidido sobre o que quer. Preciso lembrar-me de perguntar a ele o que faz com que seja tão confiante, preciso aprender. Seu olhar fixa em meu novamente e ele pisca para mim.

Finalmente solto o ar preso em meus pulmões.

7

Minha confiança parece maior quando Jill está por perto. O olhar desesperado como um pedido de socorro que ela envia diretamente a mim quase me dá vontade de ajudá-la. Infelizmente, não posso e não me importo tanto assim.

A vasta multidão, que invade meus ouvidos com seus gritos desesperados, agita-se quando chegamos ao centro para o embate.

Não acho que essa dupla será um problema, não importa qual seja a prova. Um deles parece estar profundamente arrependido com um erro que cometeu ontem e não está concentrado como deveria. Seu parceiro tem a culpa carregada de ter abandonado a família e vindo ser servo do deus dos mares em troca de dinheiro que agora nem poderá usar.

Dois inúteis, a primeira parte será fácil.

Sinto o olhar esperançoso de Afrodite, ela depositou sua confiança em mim. Ela sabe que estou arriscando minha vida estando aqui, mas ainda assim o fez por seu objetivo. Deuses não são tão diferentes destes seres, sempre buscam o que querem, não importa quem irá se ferir com isso.

O servo que Afrodite escolheu para ir comigo é Andy, um homem corrupto que ela seduziu e fez com que quisesse se perder no templo da perdição dela, de qualquer forma, ele já estava perdido. O foco de Andy é agradar a Afrodite a todo custo, então, acho que ele tentará ser útil.

— Vocês foram os primeiros selecionados, então, escolham qual será a prova.

A dupla do deus Poseidon se aproxima do homem com o pergaminho e lê atentamente.

Quando os olhos deles acham a prova ideal, eles se olham e sorriem num gesto de que acharam a prova na qual se garantem mais.

— Esta. — O mais forte aponta.

— Ótima escolha! — O homem sorri. — A primeira prova será de... tiro ao alvo.

Várias pessoas entram no campo onde estamos e começam a trazer os preparativos.

Treino tiro ao alvo com meus poderes, um deus como eu precisa estar sempre pronto para fazer uma rebelião, afinal, é isso o que eles esperam de mim o tempo inteiro. Apesar de nunca ter tido vontade de fazer uma.

Uma mulher se aproxima.

— Qual dos dois será o arqueiro? — a serva de voz baixa pergunta.

Andy me olha nervoso.

— Você sabe atirar? Eu sou péssimo nisso.

Eu pego o arco.

— Deixe comigo.

Andy suspira aliviado e apressa o passo, indo até a marca que fizeram do outro lado do campo. Calculo que a distância seja de 104 metros.

— Uma prova escolhida pela deusa Ártemis! — Ele olha para a outra dupla. — Por favor, comecem.

O homem mais forte segura uma melancia acima da cabeça, olhando para a frente. O outro arruma sua postura. Percebo que não mantém o ângulo certo com a corda do arco, ele puxa a corda e abaixa o arco imediatamente para ver se acertou. Acerta a ponta superior direita da melancia, fazendo um ponto.

— Conseguiram! — O público grita. — Parabéns a Poseidon! — Ele me olha. — Sua vez.

Abro minhas pernas na mesma largura de meus ombros, deixando meu peso em cima das duas pernas, ajusto a flecha e mantenho a corda em um ângulo de 45 graus, inspiro e analiso o lado do alvo, expiro e inspiro novamente, ergo um pouco mais o arco e foco no alvo. Mantendo a mira, puxo a corda e solto, permanecendo com minha postura até acertar o alvo.

Certeiro.

— Incrível! — Mais gritos. — Ponto para Afrodite!

A melancia é substituída por uma maçã. Meu adversário prepara-se novamente.

Afrodite está com as mãos na frente da boca, nervosa. Dentre os 12 deuses, ela parece a mais ansiosa com o resultado dessas provas.

— Errou! — As vaias começam. — Sinto muito.

A flecha acerta a parede lá atrás. Por sorte, não acertou o homem, ou talvez devesse ter acertado.

Faço meu preparo e atiro novamente.

Certeiro.

— Mais um ponto!

Mais dois servos se juntam com maçãs.

— Agora vocês precisam acertar os alvos em sequência — Ele faz uma pausa para criar um drama exagerado. — Mas não será tão fácil, os alvos estarão em movimento.

O arqueiro de Poseidon se posiciona errado mais uma vez e erra a primeira flecha. Depois a segunda e, então, erra a terceira.

— Sinto muito, Poseidon. Estão desclassificados. — O olhar se volta para mim novamente. — Mas acho que gostaríamos de vê-lo tentar.

Mais uma vez eu arrumo minha postura.

Os servos começam a andar em círculos segurando as maçãs, foco na volta de meu parceiro primeiro. Observo, calculo sua velocidade e solto a corda.

Certeiro.

Repito o processo com os outros dois.

Certeiro.

— Você está de parabéns! — Aplausos são ouvidos.

Meu parceiro vem até mim, suado pela ansiedade, acho que ele não estava confiando muito em minha habilidade.

Solto o arco ali mesmo no chão e lanço um olhar diretamente à deusa do amor, que está eufórica com a vitória.

Volto até a outra dupla que irá participar da próxima vez que Afrodite for escolhida, portanto, sento-me no chão, escorado no grande muro que faz a volta no campo.

Observo a competição sem muito interesse, não faço questão de estar aqui.

Quando percebo, vejo que aquela garota ainda olha para mim. Ela acha que, por sermos amigos, eu realmente vou ajudá-la a superar seu medo?

Seus olhos negros estão tímidos, o que me deixa intrigado é o fato de sempre achar que há muito mais poder nessa serva do que ela aparenta. Não posso me deixar enganar, há uma tempestade por trás daqueles singelos olhos com a cor da escuridão.

As duplas estão em uma corrida, concentradas em pular os obstáculos que a dupla do oponente coloca em seu caminho. Uma prova escolhida pelo deus Hermes.

Não sei muito sobre esses 12 que estão sentados soberanos em seus tronos, mas se estou buscando informações sobre eles, esse é o momento de descobrir mais.

Todos se concentram na serva de Hefestos que tropeça no meio da corrida. Ela olha desesperadamente para ele, como se pedisse desculpas. Vi por seu comportamento naquele dia que ele não é do tipo controlado.

— Espero que nossa próxima prova seja fácil — minha dupla diz.

— Não será, as mais fáceis são escolhidas primeiro.

Ou assim deveria ser.

Ele não gostou da resposta. Não é problema meu.

Uma nova seleção começa depois da vitória da equipe de Ares, que fez o público vibrar o tempo inteiro. Será que Ares é um dos favoritos ou algo assim?

O homem que comanda o show aqui do campo pega novos nomes e o público fica ansioso. Como é fácil distrair as pessoas, achei que deuses e semideuses se comportassem de modo diferente. Passo tempo demais no submundo para achar que sei alguma coisa sobre comportamento.

— Dionísio!

O deus com a túnica roxa se levanta de seu assento e joga vinho para os lados em comemoração, acho que está bêbado.

Em um gesto involuntário, percebo que estou olhando com preocupação para a garota do outro lado.

Desvio o olhar. Não é problema meu.

— Athena!

Percebo que a plateia sente algo diferente por essa equipe, assim como fizeram com a de Ares.

— O que eles têm de especial? — pergunto para o servo a meu lado.

— Os servos de Athena têm o maior número de vitórias nas competições, fica sempre entre eles e os de Ares — ele comenta, pensativo.

— Por quê? — Ainda não entendo o que isso significa.

Ele me olha como se eu perguntasse algo óbvio.

— *Athena* e *Ares* — ele indica novamente o óbvio. — São os meios-irmãos mais competitivos daqui. Athena insiste em dar aulas para eles e investir em seu conhecimento, como deusa da sabedoria, é até compreensível. Já Ares, sempre diz que a força física é o que importa para a vitória, então, os servos dele são os mais treinados para condicionamento físico.

A competição interna entre esses dois deuses causa comoção entre a plateia.

Olho para Ares, que está de braços cruzados, olhando fixamente para a deusa de armadura prateada do outro lado. O embate dos olhares que se fuzilam praticamente deixa faíscas da explosão que cria.

Jill dá um passo para trás na hora de selecionarem as duplas iniciantes, mas aquele servo que antes pareceu ser superior aos outros pega a mão dela e a puxa até ao meio.

O comportamento daquele homem me irrita. Quem ele pensa que é para tratá-la dessa forma?

É apenas um babaca.

A dupla de Athena é direta. Sabiam desde que foram escolhidos quem seriam os primeiros e já esperavam no centro do campo.

— Podem escolher a próxima prova. — O homem exibicionista mostra o pergaminho para a equipe de Dionísio.

A dupla de Jill passa a mão pela cintura dela para que ela chegue mais próximo para ler. Ela não pareceu ligar, ou talvez esteja com medo demais para perceber que ele está querendo algo mais.

Ou talvez ele já tenha algo mais.

Não importa.

Viro meu olhar, mas ele não prende em nada, voltando para o belo casal que ainda seleciona a prova que farão juntos.

Não sei como podem demorar tanto com apenas dez opções.

Ela aponta para uma delas e ele concorda.

— Notas musicais. Prova do deus Apollo — ele diz sem muita emoção, com toda certeza não é uma das mais empolgantes.

Vários instrumentos são colocados à disposição.

O servo arrogante escolhe uma flauta, enquanto Jill observa as opções, passando por cada uma e cogitando a ideia. Será que ela sabe tocar algum daqueles?

A dupla de Athena pega uma harpa e um saxofone em um movimento calculado.

Enquanto os deuses aguardam sem ânimo, o céu escurece.

Minha reação imediata faz com que me levante, olho diretamente para Zeus, esperando que ele tenha descoberto que sou intruso no reino dele.

A expressão de Zeus é de ira, ele ergue-se enquanto a maioria dos outros deuses e semideuses saem do local. Os 11 deuses se mantêm sentados, eretos.

Os servos que estão comigo no meio deste lugar se reúnem em um canto só. Com os portões fechados, não têm para onde fugir.

Uma figura sombria surge em nosso meio, coberto por uma neblina escura. Sua chegada faz com que os servos parem de correr e escolham não passar por ele para chegar aos outros, ficando onde estão.

As duas duplas que estavam competindo ainda estão no centro, perto do novo deus que resolveu aparecer repentinamente.

— Hades, você não foi convidado para esse evento. — Zeus usa toda a sua autoridade para mandá-lo embora.

Hades usa uma armadura negra, não deixando nenhuma parte de seu corpo exposta. Com sua proximidade, posso sentir que é poderoso. Por que não convidariam um deus tão poderoso? Por que ele não é incluso nos 12 deuses maiores?

— Eu exijo participar — ele diz com sua voz rouca. — Ao menos, assistir.

Todos o temem, mas não vejo nada além de sofrimento na vida desse deus. O típico excluído da família. Não me admira que seja do submundo como eu, sua fama não deve ser muito boa aqui em cima. Nunca é.

— Vamos conversar sobre suas exigências em outro lugar. — Zeus tenta.

Hades olha para os competidores e se vira para a mulher a seu lado, Jill.

— Quem é você? — a pergunta dele pega todos de surpresa.

— Minha serva. — Dionísio se levanta, nervoso.

Hades pega o braço de Jill, como se não acreditasse nas palavras que ouviu.

Guardas entram no campo e os servos saem desesperadamente por entre a porta que agora está aberta.

Ando tranquilamente para a saída.

— Hades, por favor, vá embora — Zeus diz, impaciente.

Hades se irrita e joga Jill para o lado.

— Eu faço parte desse panteão.

— Você foi expulso — Zeus rebate.

Vejo que muitas pessoas desceram das arquibancadas e estão correndo pelo meio, empurrando umas às outras. O que quer que esse deus faça, todos temem sua chegada, seja por suas próprias ações ou pela briga causada por sua presença.

No meio da multidão enlouquecida, vejo Jill tentando se levantar, sendo derrubada novamente por passos desesperados de semideuses.

Malditos medrosos.

Esgueiro-me perfeitamente por entre as pessoas, sem fazer contato com nenhuma, e vou até a bela jovem jogada no chão.

O que estou fazendo? Ela não quer minha ajuda. Ela foge de mim.

Dane-se.

Estendo minha mão e ela pega no mesmo instante.

O deus do submundo se vira em minha direção.

Passo o braço de Jill por meus ombros e a ajudo a andar.

É melhor sair antes que reparem minha presença, o número de servos está diminuindo. Não posso ser o último a sair.

Diminuo a velocidade quando já estamos do lado de fora, nos corredores. Continuo andando para pegar distância caso haja algum tipo de luta entre deuses. Eu não seria afetado, mas Jill, sim.

— Obrigada por me ajudar. — Ela sorri.

Acho que ajudar não faz meu estilo.

— Eu só estava passando. De qualquer forma, de nada.

Quando ganhamos distância, sento-a em um dos bancos.

— Você se machucou?

Fico parado em frente a ela, sem contato visual. Não sei por que fiz o que fiz, só sei que preciso evitar que se repita.

Deus Anúbis, o deus da compaixão.

Nem pensar.

— Eu estou bem. Acho que seria pisoteada lá.

Realmente, ninguém se importaria com uma serva.

Eu me importei.

Eu me importo.

Não. Preciso afastar esses pensamentos.

— Fico feliz que esteja bem.

Coço minha nuca.

Não, Anúbis, não comece a ficar desse jeito.

— Eu acho melhor ir embora — comento.

Sua expressão se franze e já não consigo mais ir embora sem saber o motivo.

Pelo menos agora ela não fugiu.

— Sobre o que aconteceu nos últimos dias... — ela começa. — Sinto que você está diferente agora, é porque nos aproximamos?

Sim. Não vim aqui para me aproximar de ninguém.

— Não, eu só achei que seria melhor não exagerar, você tem fugido bastante de mim.

Ela concorda lentamente com a cabeça, pensativa.

— As coisas aqui acontecem de um jeito estranho, não sei explicar por que fui embora — Ela me olha. — Eu sinto muito.

Dou de ombros. Tanto faz.

— Está no passado.

O olhar atento dela capta algo que não deveria.

Que porra, ela é sempre tão perspicaz.

— Acho que hoje você é quem está tentando fugir, Octavian. O que tem em mim que o assusta?

Sua expressão de quem tenta me ler como um livro exposto me deixa sem jeito.

O que eu poderia dizer a ela? Que ela desperta um lado que quero manter adormecido?

— Sinceramente, eu não sei dizer — Olho nos olhos dela. — Eu sinto que deveria me afastar de você, como se significasse algum tipo de perigo na minha vida.

— Não sou tão perigosa quanto aquele deus — seu tom de brincadeira não parece ter muito ânimo.

Eu me rendo.

Não vou morrer se me der o direito de ter uma breve conversa com uma mortal.

Sento-me ao lado dela e ela sorri no mesmo instante.

— O que você sabe sobre o deus que apareceu lá? — Tento descobrir algo.

— Nada. A única coisa que percebi é que ele não é bem-vindo aqui.

Os olhos negros fitam o chão e os pensamentos dela parecem tomar conta de sua mente.

Seu rosto delicado tem uma beleza radiante, sinto como se me fizesse feliz apenas por me deixar ter essa conversa. Parece que desejei isso por anos.

É uma mortal.

Só uma mortal.

Ainda que fosse uma deusa, não estou aqui para isso, não sou esse tipo de deus. Não fui feito para me relacionar com alguém.

Ela não iria querer alguém como eu. Ela deve preferir aquele babaca que fica no mesmo templo que ela. Talvez tenham um relacionamento.

— Aquele homem com você no concurso... — Deixo escapar.

Porra, Anúbis.

— Leonardo? — Ela franze o cenho.

Agora eu sei o nome do maldito. É a única informação que vou conseguir com todo esse papo?

— É... Vocês estão juntos? — concluo o erro que comecei.

O sorriso não chega a seus belos olhos.

— Não, ele é novo aqui e foi designado por Dionísio para cuidar dos servos. — Ela fica pensativa. — O que fez com que pensasse isso?

— O modo como ele olha para você.

— E como ele olha para mim?

Meu corpo novamente se inclina na direção dela, sinto como se ela tivesse um ímã que sempre me puxa para mais perto. É uma sensação sufocante que revira todo o meu interior.

O olhar dela fixa no meu e eu vejo sua alma, como se dançasse ao som de seu coração.

Concentre-se, Anúbis.

— Como um devorador.

Aquele homem é realmente repulsivo.

— Nunca reparei isso nele.

Ékimet surge no corredor, vindo em nossa direção.

Finalmente serei salvo.

— Olá, Jill. — Ele a abraça.

Que porra está acontecendo?

Fico olhando para Ékimet, esperando uma justificativa para ele ter uma nova amiga aqui.

— Octavian, vim procurar você. Soube que o concurso não se concluiu.

— Estou bem. Afrodite é quem ficará desapontada.

Não que eu me importe com o que Afrodite vai sentir.

— Ela estava preocupada em ganhar isso? — Jill pergunta.

— Não estavam todos querendo ganhar?

Ela dá de ombros.

— Dionísio só estava pela diversão.

— Bom, para Afrodite, era importante o pedido que ela queria fazer — minha voz enfraquece no fim.

Sinto uma pontada de culpa que me invade.

Jill toca meu ombro.

— A culpa não foi sua. Você foi ótimo no arco e flecha. Deu para perceber que você deu o seu melhor para ganhar. — Ela sorri com gentileza. — Outro deus aparecer não foi culpa sua.

É como se ela soubesse o que eu sinto.

Isso não pode acontecer.

Preciso me afastar dela, se ela continuar achando que pode me decifrar como um enigma. Vou acabar magoando-a e será ruim para nós dois. Sua doce compaixão por mim precisa acabar.

Logo irei embora daqui e será mais fácil me manter distante.

Ela me olha, aguardando minha reação sobre a culpa de ter estragado o desejo de Afrodite. Ela não sabe o quanto Afrodite perdeu por não ter conseguido concluir o torneio.

— Ela queria pedir a Zeus que desfizesse o casamento dela com Hefestos. — Olho para ela ao dizer isso. — E eu lutei por isso porque vi o que ela sofre. Não sei muito sobre ela, mas acho que ninguém deveria passar pelo que ela passa.

Você vai passar se continuar sendo gentil comigo, Jill. É assim que vai acabar. Eu sendo um monstro.

Essa doce garota não merece isso.

Vá embora, Anúbis.

Jill suspira.

— Você não está cansado?

— Cansado de quê? — Não escondo minha surpresa.

Ela sorri, quase rindo.

Ékimet se afasta sem querer ser notado.

— Octavian, você me deixa confusa, nunca sei se é uma boa pessoa ou não. Não sinto maldade em você, mas vejo em suas frases que a coloca ali. — Ela pega minha mão. — Não está cansado de ser o que não é?

Estou.

8

O olhar azul aflito faz meu coração acelerar. Como um homem como ele pode tentar se enganar tanto?

Esse homem me encanta de tantas formas.

A maldade que ele pensa morar nele é difícil de achar onde eu olho, o interior dele é puro, apenas suas bordas são de uma escuridão criada pelo mundo. Isso pode ser limpo, ele pode ver pelos próprios olhos quem ele realmente é.

— Eu sou o que você está vendo aqui — seu tom de negação é grave.

Ele solta minha mão como se sentisse repulsa do ato afetivo. Ao se levantar, olha para o fim do longo corredor como se buscasse uma coragem distante.

— Jill, eu preciso ir.

A tristeza na qual ele se mantém imerso parece ter retornado com meu comentário, talvez ele use a maldade para esconder sua dor.

— Eu falei algo errado? — Minhas mãos se apertam, nervosas.

Hela, sua idiota.

— Não, você apenas se engana no que diz. — Ele fala sem se virar. — Eu não sou uma boa pessoa, jamais serei — sua voz se torna cada vez mais fria.

— Eu não queria...

Minha fala é interrompida no meio pelo olhar vazio que se vira em minha direção quando me levanto.

— Eu não posso ser seu amigo. — Ele desvia o olhar. — Nossas conversas devem acabar aqui. Antes que alguém se machuque.

O quê?

— Espera, não vamos nos falar mais? — minha voz sai mais desesperada do que pretendia.

Ele segue seu caminho e eu seguro sua mão em uma tentativa de obter minha resposta.

— Não podemos mais ter contato — A tristeza em sua voz é evidente.

— Mas por que não? — insisto.

Sua mão desprende a minha mais uma vez.

— Porque eu não quero mais. — Ele mantém seu olhar para a frente. — Cansei de você e das suas conversas sobre sentimentos.

Seus passos ao longo do corredor me dão a visão de perder algo importante, mas que ao mesmo tempo não tinha o devido valor.

— Se o destino está nos conectando, não poderá lutar contra isso — minha voz falha.

Ele para e por um instante sinto a esperança subir.

— Torça para que ele nunca mais ligue sua vida à minha.

Octavian é a única pessoa em quem confiei plenamente aqui neste mundo. Agora estou vendo-o partir.

Você fala demais, Hela. Por isso é sozinha.

Coloco o cabelo atrás da orelha em um gesto que esconde o outro lado de meu rosto, expondo apenas o que me deixa confortável.

Ando para o caminho oposto ao de Octavian, voltando para o templo de Dionísio.

No templo, todos estão nervosos e falando alto.

Eu simplesmente ignoro e vou até o quarto, não estou com vontade de falar com ninguém.

Ao me deitar na cama, Garm se deita comigo.

— Oi, amigo — minha voz é melancólica.

Essa separação me machucou mais do que eu esperava. Não sabia que ele significava tanto.

Acordo e todos ainda estão dormindo. Ainda está escuro lá fora.

É um ótimo momento para caminhar sem precisar falar com alguém.

O vento gelado sopra em meu rosto e sinto saudade de casa. Por mais estranho que seja, nesse momento, eu gostaria de estar em casa. Mesmo que seja solitário, era meu lar. Foi lá onde aprendi a viver. Ou quase isso.

Sinto falta do meu mundo, onde as almas necessitadas vinham até mim e eu as recebia de braços abertos, chorando suas lágrimas, sentindo suas feridas.

Aquelas pessoas devem sentir minha falta. Elas precisavam de meu conforto depois de toda a turbulência que foram suas vidas. Minha função era importante, aquela era eu, aquela era a verdadeira Hela. A deusa que sempre foi muito julgada sem ser conhecida, a deusa dos esquecidos.

Agora sou eu quem esquece eles?

Aqueles pobres indignos...

Meus passos param na saída do Olimpo.

A porta reluzente é convidativa.

Acho que minha aventura foi longe demais, as pessoas aqui são muito mais duras do que eu esperava. Sempre soube que seria difícil, que seres humanos são complicados e egoístas. Não estava preparada para a dificuldade ser aqueles de quem eu gosto, pensava que seriam apenas os maus.

Não vale a pena permanecer em um mundo onde, mesmo tão lotado de pessoas, eu ainda precise viver isolada.

Gundy sempre foi muito comunicativa e pronta para lidar com a situação, seria maldade convidá-la a ir embora depois de ter visto ela tão feliz aqui. Ela vai saber que eu decidi voltar sozinha.

Minha mão toca a maçaneta dourada e tento abri-la, mas nada acontece.

— Não é tão simples para abri-la — a voz feminina diz com delicadeza.

Não acredito que fui tão descuidada.

A deusa Afrodite está parada atrás de mim, segurando uma pena e um pergaminho.

— Não, querida, não estou seguindo você. — Ela suspira. — Assim como você, também estou decepcionada com algumas decisões.

Sua alma tem um vácuo com uma tristeza gritante querendo eclodir para fora.

— Quer conversar? — não consigo evitar perguntar.

Minha vontade é tocá-la e acalmar sua dor, mas não quero me revelar dessa forma.

— Acho que eu deveria lhe fazer a mesma pergunta. — Sua expressão é serena.

— Do que está falando?

Ela continua seus passos lentos pelo corredor como se não houvesse me encontrado ali.

— Ande comigo e eu abrirei a porta para você ir.

Sigo seus passos.

— Sobre o que gostaria de conversar? —Tento parecer gentil.

— Querida, estou escrevendo estes versos para uma pessoa que jamais os lerá — sua voz continua tranquila.

Por que ela está me dizendo isso?

— Por que não?

— Não consegui o que queria hoje, não vou ter minha liberdade. — Ela suspira e me olha. — E vejo que você busca a sua.

Meus olhos fitam o chão, constrangida pelo olhar penetrante dos olhos cor-de-rosa.

— Eu realmente gostaria de ir embora. Sinto saudades de casa.

Ela sorri com seu próprio pensamento.

— Nossa casa é algo tão relativo, não é mesmo? — Ela dobra seu pergaminho. — Pode ser em um palácio repleto de templos ou dentro de alguém.

Não entendo o que ela quer dizer.

— Eu sinto em você algo diferente do que me diz — ela continua.

Afrodite se aproxima de mim sem qualquer restrição, nunca tinha visto essa deusa tão séria e pensativa.

— Me diga, querida, você acredita no amor?

Meus passos reduzem, quase param.

Como falar de amor com ela?

— Acredito existir em forma de bondade — expresso.

Ela para em frente a um lago com pequenos patinhos saindo para o dia que iniciou.

— Amor pode, sim, ser representado em gestos, — Ela se abaixa. — mas nem todas as boas ações são gestos de amor. Algumas são manipuladas. Então, a bondade pode ser falsa, o amor, não.

Ela põe seu pergaminho na água e assiste a ele se afastando.

— O que quero perguntar com tudo isso é: — Ela me olha. — Se o amor falar mais alto, você será capaz de ouvi-lo? Ou prefere fugir para o conforto da falsa bondade?

Do que ela está falando?

— Eu não consigo compreender.

A mulher alta se levanta, confiante.

— Vai compreender. — Ela sorri para mim com ternura. — Só quero que tenha consciência de que o amor erra diversas vezes antes de acertar. Você não pode se fechar como uma rocha e afastá-lo ou desistir e fugir.

Seu pergaminho mergulha para o fundo do lago.

— Não deixe que seu amor se afogue nem seja afogada por ele.

Crio coragem e pego sua mão.

— Você não está sozinha.

Sua expressão de tristeza aparece quando sente meu toque acessar sua parte mais dolorida, trazendo calma aos poucos, mas a fazendo focar em sua dor.

Lágrimas saem do canto de seus olhos.

— O que está fazendo comigo? — sua voz é chorosa.

Abraço a triste mulher.

— Estou impedindo que também se afogue.

Ela se afasta lentamente e me olha sorrindo.

— Obrigada. — Ela se vira. — Vamos, vou abrir a porta para você.

Eu não entendi exatamente sobre o que ela estava falando, mas nossa conversa me fez ter medo de ir embora. E se eu estiver sendo uma covarde? Voltar talvez não seja a melhor opção, apenas seja a mais fácil e confortável. Se quero conhecer a parte boa, preciso ficar mais e suportar a ruim.

É óbvio, *Hela. Quando Helheim foi realmente uma liberdade?*

— Não precisa, eu decidi ficar.

Seu sorriso é verdadeiro agora.

— Fico grata que tenha tentado entender minhas palavras difíceis. — Ela anda pela pequena ponte acima do lago. — Vai encontrar seu lar em um lugar distante do que está acostumada. — Ela me olha por cima do ombro. — O que acha do mundo mortal?

Vejo a bela deusa se afastar. Apesar de reduzida, sua aura triste ainda a acompanha.

Mundo mortal?

Seria uma boa opção fugir de todas as figuras divinas que estão à minha volta. Conhecer de verdade quem são os humanos, não apenas como servos.

Assim que ela se afasta o suficiente, tento pegar o pergaminho que ela jogou no lago, estou curiosa para saber o que ela resolveu deixar se afogar durante a madrugada.

Tiro minhas sandálias e estico meus pés para dentro do lago, tentando não assustar os patinhos que por ali passeiam.

Alcanço o pergaminho e ele se desfaz em minhas mãos. Seja o que for, ela conseguiu destruir.

Minha curiosidade me fez entrar em um lago, que ótimo.

Ao calçar novamente minhas sandálias, vejo ao fundo a feira de servos, onde produtos confeccionados por eles são trocados por vários tipos de itens pelos quais eles possam se interessar.

Não tenho nada a oferecer, porém isso não me impede de conhecer mais sobre como funciona.

Tendas azul-turquesa são expostas em todo o longo trajeto que leva até os templos, com vários servos diferentes fazendo anúncios sobre produtos para outros que assistem a eles, pensativos se levam ou não o que eles têm a oferecer.

Um pequeno gato de madeira acena para mim em uma bancada, ele tem traços coloridos que o deixam divertido e exótico.

— Como você está? — Ékimet se aproxima.

Ele segura uma cesta, acho que veio comprar algumas coisas.

— Eu estou melhor, não cheguei a realmente me machucar.

Não fisicamente.

Eu perco a atenção de seus olhos castanhos e sigo até ver o que prende seu interesse.

Leonardo vem até nós, sorridente.

— Bom dia para vocês. — Ele olha para mim. — Procurei você por toda parte. Podemos conversar?

Eu olho para Ékimet, que entende a deixa.

— Claro, fiquem à vontade. Até depois.

Ékimet segue caminho e para em uma tenda mais à frente.

— Jill, eu quero dizer que, se for ao mundo mortal — Ele faz uma pausa. — Gostaria de encontrá-la lá.

O sangue sai de meu rosto.

— Por que está falando isso?

Será que ele descobriu algo sobre quem eu sou? Ou ele pode ter visto que eu ia embora do Olimpo, talvez.

Ele dá de ombros.

— Eu gosto de você e ouvi Dionísio falando alguma coisa sobre isso. — Ele pega minhas mãos. — Saiba que, se você for, eu irei depois encontrar com você.

Minhas mãos tremem.

Ele deve ter ouvido errado.

Mas, se não ouviu, acho que seria ótimo conhecer o mundo de verdade.

Espera, ele gosta de mim?

9

Ékimet, *aquele miserável*.

Não consegui dormir a noite inteira e agora ainda preciso me incomodar em procurar por ele por todo o Olimpo, já que Afrodite quer nos tirar daqui agora.

Vários servos passam por mim segurando cestas. Tem grande chance de ele ter ido para o mesmo lugar.

Sigo por onde os servos vieram e mais alguns vêm em minha direção. Deve haver várias pessoas lá. Tenho certeza de que Ékimet é uma delas.

Ando apressadamente, quero logo ir embora daqui e deixar tudo para trás. Não quero ser descoberto e precisar voltar para aquela fila que está me esperando.

Ékimet é um dos servos nas tendas.

— Ékimet — chamo sem muito alarde, sei que ele pode me ouvir.

Ele me olha e seu corpo fica tenso.

Nossa relação tem sido mais próxima desde que viemos, mas sei que ainda tem medo de mim.

Não gosto que ele se sinta dessa forma, queria ter a liberdade de tratá-lo melhor, se fosse em outro contexto, talvez pudéssemos até nos tornarmos amigos.

— Me perdoe, mestre, eu...

Ergo um dedo para que ele pare com suas desculpas, antes que alguém o escute falar dessa forma comigo.

Estamos tão perto de sair, não estrague tudo agora.

— Tudo bem. Vamos? Temos um lugar para ir.

Antes que possa me virar, vejo Jill do outro lado, de mãos dadas com aquele cara.

Ele provavelmente é um homem comum com problemas comuns. Com toda certeza é um amigo melhor do que eu jamais poderia ser.

Uma pontada de incômodo começa a crescer.

Eu deveria ir até lá e mostrar a ela que posso ser melhor do que ele.

E falar o quê, Anúbis? Controle-se. Ela não é sua propriedade.

— Octavian? — Ékimet chama minha atenção.

É melhor assim. Isso não importa.

Assinto e voltamos pelo percurso que fiz.

Chegamos até o templo e eu vou praticamente correndo para dentro dos aposentos dela. Quero ir embora. Preciso ir embora.

Olho desesperadamente para os lados.

Maldita.

— Onde está Afrodite? — pergunto para os servos.

Andy é o único que se sente à vontade para falar comigo de vez em quando.

— Ela foi encontrar uma pessoa. Disse que volta tarde. — Ele vê minha ira subindo e continua. — Ela pediu para avisar a você para ficar calmo e deixar para irem amanhã, enquanto isso, pediu para você fazer seu trabalho.

Saio irritado, empurrando a mesa em meu caminho, fazendo-a virar.

Maldição.

Por que ninguém faz o que é esperado aqui?

Minha fúria se alastra e eu decido correr.

Corro pelos corredores do Olimpo como se estivesse treinando. Desvio toda a minha raiva para as pernas.

Como pude me perder tantas vezes desde que saí de lá? Essa postura irritada não fazia parte de quem eu era, o que tem me deixado assim?

Eu queria ser alguém melhor quando decidi sair daquele lugar, queria viver. Agora estou preso aqui, em um mundo com outros deuses me tratando como escravo, não é tão diferente do que eu vivia.

Não posso deixar meus planos para trás, eu quero ter uma vida, mas para isso preciso ir embora e ninguém está colaborando para que isso aconteça.

Acerto um soco em uma coluna e ela racha.

Ótimo, Anúbis, por que não destrói o Olimpo todo?

Por sorte, ela não se quebrou.

Caio sentado no chão.

Por que estou agindo assim? Não me reconheço mais.

— Precisa de ajuda? — uma voz masculina aparece.

Não há paz nesse maldito lugar.

O rosto do homem que me recordo de se chamar Leonardo brilha de alegria em minha direção.

— Eu estou bem — minha raiva está em cada palavra.

Ele fica parado ali, como o humano desnecessário que é. Será que ele acha que gosto de ser observado enquanto estou sentado?

— Vá embora — rosno.

Ou eu vou acabar destruindo cada centímetro de seu rosto por ter tocado nela.

Não. Eu faria isso por ele ser um babaca, não me importo com ela.

Leonardo segue seu caminho e vai até o templo de Dionísio, que é visível daqui, considerando a proximidade.

Aquele homem me irrita de um jeito totalmente diferente de qualquer um que já cruzou meu caminho, minha raiva a ele é direcionada a um motivo desconhecido.

Vou sair daqui, não quero arriscar que ele volte para tentar ser legal mais uma vez, não preciso da caridade de alguém como ele.

Babaca.

Antes que possa realmente desviar meu olhar do servo, meus olhos se prendem ainda mais.

Jill está apoiada em uma das vigas que formam as meias paredes dos corredores. Ela observa o céu.

Para uma fútil mortal, ela é linda.

Gostaria de ir até ela e conversar.

Ela foge de mim tantas vezes que não acho que seja possível termos uma conversa decente.

E quem não fugiria? A culpa não é exatamente dela.

Sua atenção se volta para o homem que acabou de chegar lá, ele vai até ela e para a seu lado. Seu sorriso se abre como se ele não a visse há dias.

Ela disse que eles não têm alguma relação e não parece nem perceber que ele quer ter uma.

Como ela não vê isso?

As mãos dele vão até os ombros dela, de um jeito tão delicado que acho difícil que ela tenha percebido.

Eu sinto novamente a vontade de ir até lá e acabar com isso, mas o que eu poderia fazer? Sou ainda mais babaca que ele.

Jill se afasta e sorri, um sorriso cansado e não muito alegre que parece sumir quando ele continua falando sobre algo que não consigo ouvir muito bem daqui.

— Crianças! O vinho não se beberá sozinho! — Dionísio grita.

Esse homem bebe tanto e induz que seus servos façam o mesmo. Será que ela fica frequentemente bêbada com aqueles homens?

Isso não é da minha conta, não vim aqui espionar ninguém, vim relaxar.

Levanto-me para voltar pelo meu caminho, a única coisa que consegui vindo aqui foi aumentar minha ira.

Já chega de tanta preocupação com problemas que não são meus.

— Conselheiro de Afrodite, não é isso? — a voz de Dionísio agora soa perto demais.

Meu olhar sobe pelo corpo do deus do vinho, sua túnica roxa cobre os músculos não muito desenvolvidos, mas ainda existentes em seu corpo grande. Seus cabelos têm um tom enferrujado que formam caracóis em sua face.

— Gostaria de alguma coisa? — meu tom é o frio habitual.

— Ela está bem? — Seus olhos roxos ficam preocupados.

Ele está preocupado com ela? O que será que ela foi fazer?

— Ela não estava no templo, disse que foi resolver assuntos importantes.

Ele dá de ombros, um pouco decepcionado.

— Ela deve estar com Ares. Espero que ela saiba o que está fazendo. — Ele suspira. — Obrigado, garoto.

Dionísio se dirige a seu templo.

Não imaginava que ele poderia ficar abatido em algum momento. Parecia que era alegre o tempo inteiro.

— Aumentem esse som! — ele grita.

Não sei se ele estava realmente triste. Ou se recupera muito rápido.

Ao me virar, sinto que estou sendo observado.

Arrisco olhar para trás para identificar quem está atento à minha presença.

Leonardo.

Ele me olha como se tentasse adivinhar meus pensamentos. Seu rosto está sério, como um tipo de ameaça que não compreendo.

Não tenho tempo para ele agora. Só quero ir embora disso tudo.

Sigo meu caminho de volta com seu olhar fuzilante em minhas costas.

Aprecie o andar de um deus, babaca.

Hora de manter a mente calma e seguir com o plano. Se quiser ir embora amanhã, preciso me tranquilizar e parar de agir como um idiota.

Termino de fazer as anotações do papiro e fico imediatamente entediado.

Todos já foram dormir e eu ainda estou aqui, sentado na frente do templo, na esperança de que Afrodite volte ainda hoje.

Acho que não vai acontecer.

Pego minhas roupas e vou até o rio próximo para tomar banho.

É melhor me lavar e ir dormir, isso fará com que o tempo passe mais rápido.

Coloco minhas roupas em uma cesta e entro no rio, lavando meu corpo com pressa, não quero ficar exposto aqui por tempo demais.

Termino de me banhar e visto a túnica limpa. Espero não ter que usar isso nunca mais em minha vida, não combina comigo. Odeio essa roupa.

Levo minha roupa suja até o fim do curso do rio e começo a lavar, aplicando o sabão que Ékimet insistiu para que usasse caso eu precisasse de algum.

Sinto uma movimentação próximo de mim, mas ignoro, não estou fazendo nada errado ou suspeito. Ninguém iria pensar que eu sou um deus nessa posição humilhante de lavar roupas.

Mãos femininas entram no rio com tecido entre os dedos. Somente pela delicadeza e paciência já posso deduzir quem seja.

Suas pequenas mãos deslizam sobre o tecido, em movimentos leves e precisos de vai e vem. A pele pálida e delicada cria cor pelo esforço de suas mãos. Esse cheiro doce que mora em sua pele cria novamente aquele ímã, sem que eu precise olhar em sua direção, chamando-me para senti-lo mais de perto.

É melhor sair daqui.

Levanto-me no mesmo instante e deixo minha roupa escapar de minhas mãos, correndo pelo rio e sumindo pela cachoeira. Não é como se eu fosse sentir falta.

Meu coração aperta com os olhos que eu sinto que estão fixos em minhas costas, esperando por um contato. É como se meu corpo pedisse por isso também.

Saio dali sem me virar, deixando Jill sozinha perto da correnteza do rio.

Não estou contente com minha escolha.

Chego ao templo de Afrodite novamente e vou direto para o quarto.

Ékimet já está dormindo quando me deito.

Penso em minhas últimas atitudes. Não consigo me reconhecer direito. Não sei o que deu em mim.

A única coisa que posso afirmar com total certeza é que errei com Jill, embora seja humana, não merecia ser tratada daquela forma.

É tarde para isso, Anúbis.

Eu vou embora amanhã, nunca mais a verei de novo. Nunca vou ter a chance de fazer melhor e me redimir por minhas atitudes rudes.

Estou completamente perdido aqui. Não sei como agir. Sou certo demais em tudo que faço, mas quando envolve relações assim, sou um fracasso. Sempre penso ter razão em minhas decisões e nem ao menos percebo o quão ridículas são.

Se eu tiver a chance de ver essa garota de novo, vou tratá-la como sinto que deveria.

Sempre escolho ir contra o lado mais afetuoso para não causar problemas e olha onde estou? Parece não ter funcionado.

Fecho os olhos, esforçando-me para dormir.

Olhos negros dominam minha mente, olhos negros sendo ignorados e deixados para trás em um longo corredor.

A dor em meu peito queima com essa imagem. Não consigo ver isso.

Abro os olhos novamente.

Porra.

Eu preciso ter a chance de me desculpar com essa garota. Disse coisas que nem ao menos queria.

Não posso ficar sendo assombrado por isso para sempre.

Eu vou encontrá-la novamente, tenho certeza disso.

Quando encontrar, farei tudo diferente, como deveria ter sido. Como eu gostaria que fosse.

Sem interesses, sem mais desculpas.

Afinal, estou aqui para viver, não é?

10

Acordo abraçada em Garm. Sua baba cai em cima da almofada roxa em que estamos deitados.

Dormir sempre foi algo que eu tentei em Helheim. Os gritos de sofrimento sempre foram o empecilho. Aqui não é tão diferente. Essa música não para.

Sento-me e esfrego os olhos.

Olho em volta e vejo que tem quatro pessoas ainda dormindo.

Levanto-me, tendo cuidado para não acordar Garm, e pego outra túnica que está ao lado. Preciso de um banho.

Saio do quarto.

— Você gosta de túnicas?

Dou um salto com a pergunta repentina que vem de meu lado.

Dionísio está deitado em seu divã, usando o telefone, com sua postura relaxada de sempre.

— Eu não gosto — respondo com cautela.

Ele me olha.

— Vamos para o mundo dos mortais comprar umas roupas para você. Não quero que se sinta desconfortável. — Ele parece calmo.

Comprar?

— Você precisa comprar? — Não escondo a surpresa.

Ele dá de ombros.

— Os humanos funcionam com dinheiro. Tudo para eles é dinheiro.

Paro me apoiando na perna direita.

— E você tem dinheiro humano?

Ele ri alto.

— Você não disse isso. Acha que eu não sou o rei em todos os lugares? — Ele nega com desaprovação forçada. — Quer levar sua irmã?

Olho para o quarto. Ela não gosta dessas túnicas também. Além disso, sei que Dionísio quer algo a mais nisso. Leonardo comentou isso antes.

— Quero.

Ele se levanta com um salto.

— Ótimo. Vou ver se Afrodite quer ir junto. Ela adora ir comprar roupas. — Ele revira os olhos.

Eu rio.

— Tudo bem.

Ele sai, animado.

Não sei se deveria esperar que Octavian viesse junto ou não. O que quase aconteceu antes foi bem intenso para ter que lidar agora, no mundo mortal principalmente.

Volto para o quarto e deixo a túnica no lugar em que peguei. Ainda bem que não vou precisar vestir isso.

— O que está fazendo? — Gundy pergunta.

Ela está deitada na almofada ao lado de Garm.

— Levante. Vamos comprar roupas.

Ela se senta, passando a mão nos cabelos.

— Vamos fazer o quê? — sua voz é sonolenta.

Eu não sei explicar isso, nunca fiz algo assim. A única coisa que sei é que roupas de verdade são melhores do que túnicas de servos. Só que isso também significa que eu seria diferente aqui ou que não vou retornar.

Apenas saio do quarto e gesticulo para ela vir.

Observo a sala. Ontem jantamos frutas e vinho aqui, e agora já tem novas frutas.

Observo a torta de uva e me lembro de Octavian, não tive a chance de levar um novo pedaço para ele.

Ele tinha uma expressão tão leve enquanto comia, seu rosto alegre o transforma em outro homem. Parece ser um homem encantadoramente sensual o tempo inteiro.

Ao contrário de você, Hela. Isso nunca iria funcionar. Por isso ele foi embora.

Balanço minha cabeça. Chega de pensamentos negativos por enquanto.

Seria errado pegar um pedaço e levar agora?

Claro que sim, ele não quis olhar para você ontem, por que faria isso agora?

Não posso deixar isso estragar meu ânimo.

Pego uma maçã e jogo outra para Gundy, que pega e para a meu lado.

— Obrigada.

Mordo a maçã.

Estou empolgada para descobrir como é o mundo humano.

Ela se senta em uma poltrona e come distraidamente.

Termino minha maçã e coloco com os outros restos que vamos limpar depois.

Suspiro e vou até a porta do templo, olhando os corredores.

Vejo Dionísio vindo.

— Pronta? Seremos apenas nós três. Ela me fez apenas encomendas. Não está muito feliz hoje, está com alguns problemas no casamento.

Será que esse era o problema dela aquele dia? Deve ser isso que a mantinha tão triste. Espero que ela consiga ficar bem. Achei que ela tivesse afogado esses sentimentos, parece que não é tão simples apagar algo que amamos e ainda assim nos machuca, deve doer mais ainda o fato de não querer esquecer.

Por algum motivo, depois de sentir e compartilhar sua dor, me preocupo com ela. Gostaria de saber o que realmente aconteceu.

— Posso perguntar o que aconteceu? — Tento não parecer invasiva.

— Ela tem um marido merda e um amante violento. Isso resume a história. Ela não me disse, mas é sempre isso que a deixa assim.

Devem ser os deuses que Octavian comentou outro dia. Ele disse que brigavam por ela. Falou também sobre o desejo dela de se livrar do marido.

Não consigo imaginar como é ter um marido, fui sozinha por tanto tempo. Se bem que, não tenho certeza se gostaria de outra pessoa para governar dentro de meu reino. Lá sou eu quem decide o que é justo ou não. Apenas eu.

— Parece ruim. Espero que ela melhore.

Ele ignora e segue para a porta do templo.

— Rina. Vamos. — Ele parece animado. Sempre.

Ela estava olhando a estante de livros enquanto passava os dedos por eles para escolher um e veio rapidamente quando ouviu o chamado.

Ele pega minha mão e a mão dela.

— Fechem os olhos. Vamos direto para a loja. Não acho que vocês andando na rua de túnica seja apropriado. — Ele sorri.

Fico feliz que ele saiba o que é apropriado ou não. Mal posso esperar para me livrar dessa túnica horrível.

Fecho meus olhos.

Um vento frio bate em meu corpo, como se eu estivesse voando, mas não mexesse meu corpo.

— Abram os olhos — ele ordena.

Abro imediatamente.

Estamos em um lugar apertado e sem iluminação. Vejo apenas uma cortina vermelha e espelhos longos cobrindo as paredes.

— Isto se chama provador. Vocês vêm aqui para vestir uma roupa e decidir se querem usar ou não.

Este é outro Dionísio.

Um homem ruivo, alto, com olhos verdes. Ele é um humano atraente. Tem um ar moderno no que ele veste. Parece jovem e divertido.

— Eu estou usando uma camisa — Ele segura o pano em seu peito. — Uma jaqueta jeans — Ele faz o mesmo com o casaco. — Essa calça sensacional é jeans também, eu adoro esses rasgos que eles fazem. E...

— Dionísio, eu recebia mortos e eles usavam roupas. Eu sei o que são — interrompo sua bela demonstração de humanidade.

— É, é. Eu também não vivia em uma caverna isolada de humanos — Gundy comenta, rindo.

Ele cruza os braços.

— Que bom que sabem tudo.

É fofo como se irrita fácil quando não é o centro das atenções.

Nós três rimos.

— Vou trazer roupas que *eu* ache que combinem com vocês. Depois vemos se gostam ou não. — Ele sai pela cortina e volta colocando apenas a cabeça. — Uma das duas, vá para o outro provador.

Gundy sai imediatamente antes que eu faça isso.

Fico esperando-o voltar.

No espelho à minha frente, a imagem da bela garota me lembra minha mãe. Ela tinha os cabelos avermelhados que criavam leves ondas, exatamente como o meu. Metade do meu rosto é como o dela, mas, nessa forma, eu realmente me pareço com ela. Gostaria que minha forma divina também fosse assim, bonita e delicada como minha mãe era.

Isso me faz sorrir.

Sinto tanta falta dela.

Toco meu rosto e fecho os olhos.

Ele nunca teria chego tão perto se soubesse como eu sou quando não sou esta humana.

Octavian tinha sentimentos tão conflituosos. Estranho que eu não tenha conseguido lidar com eles. Foi tão difícil. É como se fosse demais até mesmo para mim. Como se todos aqueles sentimentos ruins estivessem se construindo dentro dele há milhares de anos. Quero ajudá-lo a se livrar daquilo. Agora vai ser complicado, ele não vai querer me dar atenção depois de eu ter fugido dele por alguns dias até que pudesse limpar minha mente daqueles pensamentos que eu absorvi.

E, também, ele a afastou por não suportar mais sua presença cansativa que insistia em falar sobre os sentimentos dele.

— Hela? Aqui. Peguei algumas roupas. Veja do que gosta — a voz de Dionísio me tira dos pensamentos.

Ele joga pela cortina e eu pego o grande bolo de roupas.

Tantas variações. Isso vai demorar.

Ele pegou muitas da cor preta. Ele é bom em fazer associações de meu trabalho com minha personalidade.

Sorrio.

Pego a primeira peça. Um vestido, aparentemente curto.

Visto-me com facilidade e olho para o espelho. Ele sabe minhas medidas apenas olhando para mim. Deve ter muito contato com corpos femininos.

O vestido destaca minhas pernas. Não é exatamente meu estilo, principalmente sem um véu para me deixar mais calma. Sinto-me segura quando tenho um véu para fugir dos problemas.

Tiro o vestido totalmente preto e rodeado nas pontas e pego uma calça jeans preta.

Acho que nunca usei uma calça.

Visto-a e tento me acostumar com a sensação de ter um tecido nas pernas.

Gosto de como pareço com essa calça.

Visto uma blusa totalmente preta, depois outra e outra, até que me deparo com a que tem uma rosa no peito. Gostei muito dessa.

Experimento mais algumas calças, blusas, vestidos, todas em tons escuros, a maioria da cor preta. Dispenso os shorts.

Termino com um jeans preto, simples, a blusa preta com estampa de rosas vermelho-sangue e um sobretudo da mesma cor.

Tem muitos sapatos aqui. Visto tênis pretos, All Star. Lembro-me de que Dionísio está usando um da mesma marca, mas azul.

Olho-me no espelho.

Você parece uma humana, Jill.

Abro a cortina vermelha e Dionísio vem em minha direção na mesma hora, com as mãos na frente da boca.

— Adorei. Eu escolho muito bem. — Ele dá a volta em mim. — Maravilhoso.

— Também gostei do que escolheu. Obrigada.

Ele sorri.

— Eu não deixei você ir escolher. Talvez demorasse demais. Acho que você está melhor assim. — Ele olha para dentro do provador. — Vamos levar as outras também. Alguma delas não serviu?

— Todas eram lindas e serviram perfeitamente, não sei qual delas eu...

— Todas. Entendi. — Ele entra e pega.

— Talvez eu não precise de tantas roupas. — Tento convencê-lo.

Ele anda a passos largos para fora dessa sala com várias cabines de provador.

— Vamos. Sua irmã já está esperando.

Eu o sigo. Não acredito que ele vá levar tantas roupas. Parece exagero. Ele ignorou completamente minha tentativa de impedir que levasse todas. Tento pegar uma delas para que ele não leve e ele dá um tapa leve em minha mão para que eu pare.

Ele sabe mesmo ser irritante às vezes.

Ele para em um balcão e entrega as roupas para uma moça que tem um coque alto e uma expressão simpática. Ela parece estar feliz. Muito feliz. Algo muito bom deve ter acontecido na vida dela. Não sei o que pode ter sido, só consigo sentir que é agradável.

— Algo mais?

— Só isso, gatinha. — Ele olha para o telefone. — Um minuto.

O modo como nossa linguagem se adapta é realmente incrível. Preciso admitir que português é mais fácil para mim do que grego antigo.

Ele se afasta e eu fico olhando a moça anotar os valores em um aparelho tecnológico que eu ouvi comentarem em Helheim, "computador". Observo as mãos ágeis dela e a pouca concentração que ela usa para fazer isso. Está habituada com esse trabalho, deve fazer isso há anos. Ela começa a anotar roupas masculinas também, imagino que sejam para ele mesmo, apesar de serem escuras em sua grande maioria.

Olho para o lado onde Dionísio foi e o vejo preocupado, ele está me olhando, pensativo, segurando o telefone ao lado do ouvido. Nunca o vi tão sério. Na verdade, não imaginei que ele era capaz de ser tão sério.

Ele guarda o telefone no bolso da jaqueta e se aproxima.

— Temos um probleminha, nada que precise surtar. — Ele sorri.

— Que tipo de "probleminha"?

Ele suspira.

— Zeus está procurando vocês.

E agora?

Como eu não iria surtar? Eu não terei saída se ele me encontrar no Olimpo, não poderei fazer nada. Vou ser morta aqui com eles.

— O seu deus maior está me procurando?!? — estou quase gritando.

— Ei, relaxa. Eu já pensei em tudo. Esperava que isso fosse acontecer. — Ele sorri, confiante.

Então, era isso que ele estava fazendo, trazendo-me para cá com o intuito de me esconder.

Deveria agradecer por sua gentileza.

Ele escondeu de você esse tempo todo, mesmo sabendo que poderia acontecer.

Respiro fundo.

Estou nas mãos desse deus despreocupado e festeiro. Não sei o que aconteceu comigo nesses últimos dias. Minha vida regrada e constantemente igual se tornou um caos.

Ele conversa com a atendente da loja e eu me afasto. Preciso me sentar.

Sento-me em um banco do lado de fora da enorme loja de roupas.

Eu coloquei a vida de minha irmã em risco. Ela tinha liberdade nos nove reinos, eu não devia ter deixado que ela viesse comigo. Ela veio por vontade própria. Mas eu poderia ter cruzado o rio em um momento mais oportuno. Um momento que não fosse condenar a vida de minha irmã com a minha. A minha já estava perdida. Eu já havia sido literalmente banida para o inferno, mas isso? Gundy não precisava pagar por meus pecados. Não que Odin aprovasse ela como sua descendência, meus irmãos e eu somos apenas monstros na cabeça insana daquele deus.

Eu preciso ajudá-la. Preciso salvá-la mesmo que custe minha vida.

Agora é tarde. Odin já sabe quem sumiu e ela não poderá retornar como se nada tivesse acontecido.

Eu poderia me entregar. Fazer com que Gundy me leve acorrentada e diga que veio comigo apenas para me trazer de volta. Apenas eu seria punida. Provavelmente a punição seria a morte. Eu não me importo com o que aconteça comigo, apenas quero que ela fique bem. Essa seria a melhor forma de corrigir meu erro com ela. A forma mais justa.

Existe, é claro, o fato de que ela não vai querer entregar a própria irmã para a morte.

Olho para as minhas mãos, que estão apoiadas nas pernas. Estou tremendo.

Conseguiu, Hela, você destruiu sua vida e a de sua própria irmã. Eu repito esse mantra em minha mente.

Três figuras saem da loja e prendem minha atenção.

Uma loira alta, com cabelos longos e lisos, usando óculos de sol e um vestido rosa que destaca todo o seu corpo sensual, completo por um salto alto prata. Ela tem um andar sensual que tem um rebolado a cada passo. O rapaz ao lado dela é Ékimet, percebo agora que ele não é muito alto. Está usando uma camisa branca, uma calça skinny rosa e um lenço verde no pescoço. E do outro lado dela está ele, Octavian. Ele está muito mais elegante do que me lembro, segurando uma bengala e usando um terno completamente preto. A mulher entre eles é com certeza Afrodite. Sua beleza é inegável.

Octavian me olha e anda em minha direção. Afrodite abaixa os óculos e o acompanha com os olhos.

— Você está encantadora. — Seu elogio me pega de surpresa.

Por que agora ele está falando comigo?

Ele se senta a meu lado. Parece nervoso com algo. Minhas mãos ainda estão tremendo com a notícia de que estou sendo procurada.

Ele olha para minhas mãos e depois para a frente. Acho que não quer ser indiscreto, mas parece querer perguntar algo sobre isso.

Eu não poderia explicar, sinto muito.

— Obrigada — falo apressadamente e escondo as mãos entre as pernas.

Um silêncio paira entre nós. Depois do que aconteceu ontem eu acho que ele também não sabe o que dizer. E eu estou com sérios problemas agora que não sei como resolver.

E agora? Eu preciso dizer alguma coisa.

Dionísio sai da loja e vem até o banco. Finalmente alguém para quebrar esse silêncio que estava quase me matando.

— Vamos conhecer um amigo meu. Ele vai ajudar vocês a ficarem um tempo no mundo humano.

— Você tem certeza de que não tem problema, Dioní...

— Gabriel Star — ele me interrompe e pega um tipo de cartão do bolso. — Aqui. Todos precisamos de uma identidade quando viemos para cá.

Octavian parece estar pensando em outra coisa, sem se concentrar na conversa. É educado da parte dele. Gostaria de saber o que ele está pensando agora.

— Eu não tenho uma — comento.

Ele me dá um sorriso sarcástico.

— Acha que não estou fazendo meu trabalho, Jill? — Ele nega com a cabeça. — Vamos.

Levanto-me e me viro para Octavian.

— Foi um prazer. — Falo educadamente.

Finalmente.

Agora acaba essa tensão que está no ar entre nós dois. Eu não consigo nem respirar direito.

Não esperava nunca encontrar ele por aqui. Quais são as chances?

— Ele também vai. Afrodite está conosco por enquanto. — Ele acena para Afrodite, que sorri.

Só pode ser brincadeira.

Sinto que minha boca abre com a incrível surpresa.

Octavian sorri e se levanta, andando a meu lado enquanto seguimos Dionísio e Afrodite.

— Você não vai parar de tentar fugir de mim? — ele sussurra.

É um humano com lábia. Os piores eram assim, pelo que me lembro. Ele é tão fechado com conversas, mas consegue sempre estar no controle delas. É como se tudo não passasse de treinamento. Alguém com tantos sentimentos ruins deveria ser mais retraído do que isso.

Esse homem me surpreende.

Eu o olho e ele está com aquela metade de sorriso novamente.

Esse sorriso é tão lindo.

Ainda é o homem que a mandou embora, Hela. Tenha decência de ao menos lembrá-lo disso.

— Não, Octavian. Eu achei que seríamos separados pelo destino — sussurro de volta.

— Não acho que o destino esteja preocupado em nos separar. Me parece o contrário, na verdade. — Ele fica pensativo e completa a frase. — Eu já tentei lutar contra ele, o que acha de desistirmos disso?

Cruzo os braços e olho para a frente.

Por que você mudou de ideia, Octavian?

Ele parece tão confiante por fora. Como ele consegue ser assim? Acho que ele não tem consciência de toda a dor que ele guarda. Deve ser por isso que eu não senti, ele não está preocupado.

— O destino quer punir você, então. Se ligar a mim não é algo que me pareça bom. — Tento parecer séria, mas estou com vontade de sorrir.

Ele está aqui. A meu lado.

Você não é uma adolescente.

— Ótimo. Eu penso exatamente o mesmo. Já que temos um pensamento igualmente terrível sobre nossa relação, seria uma pena não continuar.

Eu o olho e não consigo mais não sorrir. O que aconteceu com ele? Ele parece ter mudado a perspectiva do que estava buscando.

— Não sei se meus modos de pensar o agradariam — minha voz sai baixa.

Ele fica pensativo.

— Você é justa. Vejo em seu olhar que busca pela justiça. Não quer que pessoas boas sofram consequências ruins.

Fico incrédula.

Eu sou transparente a ponto de um humano me reconhecer.

Ele dá de ombros e coloca uma mão no bolso das calças.

— Embora tenha muitas coisas sobre seus pensamentos que ainda gostaria de conhecer — completa.

Dionísio para.

— Vamos de carro. Não querem andar até o outro lado da cidade, não é?

Entro na porta de trás do carro e vejo Octavian se apressando para se sentar a meu lado.

Como ele pode saber tanto sobre mim?

E por que ele está falando comigo?

11

Este carro é grande e tem um aroma de couro que provavelmente sai dos assentos. Imaginei que seria menor, levando em consideração o tamanho que ele aparenta ter por fora.

Olho para Jill pelo canto dos olhos. Ela está ansiosa com alguma coisa. Gostaria muito de saber o que é, mas ela não me contaria. Não assim. Eu preciso conhecê-la melhor se quiser saber mais sobre a vida dela.

Ela está linda com essas roupas.

Espero conseguir evitar que ela fique fugindo de mim. Por algum motivo, quero que essa humana fique comigo e não vou arriscar que ela saia correndo de novo.

Ou que eu a mande embora.

Afrodite e Dionísio conversam no banco da frente, ele está no volante. Ela tem estado tão distante desde que Hefestos apareceu aquele dia, sua esperança estava naquele concurso. Tinha tanta esperança que me colocou para participar mesmo com a consciência de que Zeus estava me procurando. Ficou nervosa desde que nos fez vir para o mundo mortal às pressas. Ainda não teve tempo de me dizer o que aconteceu, queria estar fora do Olimpo para falar sobre isso.

Nos bancos do meio estão Rina e Ékimet. Ela olha empolgada pela janela e ele está analisando o estofado.

Sento-me com *ela*.

Não poderia perder essa chance.

Ela olha para a rua também, não tão empolgada quanto Rina. Está preocupada.

— Está com medo? — arrisco.

Ela me olha, parece estar se sentindo desafiada.

— Acha que eu sinto medo?

Realmente está se sentindo desafiada.

— Todos sentem medo de alguma coisa.

Todos os humanos.

Ela ri e olha para a rua.

— Nem todos, não temos medo quando não temos nada a perder.

É, eu sei exatamente como é isso.

Ela olha para Rina no momento em que termina a frase. Sente medo por Rina, preocupa-se com ela.

Parece que ela não sabe.

— Rina é algo importante para se perder?

Jill me olha desconfiada. Acho que não deveria analisar tanto, mas fiz isso por tanto tempo com as almas que não sei se consigo diminuir o ritmo agora.

— Ela é minha irmã.

Ela me respondeu, de qualquer forma. Isso parece bom.

Não consigo esconder minha surpresa. Não imaginava que eram irmãs. São tão diferentes em tudo, tanto na aparência quanto no jeito de se comportar. Rina parece tão animada e Jill é tão retraída.

Como eu.

— Eu não tenho irmãos — falo sem pensar.

Por que estou me abrindo com ela?

Ela ri e me observa com mais atenção.

— Você quer muito ter essa conversa comigo, não é?

Dou de ombros.

Você não vai fugir, Jill.

— Você tem algo melhor para fazer?

Ela sorri e vira o corpo em minha direção.

— Ékimet não é seu irmão?

— Não. Somos amigos há muitos anos.

Não sei se o considero um amigo.

Não, é claro que não. Eu não tenho amigos.

Seu olhar vai para ele e depois volta para mim.

— Você gosta daqui? Do mundo mortal? — Sinto a curiosidade na voz dela.

Até agora, conheci uma loja de roupas, vesti-me conforme Afrodite indicou, apesar de reprovar fortemente, mas me vi sem opções. E entrei neste carro.

Não dá para dizer que amo este lugar.

— Não tenho muitas lembranças daqui. Acho que preciso reviver mais o que este lugar tem a oferecer. — Tento parecer neutro.

Ela fica pensativa.

— Parece ter muita coisa para oferecer.

Afrodite me olha pelo espelho que fica pendurado acima do painel do carro. Ela sorri.

— Acho que estar entre deuses não é totalmente confortável — falo.

Jill franze o cenho.

— Por quê?

— Você não sente? Como se houvesse uma pressão estar perto deles. — Lembro-me de Osíris e de como ele deve estar furioso agora. — Eles querem que você seja perfeito e, mesmo que você se esforce, sempre haverá outro melhor ou alguém para fazer o que você faz.

Olho para minha mão, que segura com força a bengala. Eles nunca deram o valor que eu merecia. Nunca parei de atender aquela maldita fila. Osíris é tudo o que eles idolatram e é o que querem ver quando forem para lá. Ninguém pensa em mim. Minhas oferendas eram apenas para que eles fizessem uma boa travessia. Nada mais.

Merda.

Esses pensamentos de novo... Eles já tinham ido embora. Por que eles estão de volta? É o mundo mortal que está me deixando fraco e emotivo? Pareço um imbecil reclamando de tudo.

Sinto minha mão aquecer e percebo que ela colocou a mão dela na minha. Deve ter visto que estou segurando com força. Com raiva.

Eu a olho e ela sorri.

O toque dela me dá uma sensação de calma inesperada, como se tudo o que eu pensasse não fizesse mais sentido.

Eu me sinto tranquilo e relaxado com tudo à minha volta. Essa garota tem um diferencial no toque. Sempre me dá essa sensação.

A viagem segue e ela mantém a mão na minha.

O carro para.

— Bom, pessoal, agora é hora da festa! — Dionísio grita e desce do carro.

Afasto-me dela e abro a porta.

O ar é fresco, gelado. Os pelos de meu braço se arrepiam em desavença à temperatura.

Não sei qual o nome do lugar onde estamos, mas gosto daqui, a aparência clássica é como se fosse uma referência de uma civilização antiga, porém sempre atual.

À nossa frente tem um prédio tão gigantesco quanto uma pirâmide. Tem muitas luzes coloridas que saem do prédio, cobrindo o crepúsculo.

Fico em pé, esperando os outros se juntarem. Rina para a meu lado e se apoia em meu ombro quando tropeça. Eu a ajudo a se equilibrar. Talvez minha bengala seja mais útil para ela, já que é tão desastrada.

— Vamos entrar, ele deve estar nos esperando — Dionísio diz, animado.

Ele está sempre irritantemente animado.

Nós o seguimos.

Afrodite vai quase ao lado dele. Ela está usando um batom vermelho forte que me lembra das maquiagens que meu povo tinha o costume de usar.

Quando passamos pelas grandes portas, o lugar tem contraste com a cidade, é moderno, com a luxúria que me acostumei a ver. Esperava mais, algo inédito desta vez. É uma ampla sala com sofás, flores e um grande lustre, nada que eu não tenha visto no templo de Afrodite.

Dionísio aperta um botão na parede.

— Elevador. O que queremos está lá em cima, sempre está. — Ele ri.

— Nem sempre temos a chance de vivenciar o que está em cima — digo baixo, sem perceber.

Olho em volta e acho que ninguém percebeu. Ainda bem. Preciso acabar com esse drama todo. Minhas emoções estão acordando e não gosto disso. Não será bom.

— Às vezes, o que está em cima não é tão bom — sua voz é baixa.

Eu olho para Jill, que dá um passo e fica a meu lado.

Ela é muito pequena.

Portas se abrem à nossa frente. Dionísio indica para que todos entrem e aperta o número 30 entre 30 opções.

Este lugar é menor e parece se mover quando as portas se fecham. Tem uma música suave ao fundo. Meus ouvidos sensíveis tentam se adaptar com o volume.

Eu gosto de música.

Quando uma luz acima da porta ilumina o número 30, as portas abrem e uma música alta invade minha cabeça, deixando-me tonto com tantas batidas.

Acho que não gosto de todo tipo de música.

Dionísio é o primeiro a sair, festejando com a música.

Esse cara não para.

— Ei! Onde está o desgraçado dono deste lugar?!? — ele grita, rindo para uma mulher praticamente seminua que se aproxima.

O lugar é realmente enorme. Há muitos sofás, mesas com cadeiras, um balcão com muitas opções de bebidas, uma elevação que eu acho ser um palco, algumas salas cobertas por cortinas vermelhas. Muitas, muitas pessoas. A grande maioria está dançando no meio do salão, onde as luzes brilham ainda mais fortes. Algumas garotas andam segurando bandejas e entregando mais bebidas para algumas pessoas que estão sentadas. Tudo parece ser de veludo aqui. Sem janelas.

Um homem aparece no topo de uma escada, à esquerda do salão. Ele sorri e desce lentamente, olhando para Dionísio.

Conforme se aproxima, posso ver que está usando uma camisa social cor de vinho e uma calça preta. Seus óculos de grau escondem um pouco sua expressão cansada.

— Senhor Star, é uma honra recebê-lo aqui. — Ele aperta a mão de Dionísio.

— É sempre bom voltar aqui. — Dionísio ri.

Ele se vira para Afrodite, pega sua mão e a beija.

— Senhorita Flowerlove, encantadora como sempre.

Esses nomes parecem mais uma piada, não sei como alguém leva isso a sério.

Com certeza Dionísio não está preocupado em ser levado a sério.

Ela ergue o rosto dele pelo queixo e pisca.

— Não precisa ser educado, querido. Crystal — Afrodite diz sensualmente.

— Claro, Crystal.

Ele dirige seu olhar para os quatro que ele não conhece.

— Comigo estão Octavian. — Ela aponta para mim. — E Ékimet.

Ékimet sorri e acena.

Mantenho-me de braços cruzados.

Ele estende a mão e nos cumprimenta, encaro sua mão no ar e me rendo, apertando-a. Um aperto de mão firme. Um humano que luta pelo que quer, mas está cansado de continuar nessa luta incessante, consigo ver em seus olhos reveladores.

— Me chamo Julian Dawson.

Dionísio grita enquanto se afasta até o bar.

— Jill e Rina. Jill é a baixinha e Rina, bom, você sabe!

Ele ri e aperta a mão das duas também.

— É um prazer, meninas.

Afrodite ainda parece preocupada e inquieta.

— Julian, eu posso me retirar por um instante? — Ela me olha. — Octavian, por favor?

Julian concorda e eu a sigo até um local um pouco mais afastado.

— Eu não suporto mais segurar isso. Quero falar desde que saímos do Olimpo, mas não sabia como dizer isso, ainda não sei. — Ela olha para os lados. — Zeus já iniciou as buscas pelo Olimpo todo. Você vai ficar aqui por um tempo, com os mortais.

— Você está brincando?!? Com os mortais?!? — grito.

Eu odeio os humanos. Viver com eles será terrível!

Não acredito que Afrodite fez isso, como pode querer me deixar aqui com eles?

Será que Jill veio porque também vai ficar? Isso poderia ser uma oportunidade.

Não exagere, Anúbis. Ainda é uma simples humana.

Não posso me deixar levar por esses pensamentos.

Não sei se vou saber conviver com mortais, mas acho que só tenho a opção de tentar.

Meus braços cruzados estão tensionados.

Afrodite me ajudou o suficiente, ainda está tentando ajudar, isso poderia matá-la. Preciso reconhecer isso.

Seus olhos verdes estão preocupados, esperando minha próxima reação.

— Você vai ficar bem? — pergunto.

Ela sorri.

— Você deveria ver como consegue ser bonzinho, mesmo que seu temperamento seja uma merda. — Ela ri. — Eu vou ficar bem. Ele não virá procurar humano por humano, então, fique aqui.

— Tudo bem. — Ignoro o comentário sobre ser "bonzinho".

Não posso questionar, se voltasse, estragaria meu plano inteiro e acabaria morrendo.

— Ela gosta de você.

Eu a olho sem entender. A mudança de assunto foi muito repentina.

Sigo o olhar dela e vejo que está falando de Jill, que nos olha discretamente com um tom de curiosidade.

— Ela não gosta.

Ninguém gosta. E não acho que as pessoas fujam de quem elas gostam.

— Querido, eu sou a deusa do amor, não você.

Ela volta com os outros antes que eu possa responder.

Mulher irritante.

Vou ficar com os humanos. Isso significa agir inteiramente como eles, pensar como eles, talvez.

Eu volto também e eles estão no meio de um assunto.

— Tudo que esse filho da puta tem sou eu quem consegue. — Julian se gaba, apontando para Dionísio e coloca a mão no bolso das calças. — Isso me lembra de que ele encomendou as identidades de vocês. — Ele entrega uma para cada. — Rina Moore. Jill Moore. Ékimet Hulm e Octavian Smoothie. — Ele franze o cenho. — Eu mandaria fazer como Smith, mas o idiota ali me enviou o pedido como Smoothie. — Ele revira os olhos.

Smoothie.

Eu acho que nunca tive um sobrenome. Octavian já é um nome que eu peguei de um homem que queria ser mumificado como faraó, mas acabou morrendo antes. Sua trágica história foi a única coisa que lembrei quando precisava de um nome.

Dionísio vem até nós para ver as identidades e ri alto.

— Puta que pariu! — Sua risada ecoa no lugar. — Smoothie! Foi um erro no corretor! — Ele não para de rir.

É sempre comigo que essas coisas acontecem.

Babaca alcoólatra.

— Eu não iria imaginar, idiota. Eu apenas repassei sua mensagem e peguei o que pediu — Julian se justifica.

Ele suspira e nos olha.

— Vou mostrar os quartos para vocês. Sigam-me.

Nós quatro seguimos Julian em silêncio. Os dois deuses ficaram lá, conversando sobre algo que eu não consigo ouvir daqui.

— Espero que gostem de ficar aqui. Não costumo fazer esse tipo de favor, então, sempre avisem se precisarem de algo. Podem pedir o que quiserem para quem trabalha aqui.

Ele precisa gritar um pouco para conseguirmos ouvi-lo por cima da música alta que não para de tocar.

— Você mora aqui? — pergunto.

Começamos a subir as escadas.

— Sim. Eu tenho uma casa que fica ao norte, mas não tenho muito tempo para isso. Sou dono de oito estabelecimentos e moro nesse.

Quando chegamos ao outro andar, silêncio.

Finalmente.

O corredor é escuro até ele acender as luzes.

Ele nos direciona para a direita.

Vejo uma casa, exatamente como me descreviam na travessia do rio. Sofá, lareira, televisão, um tapete no meio da sala. Talvez com muito mais luxo, porém, ainda um lar.

— Esta é a sala. Fiquem à vontade para usá-la. Na verdade, usem qualquer parte da minha casa.

Ele aponta para o local com um balcão no centro que divide os dois ambientes. Tem alguns bancos e vários armários.

— A geladeira está disponível para pegarem o que quiserem e não hesitem em me pedir se precisarem de algo que não tenha.

Somos guiados a voltar pelo longo corredor e ele abre uma porta quase em frente à entrada. É um grande banheiro com uma banheira. Ele nos mostra como funciona a água quente e a fria.

— O resto do corredor são os quartos que separei para vocês — diz indo em direção à primeira porta após o banheiro.

O corredor é longo, com flores e quadros decorativos. Uma bela pintura de uma flor amarela centraliza o corredor. Ao lado da entrada, posso ver o que parece um telefone.

Ele parece se lembrar de algo e vai até uma gaveta em uma mesinha no corredor que antecede a cozinha.

— Celulares. Bom, posso pedir para alguém ensinar vocês mais tarde, caso não aprendam sozinhos. — Ele entrega um aparelho para cada.

— Isso tudo que está fazendo por nós é muito — Jill fala.

Ele está se esforçando, mas não chamaria de "muito".

— Eu devo muito àqueles dois. Não posso recusar um pedido vindo diretamente deles, nem mesmo questionar nada. — Ele sorri. — Podem usar isso para pedir comida se quiserem. O endereço eu deixei anotado na bancada da cozinha. Se quiserem sair para comer, tudo bem também. Estão livres aqui. Vou começar mostrando o quarto das meninas, esperem aqui, por favor.

Ele sai e as duas o acompanham.

Sento-me em um dos bancos.

— O que acha disso tudo? — Ékimet me olha.

— Inesperado, porém, a melhor saída.

Ele concorda.

— Não vamos voltar ao Olimpo?

— Não. Rá deve ter avisado sobre nossa fuga e agora estão nos procurando. Irão conversar com os outros deuses e o Olimpo inteiro ficará atento.

Ele me olha assustado e se senta a meu lado.

— Não pensou em voltar para o trono?

Depende apenas de mim retornar para lá, eles não teriam nada para usar contra mim que me fizesse voltar, teriam que me matar. Além disso, tenho informações importantes.

A verdade é que não quero voltar. Estou gostando do que tenho vivenciado por aqui.

— Não vou voltar mais — decido.

Ékimet se surpreende e fica ereto.

— Como quiser, mestre.

Eu não vou voltar rastejando para aquele lugar simplesmente porque me querem lá para ser um escravo que eles chamam de deus. Eu só voltarei para lá morto. Acho que finalmente tenho coragem para admitir que não quero mais o reconhecimento, quero que eles se fodam.

— Vamos, senhores?

Julian distrai meus pensamentos.

— Claro. — Mostro que estou irritado, sem ter a intenção.

Levanto-me e sinto que Ékimet se levanta apreensivo. Está com medo do que minha rebeldia pode significar. Deve achar que aquele submundo me mantém estável.

Meu descontrole não deveria assustar você, servo.

Julian se dirige até um quarto com uma cama grande, um armário e uma porta de correr que dá para a rua. O quarto é enorme e com o mesmo tipo de decoração comum do resto da casa, quadros de pétalas caindo e flores estão presentes, mas o que me chama a atenção é o lado de fora. A grande vista para a cidade. É uma cidade que se mantém iluminada mesmo com a escuridão da noite.

É lindo.

— É uma vista e tanto, não é? — Julian para a meu lado.

— É lindo — admito sem perceber.

Ele toca meu ombro.

— Este será seu quarto. Espero que goste.

Eu posso ter essa vista? Eu posso ver a escuridão tomando conta da cidade, trazendo-me a familiaridade que compartilhamos. Eu poderia ter essa visão para sempre.

Os humanos não parecem gostar de dividir suas dádivas, considerando que este lugar é exclusivo.

Ele me olha e eu vejo a bondade em seu coração. Um homem de negócios com um coração bom, isso seria novidade lá naquela fila.

— Eu quero que conte comigo. Meu quarto é no fim do corredor. Bata se precisar de algo. — Julian sorri.

Concordo e ele sai com Ékimet.

Esta vista é fantástica. Eu nunca tive a chance de ver nada de cima, normalmente estou sempre embaixo, sem vista para o mundo ou para o que as pessoas podem realmente fazer. Os humanos conseguem iluminar cidades inteiras, como eu posso julgar tão facilmente uma espécie que consegue algo assim?

Eles são maus em sua grande maioria, por isso julgo essa maldita espécie assim. Não é hora de fraquejar.

— Nossa, a vista é bem melhor do seu quarto. Quer trocar?

Viro-me e vejo Jill parada na porta da sacada.

— Não posso trocar essa vista. Sinto muito. — Tento sorrir o máximo que consigo.

Ela caminha e se escora no vidro que impede que ela caia lá embaixo.

— É incrível que alguém possa ver o mundo dessa forma. — O olhar dela percorre a cidade.

— Tudo tem um lado bom e um lado ruim. — Dou de ombros.

A vista é encantadora, principalmente com ela apoiada ali, apreciando a vasta noite. Infelizmente, eu sei que as pessoas lá embaixo fazem tudo ser horrível.

Paro ao lado dela.

— Ninguém quer ver o lado ruim de alguém. — Seu olhar fica aflito.

O que ela está escondendo?

— Você precisa ver, se quiser acreditar que é real. — Pressiono para que ela fale.

Ela olha para mim.

Estamos tão perto que consigo ver melhor. Ela tem um senso de justiça grande, acima disso está um amor incondicional por pessoas, um desejo de ser melhor, de ser desejada e amada por alguém. Tem o olhar de alguém que foi deixada de lado por muito tempo.

Sinto vontade de abraçá-la.

Não, Anúbis. Você não é nada do que acabou de ver, não é o que ela deseja.

— Sabe, agora eu percebo que errei em seu julgamento anterior, você não é uma pessoa ruim, na verdade o que vejo em você é tristeza. Eu sinto como se essa tristeza fosse familiar. Nunca nos vimos antes? — ela fala tentando lembrar.

Lembraria dela se a visse.

Uma mulher nunca chamou minha atenção assim.

A não ser...

Aquela.

Ela não poderia ser aquela mulher do outro lado do rio. Eu vim para outro lugar, muito distante de lá e ela tinha olhos lilases. Eu a via de longe para ter certeza de algo.

— Eu me lembraria de você se tivesse visto-a antes — digo, por fim.

Ela olha para a cidade.

— Você me lembra de um homem triste. Eu já vi tantos homens tristes, mas aquele era diferente. Era como se a tristeza dele não fosse capaz de acabar. Eu sempre pensava em ir até ele e confortá-lo, mas eu sabia que não podia... Queria muito ter ajudado ele. Ter feito algo que confortasse o coração dele. Foi essa ideia que destruiu minha vida, na verdade.

Poderia me encaixar nessa descrição, principalmente na parte de ser uma ideia que destruiu a vida de alguém.

— Parece que você gostava dele. — Há um incômodo em minha voz.

— Eu nunca tinha pensado nisso, parece que gostava. — Seu rosto sorri levemente com lembranças que parecem felizes

O desconforto aumenta com essa confissão.

Queria que ela gostasse de mim.

Como essa conversa pode estar me fazendo mal? São apenas palavras simples. Ela gosta de alguém, que mal pode haver nisso? De qualquer forma, mudar de assunto parece ser plausível para me livrar dessa sensação desconfortável.

— Acha que sua vida está destruída? — pergunto.

Ótima escolha de assunto. Parabéns, Anúbis.

Ela olha para mim novamente.

— Me sinto tão perdida. Nunca havia sentido isso.

— Você encontra coisas novas enquanto está perdida — falo sem pensar.

Essas palavras servem para mim mesmo.

Ela sorri, um sorriso estranho, triste.

Eu sorrio de volta.

Isso já aconteceu, é como se eu estivesse revivendo este momento. E me lembro da única pessoa que poderia fazer isso. Da pessoa que me dava sorrisos assim.

Sinto como se não houvesse nada mais certo do que estar aqui com ela. Eu tenho certeza de que ela é parte do que eu devo encontrar nessa jornada.

Reencontrar.

É ela.

Nunca foram a merda dos deuses.

Eu estou aqui por ela.

Seguro seu rosto como naquela vez.

— Não vou cometer o erro de deixá-la escapar de novo. — Aproximo-me lentamente dos lábios dela.

Beijo-a com delicadeza, como se encontrasse a fonte da vida na boca dela. Ela segura em minha nuca, erguendo os pés.

Sinto que ela relaxa e se entrega a mim. Nosso toque parece causar uma tranquilidade absoluta em ambos.

O beijo dela é doce, tem um sabor que eu nunca senti na vida. Sinto que poderia passar minha vida neste beijo. Não quero que ela se afaste.

Sua pele macia me causa arrepios, ou talvez seja sua língua aprendendo uma nova dança com a minha, ensinando-me seu compasso.

Ela segura em meus braços, sem parar de me beijar.

Eu consegui.

Finalmente encontrei a garota do outro lado do rio.

12

Eu não consigo parar de beijá-lo. Sentir alguém tão perto me dá a sensação de confiança, mas não sei ao certo se posso confiar nele. Sei quem é ele. Lembro-me da expressão triste dele enquanto cruzava o rio, mas não o conheço de fato.

A única coisa que eu posso afirmar é que esse homem está de algum jeito penetrando meu coração. Isso pode se tornar perigoso.

Ele puxa meu rosto para mais perto e aprofunda mais o beijo. Parece tão perdido quanto eu nesse contato.

Percebo que estou ofegante, mas não vou parar apenas para respirar.

Suas mãos descem por meu corpo e é como se fosse ligando cada parte que toca.

Seu beijo passa uma necessidade intensa e arrebatadora que me deixa cada vez mais presa nele. Ele me empurra contra o vidro e me obriga a sentar na beira de um precipício. Puxo sua nuca para tentar aproximá-lo ainda mais. É tão excitante e ao mesmo tempo perigoso.

Isso é incrível.

Ele para e me faz ficar em pé, fazendo-me abrir os olhos.

— Isso foi bom. — Ele se afasta, passando a mão na nuca.

Apoio-me na perna direita, ainda ofegante. Nunca fiz isso. Não sei o que falar.

— Realmente. Inesperado também — digo baixo, em meio ao sorriso bobo que não consigo evitar.

— Desculpe.

Eu o faço sentir culpa por algo que eu também queria. Realmente não sei reagir depois de beijar alguém.

Não seja idiota, Hela.

— Tudo bem. Eu gostei disso. — Minhas palavras saem atrapalhadas, tentando corrigir meu erro de levá-lo a pedir desculpas.

Sinto meu rosto ficar quente. Não acredito que esteja constrangida com isso.

Ele sorri por completo agora me permitindo ver seus dentes perfeitos, com dois caninos ferozes.

— Eu sou Anúbis, deus dos mortos — seu tom é de diversão.

Ele se deita na espreguiçadeira e coloca as mãos atrás da cabeça.

Anúbis também está ligado aos mortos? Como pode ser tão diferente de mim em tantos aspectos?

— Deus dos mortos? Eu sou Hela e, ao que parece, somos deuses da mesma coisa.

Ele ergue uma sobrancelha, lambendo o canino e passando para os lábios, seu olhar cor de safira é sedutor.

— É um prazer, Hela. Gostaria de conversar mais sobre isso, se você aceitar.

— Não é o que estamos fazendo?

Ele nega com a cabeça.

— Amanhã eu falarei com você sobre isso. Você já me deu muito no que pensar e não acho que agora minha concentração esteja favorável.

Ele indica a saída. Ele me beijou e agora está me mandando sair.

— Você está me expulsando?

— Você não iria querer ficar. — Ele sorri com sarcasmo.

Acho que iria. Se pudesse ter mais dele.

Não, mal conhece esse deus, Hela. Ele pode estar usando você, afinal, quem teria um real interesse em você?

Passo por ele, concordando levemente com minha própria mente. Ainda não conheço muito bem Anúbis.

Ele poderia muito bem estar brincando comigo. Eu não saberia, meu tempo de reclusão me deixa frágil para quaisquer jogos sociais que ele possa querer fazer comigo.

Abaixo a cabeça enquanto saio e sinto que ele segura meu braço. Viro-me e ele está em pé, examinando o fundo dos meus olhos, como se eu fosse um livro que ele estivesse lendo.

— Não quero que vá, eu preciso que vá. Você entende a diferença? — ele justifica algo que não foi dito.

— Tudo bem. Eu posso entender isso — minto.

Não acho que possa entender algo sobre essa noite, sobre esse deus e sobre seu interesse por mim.

Ele se aproxima e beija minha testa, suspirando.

— Eu não quero arriscar assustá-la e perder a chance de tentar ficar com você. Esperei muito tempo para conhecê-la e, agora, eu preciso ter calma.

Ele queria me conhecer. Eu também queria.

Isso nunca daria certo.

Se Odin imaginar que um deus fora de nosso mundo está tendo contato comigo... Eu fugi. Ele já deve imaginar isso.

Ele me solta e sinto que fica observando enquanto me afasto.

Saio do quarto dele e fecho a porta. Não imaginava que entrar ali me daria um novo mundo de oportunidades, como beijar alguém.

Não posso me apaixonar por alguém. Não que uma deusa como eu tenha chance de fazer isso. Imagino que ele também não. Amor para nós é algo que jamais teremos a oportunidade de conhecer. Eu sempre me doei para as almas, nunca amei ninguém. Talvez Garm e Gundy, ou talvez apenas me preocupe demais com eles. Não sei o que é amor e o que ele causa, mas tenho certeza que não é isso que vim buscar. Estou atrás de liberdade, de uma vida em que eu possa ajudar as pessoas enquanto ainda estejam vivas. Não quero mais confortar os mortos, quero impedir que os vivos tenham vidas miseráveis. Minhas habilidades de acalmar o coração e a mente das pessoas podem ser mais úteis em vida do que apenas em um canto de Helheim.

Mas o que eu sinto quando ele me toca...

Estou escorada na porta dele. Isso é ridículo. Não sou como as humanas apaixonadas que choravam em meus braços por nunca mais verem seus amores. E então, muitas vezes, eu recebia quem elas chamavam de "amor". Homens maus, traidores, egoístas. Acabavam ficando na tortura e nunca iam com elas para a tranquilidade. Eu jamais poderia aceitar ser tratada como elas. Um homem nunca poderia me enganar com esse falso amor que essas humanas tanto prezavam.

Sinto que uma lágrima escorre por meu rosto. Limpo. Eu sou a deusa Hela, não ser amada é apenas parte de um destino que não posso mudar.

Ergo os ombros e vou para meu quarto.

Este lugar está silencioso, embora eu tenha conhecimento de que lá embaixo esteja completamente diferente.

Meu quarto tem uma penteadeira branca, uma poltrona azul no canto ao lado de uma estante vazia, apenas com uma flor de plástico. A cama de madeira tem lençóis azuis e o armário para minhas roupas fica mais ao fundo. Esse quarto tem uma lareira, o único com lareira, pelo que Julian disse.

Pelo menos o fogo não deve ser azul aqui.

Sento-me na cama e sinto que é macia. Estou cansada de tudo isso. Esses últimos dias estão entre os piores e os melhores de minha vida. Talvez seja porque agora estou realmente vivendo.

Sinto falta de Garm, mas preciso esperar Dionísio trazê-lo. Amanhã eu poderia ir comprar coisas para ele, quero que ele se sinta bem nesse novo lugar. Julian disse que não se importa com animais, desde que eles não destruam nada.

Agora eu posso finalmente tomar um banho.

Vou até o armário e pego roupas na gaveta que Julian indicou que ficam os pijamas. Ele comprou algumas coisas porque Dionísio avisou que viríamos e não tínhamos nada.

Pego uma calça e uma camisa, ambos pretos. A camisa tem uma estampa de dois patinhos se beijando. *Patos se beijam?*

Beijar é bom. Pelo menos, naquele momento, foi ótimo.

Passo meus dedos pelos lábios. Como ele me fez sentir aquilo? *Tudo aquilo.* É errado querer mais?

Chega.

Na outra gaveta eu pego roupas íntimas que um mortal comprou para mim. Parece inadequado, mas fico grata por suas ações. Ele parece estar sendo o mais gentil possível. Pego uma calcinha, também na cor preta. Eu realmente gosto de preto, é minha cor preferida, mas não me importaria de usar outras cores. Talvez vibrantes demais não, é mais o estilo de minha irmã.

Dionísio deve ter participação nisso.

Rio com a perspicácia de Dionísio e saio do quarto com as roupas.

Quando entro no banheiro, coloco as roupas em cima de um balcão e vou até a banheira. Sei que posso lidar com isso. Preciso aprender.

Começo pegando a parte prateada direita e puxando para o lado. A água flui e eu coloco a mão para sentir. Quente. Muito quente. Puxo a parte esquerda também e vejo que o vapor da água diminui. Agora está agradável. Lembro-me das instruções para fechar o fundo da banheira com um objeto metálico e faço isso. A água começa a acumular e sei que consegui.

Começo a tirar a roupa. Gostei deste sobretudo.

O telefone que Julian me entregou cai no chão, por sorte, em cima do tapete do banheiro. Coloco a roupa suja no cesto branco no canto do banheiro e me abaixo para pegar o telefone. Vou tentar descobrir como funciona depois do banho. Ponho o telefone no balcão e termino de tirar a roupa.

Entro na água. Calor. A água está quente. Não está me queimando, só não é congelante como estou acostumada. É delicioso como ela consegue me relaxar. Escoro-me para trás e deixo que essa água mágica ajude meu corpo.

Pego o sabonete que fica em um pote ao lado e despejo na mão, lavando o corpo suavemente. Posso facilmente me acostumar com esses prazeres humanos.

Quando termino o banho, deixo a água sair e me seco na toalha que está no armário.

Um pote com um tipo de creme rosa chama minha atenção. Abro e o cheiro adocicado invade minhas narinas de modo agradável. Está escrito para aplicar sobre a pele, vou usar um pouco. Deixa uma sensação aveludada em minha pele. Se ainda estiver disponível aqui, talvez torne o uso frequente.

Visto-me e escovo os dentes. Ganhei uma escova de dentes roxa. Pelo menos não é preta. Escovar os dentes era algo que eu fazia em Helheim, mas não com essa pasta que deixa meu hálito maravilhoso. Acho que é de hortelã.

Parecido com o sabor do beijo de Anúbis.

Minha consciência retorna quando percebo que estou olhando para o espelho à minha frente com aquele sorriso idiota.

Pego o telefone e saio.

Acho que preciso comer algo antes de dormir, mas estou completamente sem fome depois de tudo isso. Vou deixar para comer amanhã.

De volta em meu quarto, deito-me rapidamente na cama. Quero ver logo o que esse telefone pode fazer. Dionísio não para de mexer nele um segundo.

Eu aperto o botão central e ele acende. Progresso. Arrasto meus dedos sobre a tela e ela desliza embaixo deles, revelando uma nova parte do telefone. Tem várias imagens que eu não sei o que significam, mas posso ter uma ideia pelos nomes. Uma das imagens tem o nome de "Mensagens". Parece fácil se comunicar com outras pessoas por aqui. Eu clico e aparecem o nome de todos os meus companheiros. Julian, Gabriel, Crystal, Rina, Ékimet e Octavian. Se eu quiser falar com eles, basta escrever. Vejo uma barra escrita "Digite seu texto aqui".

Vou tentar.

Clico em *"Gabriel"*: *Obrigada por me ajudar. Não se esqueça do Garm.*

Clico em enviar e a mensagem corre para a tela acima, fora do espaço de digitação. Ele não vai responder agora, deve estar na festa lá embaixo.

Fico feliz por a linguagem dos humanos ser tão fácil, eu poderia falar ou escrever facilmente qualquer idioma. O entendimento dos deuses para todas as línguas humanas é obrigatório, principalmente se quisermos receber as oferendas. Eu não costumo receber nada, mas converso com as pessoas que aparecem por lá. Minha língua favorita é a alemã. Acho que é por parecer com o modo como falamos em meu mundo.

Deixo o telefone em um tipo de mesa ao lado da cama.

Estou evitando pensar sobre ter um deus se passando por humano, além de mim e Gundy. Ele ficava do outro lado do rio, não é daqui também. Será que veio atrás de mim? Acho que não, quando fui ao mundo dele, ele já não estava mais lá. Tinha um homem atrás dele. Ele fugiu antes de mim. O que será que ele está buscando?

Acordo com batidas na porta.

Não percebi que adormeci.

— Jill, é a Rina. Quer comer alguma coisa? O Julian está pedindo o café da manhã e eu vou pedir por você se não falar nada.

Eu estou perdida ainda.

Este é o quarto que eu ganhei por alguns dias.

Julian é o homem que está ajudando.

— Pode pedir.

— Ok.

Escuto os passos dela se afastando da porta.

Pego o telefone e ele tem os números "9:22". É o horário. Também tem um anúncio de que eu tenho uma nova mensagem.

Gabriel: Aprendeu a enviar mensagens! Que orgulho! O cachorro estará aí hoje.

Isso é muito prático. Os humanos são incríveis. Eles conseguem criar tantas coisas fantásticas que eu não estou conseguindo nem listar mais. Eles têm um dom incrível. Devem pensar no quanto são maravilhosos o tempo inteiro. Eu não consigo parar de pensar.

Deixo o telefone onde estava e levanto-me.

Saio do quarto. Não vejo ninguém, mas ouço vozes vindas da cozinha.

Primeiro preciso ir ao banheiro.

Depois de escovar meus dentes e lavar meu rosto, sigo em direção às vozes animadas.

— Jill! Bom dia. Sua irmã já pediu por você. — Julian está em pé, mostrando algo no telefone para os três.

Eles olham atentamente enquanto Julian explica como o telefone funciona.

— Bom dia. Tudo bem.

Sento-me em um sofá que fica um pouco longe da parte central da cozinha. Longe do balcão e das explicações sobre o telefone. Eu deveria aprender com ele, mas acho que sei enviar mensagens e fazer ligações, por enquanto, parece-me o suficiente.

Olho pela grande janela e vejo a claridade do dia. Está bem iluminado lá fora.

— Você gostou da cama nova? Quando eu me acostumar com essas coisas, eu nunca vou parar. — Gundy está muito feliz hoje.

Seu sorriso é radiante. Ela se senta a meu lado, pegando meu cabelo e enrolando com o dedo.

— Essas pessoas têm tudo aqui — eu digo.

— Tudo mesmo, inacreditável.

Eu olho para ela e consigo ver que, atrás dela, Octavian me observa. Ou seria Anúbis? Vou manter Octavian. Não quero acabar falando o nome dele errado em algum momento.

— Você está sempre pensativa. Vamos ficar bem. — Ela me dá um sorriso reconfortante.

Ela está tentando me acalmar. Eu deveria estar fazendo isso.

— Obrigada por ser sempre positiva comigo.

— E obrigada por me mostrar que o lado negativo é um saco. — Ela ri.

Gundy se levanta e vai até o aparelho de som, que está na estante da parede à nossa frente.

— Posso? — pergunta a Julian, que assente.

Ela se senta no chão e começa a ver a lista de músicas dele. Aprendeu a mexer nisso com Dionísio ou talvez nos nove reinos, é difícil saber.

Ela seleciona uma e fica atenta ao que a música diz.

As músicas dos humanos falam tanto sobre sentimentos. Mais uma obra fantástica deles, conseguir deixar os sentimentos ainda mais bonitos do que já são.

A música tem um ritmo que me agrada, ao contrário das que eu havia ouvido. "Frio como o inferno", essa letra retrata um pouco como me sinto.

— "Rocket Man" de um cara chamado... — Ela se inclina para ler. — Elton John.

Eu gosto.

— Eu gostei. — Octavian para ao lado de Gundy para ler o nome da música no aparelho.

— Fala sério. Eu prefiro as que ouvi antes. Se gostou, vou deixar. — Ela revira os olhos e deixa a música tocar.

— Eu gosto desse tipo de música também. — Julian se levanta. — A comida chegou. Vou comer enquanto vou para outro estabelecimento, alguém venha comigo para trazer a entrega.

Gundy levanta-se rapidamente.

— Eu vou.

Ele concorda e eles saem.

Octavian continua inclinado observando o aparelho de som. Ékimet fica sentado na bancada, mexendo no telefone.

— Você quer ir comigo na cidade? Eu gostaria de conhecer. — Octavian vira para mim.

— Claro.

Ele sorri. *O sorriso completo*.

Acho que gostaria de conhecê-lo melhor durante esse passeio pela cidade cujo nome ainda não sei.

Gundy entra pela porta, segurando as sacolas com comida.

— Vamos comer! — Ela solta a comida no balcão.

Levanto-me no mesmo instante e ajudo a tirar as embalagens de dentro da sacola. O cheiro é bom.

— E vocês aí? — Ela olha para os dois. — Não estão morrendo de fome também?

Termino de separar as embalagens e pego os pratos enquanto os outros se aproximam do balcão, abrindo e olhando o que tem dentro.

— O que é? — Gundy irrompe no meio deles.

Ékimet sorri abertamente.

— Neste aqui tem uma porção de ovos mexidos com bacon. — Ele nem termina sua frase e já coloca um pouco no prato.

Octavian abre a embalagem dele e cheira, como se tentasse descobrir o que é dessa forma.

— Panquecas! — minha irmã grita.

O olhar fuzilante que Octavian lança para ela a faz se desculpar com um sorriso.

— Acho melhor você se sentar aqui — ele diz, puxando uma cadeira ao lado de Ékimet, longe dele.

Ela revira os olhos e serve as panquecas e um pouco de ovos mexidos.

Pego um pouco de cada e começo provando os ovos antes mesmo de me sentar.

— Incrível! — exclamo.

Gundy ri com minha reação.

— Está realmente muito bom — Octavian comenta.

O prato dele tem apenas ovos e bacon.

— Não quer pegar panquecas? — Ofereço da embalagem que minha irmã praticamente escondeu dos outros.

Ela olha para mim, irritada com minha oferta. Gundy tem problema em dividir as coisas, ela nunca soube fazer isso muito bem.

— Eu não gosto muito de sabores adocicados demais, agradeço a oferta. — Ele sorri para mim.

Que homem encantador. Seus olhos não desviam dos meus e eu também seguro nosso olhar. Seus lábios têm um vermelho tão chamativo, destacados nesse rosto perfeito com as maçãs do rosto definidas de maneira escultural, completos por olhos azuis da cor do anoitecer.

Umedeço a boca e ele dá um meio sorriso.

— Jill! A calda! — Gundy grita, com raiva.

Descoordenadamente, pego o primeiro pote que encontro na frente e entrego.

Ela pega e me encara, séria.

— No que estava pensando para não me ouvir? — Seu olhar tenta descobrir meus pensamentos enquanto derrama a calda em todas as panquecas, sem ver.

Sinto que meu rosto está queimando.

— Estava apenas distraída, passamos por tantas coisas. — Não consigo nada melhor.

— Você está corada, Jill. — O tom da voz de Gundy é acusatório.

Os outros dois homens presentes comem em silêncio, evitando qualquer tipo de contato visual.

Continuo comendo inclinada no balcão do lado de dentro da cozinha.

Ékimet pega duas embalagens diferentes.

— Leite e café — ele lê.

Oferece para Octavian primeiro, que aceita os dois e forma uma mistura com cor marrom.

— Jill? — Ele oferece.

— Eu posso provar um pouco do mais escuro para saber se gosto?

Ele inclina a embalagem e serve um pouco em uma xícara.

Provo.

Eca. O sabor é amargo.

Tusso e nego com a cabeça.

— Este eu não quero. Obrigada.

Com gentileza, ele coloca um pouco do outro também.

— Talvez devesse provar para saber se gosta deste. Este é mais suave. — Seu sorriso é contagiante.

Provo.

Esse é bom. Parece doce, mas não tanto quanto essas panquecas. Não consigo definir muito bem. Gostei.

— Pode colocar este, obrigada.

— O meu pode ser os dois também. — Gundy estica uma xícara.

Ele despeja na minha e serve Gundy com ambos. Serve o dele também.

Será que sou a única a não gostar dessa coisa amarga?

Quando todos acabam de comer, levanto-me para jogar os itens descartáveis no lixo.

Minha irmã se aproxima e me olha como se fosse pedir permissão para algo.

— Então... Eu posso sair agora? — Ela está olhando para as mãos.

— Eu acho que sim. Aonde você vai?

Ela rapidamente sai pela porta.

— A gente se fala por telefone! — ela grita, longe.

Ela deve estar curiosa para descobrir o que tem por aí e deve achar que eu iria atrapalhar sua busca.

Viro-me e Octavian está conversando com Ékimet. Só então percebo que eles estão vestidos com trajes parecidos com os de ontem. Octavian completamente de preto e social. Acho que Afrodite gostou dele assim, não posso dizer que não concordo, sua personalidade parece ser refletida perfeitamente. Ékimet está com uma camisa verde e uma calça jeans marrom, também está adequadamente agradável.

Eu deveria ir tirar esse pijama. A própria Gundy estava vestida, pronta para sair e eu não.

Entro em meu quarto e abro as sacolas que estão no canto. São as roupas que Dionísio comprou ontem. Julian deve ter colocado aqui. Pego um vestido totalmente preto e curto.

Vou para a penteadeira e vejo toda aquela maquiagem disponível. Melhor não arriscar muito usando o que desconheço. Gundy sempre me dava maquiagens, gostava de ir até lá me maquiar para passar o tempo às vezes. Pego um lápis preto e faço o contorno dos meus olhos, pego um gloss que me chamou atenção pela cor alegre e aplico em meus lábios, deixando-os com uma cor brilhosa e levemente rosada. Tenho a impressão de sentir o sabor de melancia.

Coloco saltos nos pés, acho que os tênis não seriam adequados, apesar de preferir.

Quando vou sair do quarto o vestido gira em sua base. Que movimento incrível. Eu giro no quarto, fazendo ele rodar comigo.

Em uma das voltas vejo uma sombra na porta e paro. Não precisava que ninguém visse essa cena ridícula.

Muito menos ele.

Seu olhar é inicialmente constrangido, mas muda rapidamente para um sorriso lateral sarcástico. Ele se escora na lateral da porta.

Sinto meu rosto inteiro queimar com aquele olhar.

Que cena ridícula. Não acredito que o deixei ver isso.

Não sei o que dizer.

— Podemos ir? — Ele parece estar se divertindo.

— Podemos, sim — digo rápido.

Meu olhar ainda foca o chão, não consigo olhar nos olhos dele depois disso.

Ele olha para as mãos e parece ter esquecido alguma coisa.

— Eu já volto. — Ele sai.

Um longo suspiro de alívio escapa.

Tudo bem, podemos começar de novo.

Eu fico parada. O que será que ele esqueceu?

Ele volta rapidamente com a bengala que ele mantém sempre perto. Hoje espero descobrir o porquê.

— Vamos? — Ele indica a saída.

Saio e vou com ele para a escadaria que dá na grande festa que tem aqui.

Octavian anda a meu lado, erguido. Estar ao lado dele deve me fazer parecer menor, considerando que é tão alto e anda de maneira tão ereta.

Enquanto andamos até o elevador, percebo que Octavian chama a atenção de garotas da festa. Com certeza chamaria, é tão bonito e elegante.

Desvio meus olhos para o chão, evitando olhar para os olhares sedutores lançados para o homem a meu lado.

— Você está bem? — Octavian murmura em meu ouvido, por cima da música.

Passo uma mecha de cabelo para trás da orelha, liberando o lado do meu rosto que me deixa mais confiante comigo mesma.

— Estou, sim — minha voz é baixa.

Octavian chama o elevador.

— Parece ter ficado desconfortável com alguma coisa. É com a música?

— A música? Não, me acostumei a ouvir esse tipo de música no templo de Dionísio — comento.

Ele fica pensativo.

— Então, o que está deixando você assim? — ele insiste.

Que mal teria em falar a verdade para ele?

— A sua beleza atrai muitos olhares, não sei muito bem como é sentir algo assim. — Começo a parecer constrangida.

O elevador se abre à nossa frente.

Olho discretamente para ele e vejo seu sorriso lateral.

— Acho que você não sabe apenas porque não presta atenção. Vi muitas pessoas devorando você com os olhos.

Minha surpresa aparece na hora.

— Eu não vi nada disso.

Ele pega minha mão e entramos no elevador.

— Eu percebi no Olimpo que você não percebe quando alguém está interessado em você — sua voz é fria.

— Está falando do Leonardo? Ele é só um amigo.

Ele revira os olhos.

— Ele quer ser mais do que isso. — Ele dá de ombros. — Não importa mais. — Ele faz uma pausa, pensativo — Ou você ainda pensa nele?

— Nunca pensei nele dessa forma.

Octavian mexe-se desconfortavelmente a meu lado. Parece que Leonardo o irrita de alguma forma.

— Ele irrita você? — pergunto.

— Todos andam me irritando ultimamente. Principalmente os que estão direcionados a você.

Sinto meu rosto corar com o olhar que ele me direciona.

A porta do elevador abre e eu saio, apressadamente.

Meu pulmões finalmente voltam a funcionar. Quando foi que pararam?

Octavian vem atrás de mim, pacientemente.

— Não comece a fugir de mim, por favor, não gostaria de ficar sem você.

O quê?

Eu paro com a surpresa na saída do prédio.

Olho para ele, que mantém o olhar no meu, sem parar de andar em minha direção.

Sinto calor com o modo que ele me olha.

— Não gostaria de... — começo a repetir para ver se entendi direito.

Suas mãos firmes seguram meu rosto e acabam com minhas palavras, fazendo elas desaparecerem de minha boca e darem espaço a dele.

O gosto do hálito dele invade minha boca e me faz querer mais, puxando o rosto dele para mais perto do meu. Ele aproxima mais o corpo e agarra minha cintura.

O beijo dele me faz esquecer o tempo, não sei mais quanto tempo se passou, só sei que não quero me afastar mais desses lábios.

Sinto a porta atrás de mim tocar minhas costas. Octavian afasta seu rosto do meu e rosna para a pessoa que está tentando entrar no prédio e interrompeu nosso contato.

Olho para a pessoa, as mãos dele ainda seguram firme minha cintura. É uma das atendentes do bar, ela olha para Octavian de um jeito assustado. Acho que não é comum um homem rosnar.

— Desculpe por estarmos na porta — soo culposa.

Fito diretamente o chão e pego a mão de Octavian, puxando-o comigo sem dar mais tempo para garota falar algo sobre o que acabou de acontecer.

Ele solta minha mão e anda a meu lado.

—A música não te agrada? — tento iniciar um assunto para acalmá-lo.

Ele suspira.

— Não é a música, é o lugar. — Ele fica pensativo. — O tipo de música também.

— Por que não gosta do lugar?

Ele anda com uma mão no bolso e a outra segura sua bengala, dando um ar poderoso a ele.

— Eu não gosto de todo aquele barulho. Não gosto daquele cheiro. — Ele faz uma expressão forçada de repulsa que me faz rir.

Vamos andando pela rua. A cidade é bonita. Os prédios têm uma aparência antiga, clássica.

— Acha que vamos nos perder? Não sei o nome deste lugar — eu pergunto.

— Acho que não. O nome do lugar para onde temos que voltar é Cherry Nightclub. — Ele aponta para uma placa em nossa frente. — Julian disse para nos guiarmos pelas placas das esquinas. Estamos na Preston St.

— Consegue lembrar os nomes?

Eu não lembraria.

— Acho que não tenho muita opção. Tive uma aula com o Julian hoje. Pode confiar em mim.

Sinto-me mais tranquila sabendo que um de nós tem consciência de onde estamos e de como podemos voltar.

— Aonde iremos então?

Ele fica pensativo.

— Eu vi que gosta de flores. Podemos chamar um táxi e irmos até o Confederation Park. Não tenho ideia do que podemos encontrar lá, mas o Julian me mostrou o mapa dessa cidade.

— Qual é o nome daqui?

— Estamos em Ottawa.

— Não tenho ideia do que isso significa — confesso.

Octavian parece conhecer mais do que eu e estamos aqui durante o mesmo período de tempo. Ele é bom com informações.

Ele sorri levemente.

— Vamos descobrir juntos.

Eu o olho. Ele está andando, confiante. Ele vira e faz um sinal para um carro amarelo parar.

Táxi.

— Isso é gratuito? Achei que vivessem por dinheiro aqui.

Ele abre a porta para *mim*.

— Julian me informou tudo e me preparou para tudo. — Ele sorri pela metade.

Entro e Octavian se senta a meu lado, informando ao rapaz no controle do carro o nome do local.

A imagem da cidade passa rapidamente. Posso ver como tudo aqui mantém sua beleza por meio de sua história.

— Eu gosto do clima deste lugar — comento.

Ele olha para a rua.

— Eu nunca tinha ido a um lugar com um clima tão frio. — Ele passa a mão na nuca.

O rapaz ri e olha para Octavian pelo espelho.

— Vai ver quando cair a primeira neve. Vai congelar, amigo.

Ele ignora o rapaz do táxi.

Mantenho o olhar para as ruas até que o carro para.

Octavian paga pela viagem e saímos.

O parque é agradável, tem muitas pessoas aqui. Correndo, conversando, apenas caminhando, algumas apenas sentadas na grande fonte. Diversas árvores balançam com o vento, cantando a música que a tranquilidade escreve. Consigo ver diversos barcos que estão em um rio. *Claro, um rio.*

Eu e Octavian caminhamos lentamente, apreciando o lugar. Sinto como se finalmente tivesse encontrado o que buscava.

Vida, paz, liberdade.

Eu abro os braços e sorrio.

— Você parece feliz. — O comentário de Octavian tem um tom divertido.

— Eu nunca me senti tão em casa.

Abaixo-me para tirar esses malditos saltos. Sinto a confiança fluir em meu corpo.

Chega de opressão.

Octavian se abaixa para me ajudar. Ele tira um e eu o outro.

É constrangedor ele precisar me ajudar com isso, mas fico feliz em ter a ajuda dele. Sinto uma diferença nele. Algo parece mais alinhado em nossas conversas do que antes. Talvez porque agora sabemos que não somos apenas dois humanos. Ou será que tem mais?

Levanto-me e sorrio. O sorriso mais largo que dei em toda a minha vida.

Continuamos andando. Seguro meus sapatos e ando no ritmo da música que toca em minha cabeça. Uma batida suave, sem letra.

Sinto a animação fluir por meu corpo. Não sei o que desperta isso em mim. O homem encantadoramente lindo, porém muito sério, pode ter alguma coisa a ver com meu estado de espírito.

— Octavian, acho que esse é o momento perfeito para conhecer você.

Ele sorri pela metade, de novo.

— Você já conhece.

— Não se conhece um deus até se conhecer o homem. — Eu viro para ele, andando animada. — Eu sei como Anúbis se parece, quero saber como ele pensa.

— Pode perguntar o que quiser saber.

— A bengala? — Indico com a cabeça.

Ele olha para ela, como se precisasse verificar que ela ainda está ali.

— Meu cajado. Meu poder se torna mais forte quando eu o lanço através dele.

— Que tipo de poder?

— Do tipo áureo. Minha mente cria uma aura laranja capaz de levantar ou de empurrar qualquer tipo de coisa.

— Parece complicado. Todos os deuses de lá fazem isso? — Não posso questionar demais. — Tem outros, como dizer... Dons?

— Minha força não é tão grande quanto a dos deuses do meu mundo, o que me difere é a inteligência e minha velocidade. Meu olfato e minha audição são elevados. Também tenho uma percepção mais aguçada das pessoas, sei o que elas são quando vejo suas almas.

— Hum. E como, exatamente, isso funciona?

Ele me dá um sorriso malicioso e para. Olhando em volta. Seu olhar para em uma mulher que está em pé, ao lado de uma grande estátua central de um homem envolto entre vários tipos de animais. Um urso, um lobo e uma águia é o que vejo daqui.

Ele desvia nosso caminho para lá. Ela olha para ele e ele desvia o olhar depois de alguns instantes.

— Ela está indecisa sobre a próxima decisão da vida, tem medo de escolher entre ser uma boa pessoa ou ficar sem alguém que ama.

Ele não pode ter visto isso tão rápido.

— Como eu vou saber se é verdade?

Quando ganhamos distância dela, ele para e se senta em um banco de madeira. Eu me acomodo ao lado dele.

— Ela está aqui para encontrar o marido da amiga dela. Ela vai decidir acabar com a ideia de ser uma boa pessoa para tentar ficar com ele.

— Vamos esperar o homem aparecer?

Ele passa um braço por cima do banco e cruza uma perna, apoiando a bengala no chão.

— Ele não vai demorar. É uma traição.

Um homem com um sobretudo preto se aproxima e a abraça. Ela chora em seus braços e ele diz algo que a faz sorrir e beijá-lo.

Ele pode ter acertado ou apenas ter dado sorte.

— Pode ser apenas um casal apaixonado.

Apesar de querer que ele esteja errado, consigo sentir a angústia daquela mulher aflita, dividida entre seu desejo e o que é certo. O homem não parece apresentar culpa, nem alegria, sente algo parecido com o que mencionavam os mortos sobre as crianças que ganhavam bonecos no Natal.

Ele nega com a cabeça.

— Você sempre desconfia das pessoas? Olhe para a aliança dele, ela não tem.

Ela realmente não tem o anel dourado que ele possui no dedo.

— Isso é deprimente. Você parece estar certo.

Ele ri, uma risada que eu não esperava ouvir dele. Alta.

— Eu não costumo ser deprimente quando acerto sobre algo, talvez quando eu erro. — Ele fica pensativo. — Não, eu nunca erro.

— Você parece um pouco arrogante quando fala assim.

— Fez perguntas sobre o deus, achei que era o homem que quisesse conhecer.

Ele parece ter uma resposta para todo tipo de comentário.

— Você tem pais? — Eu sorrio.

Será que fui muito invasiva?

— Tenho. Todos precisam vir de algum lugar, não é? — Ele dá de ombros. — Minha mãe traiu o marido e eu nasci da traição. Todos os deuses falam sobre essa traição porque gerou a morte de meu pai, que é o deus mais poderoso. Agora ele está no submundo, comigo, sem saber que é meu pai.

Nossa.

Sinto a dor dele quando fala sobre esse assunto.

Eu toco sua perna e ele me olha.

— Você sempre dá conforto para as pessoas? — Ele sorri, completamente.

Por que eu sinto que isso o incomoda? Ele acha que as pessoas não merecem?

— Sim. Minha função era confortar as almas que sofriam por algo, para que elas encontrassem a paz.

— Você confortava os maus também? — Ele parece ficar irritado.

— Não. Os maus eram levados para a tortura. — Dou de ombros, não gosto dessa parte. — Eu não recebia todos, apenas os que não tinham mortes dignas, como em batalhas.

Ele fica pensativo.

— Eu guiava apenas os bons por aquele rio. Aos maus eu dava para um demônio comer. Tudo é decidido por uma pena que diz a verdade sobre o coração de cada um.

— Não gosto das punições. Sempre achei que os humanos tivessem seus motivos para ser o que são. — Eu olho para as pessoas. — Eu acredito na justiça. Vivo para isso, porém eu acho que as pessoas são mais do que apenas boas e más.

Ele fica tenso. Olha com raiva para elas.

— Os humanos são cruéis e merecem seus destinos.

Ele tem um pensamento contrário a meu olhar de esperança e virtude em relação a essas pessoas.

— Acha que você merece o seu?

Ele me encara e suspira.

— Sim. Aquela fila representa minha condenação eterna pelo ato traiçoeiro da minha mãe.

Ele não pode estar falando sério.

— Você acha que merece ser condenado quando a culpa é de outra pessoa? — Eu não escondo minha frustração.

— Cada um carrega o peso de suas ações, as minhas já vieram pesadas. — Ele olha para baixo. — Eu não sou bom, nem justo. Eu fazia o meu trabalho, sim, mas eu gostava do resultado que tinham os impuros. Nunca senti pena ou compaixão.

São palavras duras sobre si mesmo. Não gosto do modo como é fácil para ele ser cruel. É estranho porque eu sinto que ele tem mais além disso. Estou errada pela primeira vez na vida? Meus poderes são fracos aqui?

— Eu não vejo toda essa maldade que você vê em si mesmo.

Ele ri, sarcasticamente.

— Você e esse assunto novamente. — Ele suspira. — Não tem ideia de como eu sou por dentro.

— Não consegue olhar a própria alma quando você mesmo não acredita ter uma.

Ele me olha sério e eu o encaro.

Não vai me diminuir, Anúbis. Aprenda a conviver com contradições do que pensa.

Ele sorri, erguendo os braços em desistência.

— Você tem razão. Não precisa me enfrentar.

Eu o olho, rindo.

Repentinamente fico tensa. Eu sinto o desespero. Alguém está com um sofrimento muito grande.

Olho em volta. Não encontro nada que indique sofrimento.

Quando olho para trás e vejo uma garota. Ela está andando apressadamente.

Levanto-me e vou na direção dela.

Atravesso na frente de muitos carros que fazem barulhos furiosos.

Somente quando chego do outro lado da rua, reparo por um breve momento que meus pés estão descalços, sinto o solo impactando diretamente meus pés com pequenas pedrinhas tocando-os de leve.

Ela dobra em uma rua e eu acelero o passo. Preciso ir até ela.

Dobro na mesma rua e não a encontro. Sigo em frente e vejo que ela entrou em um prédio. Entro atrás dela. Não sei o que estou fazendo, a única coisa que sei é que essa garota precisa de ajuda.

— Espera! O que aconteceu? — grito enquanto a sigo nos corredores.

Ela entra em uma porta. Não me ouve ou apenas me ignora.

Alcanço a porta antes de fechar e ela se assusta. Entro abruptamente e toco seus ombros, olhando em seus olhos. Ela chora e cai de joelhos, recebendo a calma que eu passo.

— Ele está vindo atrás de mim. Vai me matar. — O pânico que sinto nela está vívido em sua voz.

— Quem está vindo?

Abaixo-me para olhar no rosto dela que está virado para o chão.

— Saia daqui. Vai ter problemas se ficar! — ela grita.

Ouço um barulho na porta e me viro.

Um homem com capuz ergue algo de ferro que parecia estar escondendo com as mangas do moletom cinza e aponta em nossa direção.

— Desgraçada! — ele grita.

Vejo a luz brilhar no ferro e um grande estrondo sair daquilo. Meu corpo automaticamente se projeta para abraçar a garota. Seja o que for, é para matá-la.

Octavian se coloca na frente. Ele dá um passo para trás quando é atingido por algo. Eu o escuto rir.

Uma risada cruel.

— Seja lá o que tenha tentado fazer, não está nem perto do que eu farei com você — ele diz.

Não solto a garota. Vejo o homem na porta ir para trás com uma reação de total pavor.

— Que porra é você, cara?! — Ele dá um passo para trás, tremendo.

O homem joga o que usou para disparar no chão e vira-se rapidamente, tentando sair, mas uma aura laranja fecha a porta atrás dele antes que ele esteja fora.

Octavian anda calmamente até o homem, que está transbordando medo.

— Octavian... — eu digo baixo.

Seu olhar laranja é maligno, queimando o homem sem precisar de chamas.

— Minha vez — ele diz e eu percebo, pela primeira vez, que ele realmente tem um lado cruel.

Ele não está apenas defendendo a garota. Ele *quer* matar esse homem.

Será que ele poderia amar alguém da mesma forma que consegue ferir?

13

Este homem revela tudo o que eu preciso saber. Ele olha no fundo de meus olhos e consigo ver suas maldades ao longo da vida, sua sede por poder, os maus tratos às mulheres, as mortes que acrescentou em seu histórico grotesco para se certificar de que o negócio que mantém clandestinamente continuaria sem interferências.

Veio até o apartamento desta mulher para executá-la a sangue frio. Ela viu mais do que deveria ver. Ele pensa que seus pecados podem ser perdoados indo à igreja, mas sua verdadeira vida está bem na minha frente. O cheiro de impureza que exala é quase tóxico.

— Por favor, não faça nada comigo. — O homem se ajoelha e junta as mãos, deixando cair o metal que usou para tentar matar a garota.

Jamais terei misericórdia de alguém que ousa matar por causas tão insignificantes quanto ele mesmo.

Ele merece ser punido.

Minha raiva explode em minha garganta. Passar tanto tempo no mundo humano pode afetar deuses como nós, trazendo à tona muitas emoções que normalmente temos a capacidade de deixar amortecidas. É difícil manter o controle neste lugar.

Dou mais um passo na direção dele. Quero arrancar seu coração com minhas próprias mãos.

— Octavian, acho que as leis estabelecidas aqui podem dar conta dele — Hela diz em um tom inseguro.

Ela deve finalmente ter visto a parte que escondo. Gosto de ser esse monstro que os humanos descrevem em suas histórias. Não fui criado para ser misericordioso, fui criado para destruir os impuros a qualquer preço.

— Ele merece tudo o que vai acontecer com ele — digo com frieza, sem tirar meus olhos desse homem.

— Não, ele não merece. Você não pode decidir isso, ele está vivo.

Ela tem razão.

Mantenho-me encarando aquele maldito de cima, com autoridade completa. Deveria matá-lo e acabar com isso.

Ele está vivo.

Não posso julgar pessoas vivas, mas ele merece isso. Eu sei que postergar sua vida trará mais mortes.

Não tenho tempo para ter piedade agora.

Movo meu cajado e sinto como se algo o segurasse com força. Olho para ele e vejo que uma aura roxa o mantém no chão.

Viro-me lentamente para Hela. Ela está escondendo o rosto da garota em seu ombro e me olhando com raiva. A mão erguida usa sua magia para segurar meu cajado.

Eu puxo com força e quebro o poder que o envolvia.

Sou mais forte que ela.

Um barulho do lado de fora chama minha atenção.

Três homens com trajes iguais entram quebrando a porta.

— Todos com a mão na cabeça! — grita um deles.

Todos têm o mesmo objeto de metal na mão.

Um deles vem até mim e me empurra.

— Não! Estes dois vieram me ajudar! — a garota que está com Hela grita.

Eles se olham e um deles prende os braços do homem impuro, levando-o para fora da sala.

— Os vizinhos ligaram porque ouviram disparos. Estão todos bem? — Ele olha para meu peito e aperta um botão no ouvido. — Temos um civil atingido. Ele parece bem. — Ele solta o botão e se aproxima de mim. — Você está bem, senhor? Qual seu nome?

Cruzo os braços para que ele pare de olhar para o local onde fui atingido.

— Meu nome é Octavian Smoothie. Eu vim aqui com minha amiga para ajudarmos essa moça que estava correndo assustada lá fora. Eu estou ótimo, é a garota que não está bem.

Viro-me, sem descruzar os braços, para indicar que toda atenção deve ser para a humana que está chorando sem parar.

A garota, ainda abraçada em Hela, olha para os dois homens e depois para mim.

— Obrigada — sua voz sai abafada pelo choro.

— Eu sou o oficial John, qual seu nome? — Ele se abaixa perto dela, sorrindo.

— Eu me chamo Mirna Logre. — Ela está tremendo.

— Esses dois vieram ajudar você, Mirna? Você está ferida? — ele fala com calma.

— Eles me ajudaram e nada aconteceu. Eu teria morrido. Aquele filho da puta é maluco!

— Qual o nome dele e por que ele a seguiu até aqui para machucá-la?

Hela abraça Mirna com mais força.

— Ei, John, será que não é melhor deixar ela se acalmar primeiro? — o outro homem pergunta.

John olha para o homem em pé.

— Eu não quero que ela esconda nada sobre ele depois. Agora que está recente seria melhor.

— Ela será interrogada, não precisamos fazer isso agora — o outro rebate.

— Aquele homem é Troy White, um cafetão que me viu tirando fotos do que ele estava fazendo com duas garotas — Mirna diz, limpando as lágrimas.

Ela tenta se levantar e Hela a ajuda.

— Certo. Vamos levar os três para a delegacia. Leve as fotos também. — John se levanta.

— Aquele homem precisa ir para o hospital — o outro homem diz, apontando para mim.

— A ambulância já está a caminho.

— Eu não preciso, estou muito bem — respondo.

Não acho que a delegacia seja uma boa ideia, eles são a autoridade aqui e eu não quero chamar atenção.

— Com licença. — Julian irrompe a sala.

— E você, quem é? — John pergunta.

— Julian Dawson, advogado desses dois. Meus clientes virão comigo. — Ele exibe um cartão com as informações dele.

Os homens se olham e John suspira.

— Precisamos do depoimento deles — John diz.

— É claro que precisam. Vamos conversar ali fora, por favor. Tenho certeza de que eles não se importam de esperar. — Ele lança um olhar para nós dois e pisca.

Os dois homens saem com Julian para o corredor.

A garota se afasta de Hela, vai até o armário para pegar um copo e começa a encher com água da torneira.

Hela olha para mim tentando entender alguma coisa. Eu ia matar aquele homem. Enfrentei Hela para isso.

Agora eu consigo perceber que nunca daria certo ter qualquer tipo de ligação com ela. Não tenho emoções positivas. Não posso amá-la e é isso o que ela está buscando, é isso o que ela espera de mim, mas eu não tenho a capacidade de sentir esse tipo de coisa. Mesmo neste mundo, a única emoção que desperta em mim é a fúria.

Já tive um relacionamento, sei que não sou capaz de amar alguém.

Julian abre a porta.

— Vamos? — Ele gesticula para sairmos.

Espero Hela dar o primeiro passo, ela está focada em mim, sem desviar os olhos. Ela anda até a saída, ainda me fuzilando com o olhar enquanto passa por mim.

— Espere! — Mirna grita e vem correndo até nós. — Este é meu número. Espero que vocês liguem. Salvaram minha vida hoje e preciso recompensar de alguma forma.

Hela pega um papel da mão dela, sorrindo.

— Eu ligarei. — Ela diz.

— Os policiais estão esperando aqui fora para falarem com você — Julian diz para Mirna.

— Tudo bem.

Eu e Hela saímos do apartamento. Julian nos segue.

Quando chegamos à rua, há muitas pessoas. Não consigo ouvir nada, o barulho me deixa tonto. Julian nos guia por uma parte mais vazia e nos direciona para um carro. Nós três entramos.

Ele bate a porta do carro com força.

— Vocês estão brincando comigo?!? — diz furioso.

— Nós salvamos a vida dela. — Hela cruza os braços.

Percebo que seu temperamento tem mudado também. Está mais humana. Suas emoções, embora sempre fosse apegada aos humanos, estão se tornando mais fortes. Ela foi completamente impulsiva hoje.

— Você salvou. Eu salvei a sua.

Nunca vou salvar um humano.

— Eu não teria morrido. Você salvou a vida dela. — Ela me olha com raiva novamente.

— Não me importo com a vida de humanos idiotas! Jamais iria mover um dedo para salvar qualquer um deles — praticamente grito.

De relance, vejo meu rosto refletido no espelho do carro, meus olhos brilham em laranja. Essa visão me faz parar por alguns segundos.

Acho que estou perdendo o controle das emoções.

— Você não morreria se tentasse se importar um pouco mais com alguém! — O ataque aos humanos parece atingir diretamente ela.

— Eu não deixaria ninguém tocar em você, Hela! É com você que me importei lá! — eu grito.

Estou realmente perdendo o controle das emoções. Não posso agir como um humano imprudente. Sou um deus cauteloso que estranhamente está preocupado com a segurança de Hela.

Por que isso parece algo inaceitável?

Hela me olha chocada.

— Tudo bem, pessoal. Vamos respirar. — Julian é o único que inspira e expira. — Vamos para casa e depois conversaremos sobre isso.

Ficamos em silêncio no restante da viagem. Nós três estamos com raiva. Eu não dou a mínima para o que Julian pensa e esperava que Hela fosse mais sensata em relação a esses seres.

O silêncio permanece até chegarmos à sala.

Julian se senta no sofá bege.

— Vamos conversar melhor. Sentem-se, por favor. — Ele parece mais calmo.

Sento-me na poltrona, com os braços cruzados o tempo inteiro, tensos. Hela se senta ao lado dele.

— Vamos começar com: quem é e o que faz Hela. — Julian olha para ela.

— Deusa dos mortos. Eu sinto as emoções e tenho a habilidade de trazer conforto — ela fala.

Ele suspira e se levanta, indo até uma mesa no canto, pegando um copo e servindo bebida.

— Alguém aceita? Whisky? — Ele balança o copo.

Nós dois negamos.

Ele continua em pé, bebendo e pensando, com uma mão no bolso.

— E você? — Ele me olha.

— Deus dos mortos, porém, de um mundo diferente. Sou Anúbis. — Dou de ombros.

Ele fica pensativo.

— Egito. Já ouvi falar de você, Anúbis. Estudei mitologia egípcia na escola. — Ele bebe. — O que vocês dois fizeram é perigoso. Exibir seus poderes por aí...

Falam sobre mim em escolas?

— Você sabe sobre os deuses? — pergunto.

— É claro. Afrodite e Dionísio são meus amigos. Eu não questiono nada que eles pedem porque tudo que eu tenho foi graças a eles. Eles deixam meus negócios mais... interessantes. — Ele sorri para o copo. — Eu estava em uma situação difícil, depois que minha mulher se foi... — Ele para de falar e fica imerso em lembranças.

Hela se senta do outro lado do sofá e toca a mão dele.

— Ela morreu? — seu tom é doce.

Essa compaixão dela me enoja. Como posso ter imaginado ficar com essa mulher?

Esse deve ser o poder dela. Foi exatamente o que aconteceu naquela hora. Seu toque parece ter um efeito tranquilizador.

Pensei que o poder dela era apenas conforto, não sabia que alterava emoções. Agora parece óbvio. Ela se preocupa com o bem-estar de todos e agora ela percebeu que eu não. Acho que temos um grande conflito em relação ao que pensamos dos mortais.

— Sim... Ela me deixou lentamente e eu não pude fazer nada — Ele faz uma pausa. — Eu tentei suicídio muitas vezes. — Seu olhar vagueia até encontrar a janela. — Eles me apoiaram, mas eu ainda penso nisso.

Ela toca seu peito com a ponta do dedo indicador.

— Ela ainda está aqui, mas, principalmente, você está. — Seu corpo se afasta do dele como se mostrasse que ele pode se sustentar sozinho. — Você vai achar alguém que vai ajudá-lo a tirar a névoa da frente dos seus olhos. — Ela diz.

Ele olha para ela e sorri, como se precisasse ouvir aquelas palavras.

São apenas palavras óbvias.

Ele se recompõe e afasta a mão dela.

— Zeus encontrará vocês facilmente se começarem a agir de modo suspeito. Ele não é tão idiota. — Julian ri.

Será que podemos confiar nesse homem?

— Você é advogado? — eu pergunto.

Ele me olha surpreso.

— Sim. Eu me formei em Direito há dois anos. Trabalhei apenas seis meses e aí tudo mudou. — Seus olhos se iluminam. — Vocês precisam de empregos. Podem ser apenas mentiras ridículas, não importa. Os humanos se importam muito com o que vocês são e o que fazem. Amanhã eu vou tentar resolver isso.

— Como sabia que estávamos lá? — continuo com o questionamento.

— Eu pedi para que me mantenham informado sobre todos vocês. — Ele dá de ombros. — O que eu posso fazer? Estão aos meus cuidados aqui.

— Então, estava nos vigiando? — indago.

— Obrigada por nos ajudar — Hela diz rapidamente, ignorando minha pergunta.

— Tudo bem. — Ele solta a bebida na mesa e pega o telefone. — Preciso resolver algumas coisas.

Ele sai.

Estamos sendo seguidos e ninguém se importa com isso além de mim? É um absurdo.

Hela está descalça. Peguei seus sapatos, mas os deixei cair quando vi que algo ia atingi-la.

Ela é encantadora, tão frágil. Como seria sua verdadeira forma?

— Ia matar aquele homem. — Ela me olha, séria.

— Sim.

— Por quê?

— Porque ele merecia.

— Você não está no seu mundo. Você largou aquilo que fazia por estar cansado e agora quer voltar a fazer isso como bem entender? — Ela está com muita raiva.

— Eu não quero que um ser humano mau fique impune.

— E você é bom, Anúbis? Quem vai punir suas ações?

— Eu sou punido todos os dias por mim mesmo. Estar vivo é minha punição. Quem poderia fazer melhor do que eu mesmo?

— Eu poderia ajudar você. É só isso que estou tentando fazer e acho que você aceitou isso — sua voz diminui.

Que ridículo.

— Por que eu aceitaria algo assim? Não quero sua piedade — rosno.

— Por que estava falando comigo se não queria minha amizade?

Que se dane.

— Eu fugi para descobrir informações sobre este mundo e levar para o meu! Eu usei você para isso. Usei todos. Eu só queria ser reconhecido até perceber que realmente estou cansado dessa merda toda! — admito a verdade. — Fique à vontade para me punir por isso. É justo.

Sua expressão de raiva fica aflita. O olhar de Hela cai e foca o chão.

Uma súbita vontade de tocá-la aparece. Não quero ser o motivo da sua tristeza.

Antes que eu possa fazer algo, ela volta a me fitar, com firmeza no olhar, respondendo às próprias perguntas internas.

— Você não estava usando ninguém. Nunca foi esse seu objetivo e só você não percebia. Sua raiva cega você! Pensei ter sentido algo bom aí dentro!

Eu rio.

— Eu nunca disse que era bom. Você disse. Na verdade, é a única a me dizer isso, em toda a minha vida — confesso.

Ela cruza os braços.

— Eu achei que estava certa porque nem tudo é como você deseja e nem todos são maus e não têm salvação. Não pode dar fim à vida de alguém só porque ele estava sendo mau em um momento. Talvez a vida dele fosse valer a pena no futuro.

— Você vê todos com uma compaixão exagerada, como se o mundo deles dependesse disso! — estou quase gritando.

— Dependem mais de compaixão do que da sua punição ridícula. Você não faria falta para ninguém — ela me olha arrependida assim que completa a frase.

Levanto-me.

— Você tem toda razão. — Pego meu cajado.

Já chega. Eu nunca deveria ter acreditado que alguém como eu teria a chance de ficar com uma mulher como ela.

— Aonde você vai?

— Para casa. Tenho uma longa fila para encaminhar até o destino final — digo.

Ela para rapidamente em minha frente.

— Fique — sua voz sussurra.

Essa mulher é confusa. Ela me odeia, mas insiste para que eu fique aqui e deixe minhas emoções ainda mais afetadas.

— Por quê?

Ela olha para baixo.

— Eu posso mostrar o quanto amarmos alguma coisa pode nos libertar.

— Você se sente livre com eles?

Ela nega com a cabeça.

— Pensei que sim, mas agora eu percebo que me sinto livre com você.

Ela me olha.

— Hela, eu não posso amar você. Aquela emoção que você viu hoje é a única que eu consigo sentir.

Ela me abraça. Eu não sei como se reage a um abraço.

Minha raiva se dissipa com esse abraço, sua proximidade me deixa, de alguma forma, *feliz*.

— Todos têm a capacidade de amar, você só precisa aceitar que pode — suas palavras parecem mais uma súplica.

Não quero decepcioná-la.

— Hela...

Eu não sei o que dizer.

Ela se coloca na ponta dos pés e beija meus lábios delicadamente, acariciando meu peito por cima da camisa.

Sinto a mesma energia de antes ligar meu corpo.

Se eu for embora hoje, preciso descobrir como é estar com ela antes.

Isso seria cruel com ela. Ela é a única pessoa com quem me preocupo em não ser cruel.

Ficar com ela agora daria uma esperança de que eu iria ficar, apenas para usá-la. Eu não sou assim.

Foda-se, é impossível querer ir embora agora.

Seguro seu rosto e aprofundo o beijo, acariciando sua língua com a minha. Pego suas pernas e levanto seu pequeno corpo para não precisar ficar curvado e sinto as pernas firmes passando por trás de mim.

Vou para meu quarto e fecho a porta assim que entro.

Como um menino eufórico, sinto meu corpo vibrar com a ideia do que está por vir. Meu coração pulsa como se eu estivesse pulando sem parar.

Porém minha animação precisa esperar. Mesmo sendo uma deusa, ela precisa ter a chance de escolher antes, apesar de parecer decidida. Afinal, ela ainda pode optar por não se relacionar com alguém como eu.

Deito-a na cama e fico sobre ela, olhando em seus olhos. O brilho em seu olhar tira o ar dos meus pulmões.

— Você sabe quem eu sou e como eu sou... Quer continuar? — concentro-me em deixar minha voz suave, não posso passar minha excitação como uma cobrança.

— Quero — diz determinada.

Meu rosto se contrai em um sorriso sem nem ao menos me dar uma chance de pensar.

Ela quer.

Ela *me* quer.

Os lábios avermelhados e ainda úmidos do beijo sorriem, talvez por estarem igualmente felizes ou como reação ao sorriso que não consigo evitar.

Me sinto cego, meus movimentos e pensamentos parecem ter ganhado vida própria, uma vida desbloqueada no calor dessa mulher. Levo meus lábios à pele dela e deixo beijos suaves em seu pescoço. Sem conseguir me conter, saboreio com calma o gosto maravilhoso da pele que fica em meus lábios, curioso para conhecer esse sabor. É doce, envolvente e sexy. O gosto de hidratante de amora misturado à pele dela cobre minha língua. Continuo com os beijos castos, deixando que minhas mãos sigam o caminho pelo corpo macio.

Sua respiração pesada em meus ouvidos desperta ainda mais meu corpo. Dedos tímidos tocam minhas costas, puxando levemente meu blazer, em uma tentativa atrapalhada de me despir.

Acho que ela precisa de ajuda. Sento-me e a mantenho entre minhas pernas.

— Está tentando tirar minhas roupas, Hela? — Dou um sorriso malicioso.

O rosto dela cora e meu corpo reage de imediato.

Tiro o blazer e jogo no chão sem olhar. Começo a desabotoar minha camisa quando mãos curiosas tocam meu peito. Não paro o que estou fazendo e mantendo o olhar fixo nela. Suas mãos deslizam por meus braços, derrubando minha camisa, e eu dou a ela o mesmo destino do blazer.

Ouço um barulho metálico leve e lembro-me de que fui atacado mais cedo. Aquela merda de bala deve ter caído com a camisa. Não lembrava mais que aquilo havia acontecido, a falta de dor facilita para que isso aconteça, sem falar na deusa que me acompanha ofegante nesse momento.

Meu braço é segurado e Hela se senta, aproximando-se do ferimento que o impacto deve ter causado.

— Dói? — A preocupação se mistura com a excitação dela.

Desvio o olhar, sua preocupação me causa desconforto.

— Estou bem — sussurro.

Faço com que minha voz saia diretamente no ouvido dela, enquanto mordo sua orelha e seguro seu cabelo no alto, com a mão. Por sorte, estou perto o suficiente para sentir a pele dela se arrepiar.

Hela desliza seu indicador na marca do que parece uma queimadura leve e a beija. Um grunhido animalesco sobe pela minha garganta, mas controlo para que se mantenha preso ali, sentindo apenas a maravilha que é ter seus lábios em mim.

Isso é compaixão.

Esse pensamento repentino faz com que eu abra meus olhos. Não preciso que ela se preocupe comigo. Não agora.

Levanto-me e termino de tirar a roupa. Sinto o olhar devorador dela.

Meu corpo mortal parece mais vinculado a mim, não é mais como se fosse outra forma, faz parte de quem eu sou agora.

Hela lambe o lábio inferior e meu corpo se arrepia.

Estou ansioso para ver todo o corpo dela.

Volto para cima dela, deitando-a enquanto beijo cada canto de sua boca. Puxo o vestido para cima pela barra e não evito um sorriso quando ela ergue os braços.

Em um movimento automático, ela esconde o corpo com os braços.

— Fique tranquila. — Beijo sua testa para confortá-la.

Seus braços relaxam lentamente, permitindo-me ter a visão do paraíso.

Sua forma é pequena em altura, mas tem proporções alucinantes. Os seios são fartos e estão escondidos sob um sutiã negro que parece ainda mais escuro em contraste com sua pele. A cintura delicada contorna uma curva perigosa até o quadril seguido por pernas torneadas abertas a meu redor e esticadas sobre a cama. A calcinha escura em torno do corpo me deixa ansioso.

— Você é linda, Hela.

Não consigo conter minhas palavras nem quero. Ela é linda e precisa saber o quanto é linda.

Meus lábios encontram os dela com mais desejo do que antes, fazendo com que nossas línguas se movam no mesmo ritmo que recebe um tom mais intenso a cada instante que segue. Seus braços estão erguidos na cama até que ela os traz a meu pescoço, aprofundando nosso beijo.

Apenas tomo consciência de minha mão direita quando ela desce pelo pequeno percurso que é esse corpo divino e chega à coxa. Puxo para que nossos corpos possam se aproximar ainda mais, fazendo escapar um longo suspiro que ela acompanha.

Sua pele esquenta abaixo de mim, despertando-me ainda mais e me afastando da razão que ainda restou.

Olho em seu rosto enquanto minha mão fica mais atrevida e entra por baixo do fino tecido preto que ainda está em seu corpo. A umidade que encontra meus dedos me impulsiona a explorar lentamente, aumentando a velocidade conforme os gemidos dela preenchem meus ouvidos.

Seu rosto erguido, a boca levemente aberta, os olhos fechados, braços soltos na cama. Sua expressão de prazer é um quadro que ficará exposto para sempre na galeria de minha mente.

Seu corpo vibra em minha mão e ela se deixa levar pelo ritmo que eu a guio, até chegar a seu ápice.

É incrível vê-la assim.

Preciso de mais disso.

— Isso é... Nossa. — ela diz, ofegante.

Sorrio, satisfeito pela primeira impressão.

— Isso é apenas o começo. — Beijo seu colo e desço lentamente. — Ainda há muito o que provar.

Ela retira as pernas de minha volta e se senta com aquele olhar determinado novamente.

— Eu gostaria de provar antes. — Seu sorriso sexy não é apenas sugestivo.

O que eu posso fazer? Estou aqui para dar o que ela quiser.

Sento-me e ela me olha, analisando cada parte de meu corpo, ao lamber os lábios novamente percebo que se pergunta por onde deveria começar, como se meu corpo fosse um tipo de templo. Decide iniciar pelos músculos do meu peito, percorrendo até meu abdômen, tocando cada parte e expressando sua vontade no toque. Sua mão ávida se esgueira, conhecendo mais de meu corpo, cada novo lugar explorado faz uma onda elétrica subir até meus cabelos, arrancando-me suspiros. Suas mãos doces e mais enérgicas chegam ao lugar que procuravam, iniciando uma dança com as mãos que são capazes de dobrar as ondas. No mesmo instante em que meu corpo, apreciando a nova sensação, pede por mais, sinto a maciez de sua boca me tocar, envolvendo-me inteiramente aos poucos.

Essa é a melhor sensação que já tive na vida.

Seus olhos negros não desviam os meus, fazendo-me ter a clara imagem do delírio. Meu prazer é expresso pela força com que seguro seus cabelos avermelhados, que seguem o balanço que sua cabeça faz, acelerando a cada gemido alto que me escapa.

Meu corpo não segue mais minhas regras, está por si.

Deito-me na cama e a puxo para cima de mim. Ela se senta em minha barriga e sorri timidamente, passando os dedos nos lábios.

Encantadora. Sexy. Hela.

Minhas mãos apreciam a divina arte em cima de mim, tocando em seus seios e recebendo um sorriso sexy em resposta. Suas mãos hábeis vão para trás do corpo e desprendem o sutiã, completando a imagem de meus sonhos.

Sinto minha boca salivar.

Minhas mãos ficam mais firmes com o contato direto com a pele pálida, ganhando mais força e habilidade conforme sua parte sensível enrijece com o toque.

— Linda. Inteiramente linda — digo com desejo evidente.

Seus lábios sorriem, abrindo levemente para continuar gemendo.

Minhas mãos seguem por sua cintura e seguram em sua bunda, a puxando mais para cima de mim. A deixo a centímetros do meu rosto e ela me olha, tímida novamente. Minha mão puxa o tecido e o rasga. Minha parte animalesca tomando mais espaço.

— Ah! — ela exclama.

O sabor que minha ansiedade não suportava mais enche minha boca. Seu corpo treme, como se eu fosse a redenção que ela estava buscando.

A melodia que seus gemidos altos fazem me deixa sorridente.

Ela gosta.

Uma de suas mãos agarra meus cabelos de um jeito descontrolado, puxando, empurrando, enquanto a outra usa a parede como apoio. Antes que ela se desfaça, suas coxas apertam minha cabeça, derramando sua doçura em minha tão necessitada língua.

Ainda sem meu raciocínio, ergo-me e a derrubo para o lado e fico sobre ela, observando sua face ofegante. Pisco.

— Você é deliciosa. — Quase rosno ao dizer isso.

Olho em seus olhos e ela está ansiosa.

Meu corpo encaixa perfeitamente com o dela, como se sempre tivessem sido unidos. O compasso que seguimos é incrível, cada terminação nervosa de meu corpo parece gritar dentro de mim, expondo para fora com gemidos que se alinham aos dela, invadindo o quarto.

Suas mãos vão para minhas costas, arranhando e buscando mais de mim, puxando para que eu entre por entre suas barreiras até tocar sua alma.

Senti-la por completo simplesmente desativa qualquer resquício de que minha consciência existiu.

Hela me beija, um beijo que faria um homem são enlouquecer, um beijo que faria um deus querer desistir de tudo.

Ouço um barulho de algo se partindo e a cama cede, derrubando-nos.

Dane-se ou foda-se, eu nem sei mais.

Continuamos nos deliciando, delirando, buscando por mais a cada investida que faz com que nossos corpos se choquem. A beleza de conquistar, de encontrar, de possuir. Era isso o que eu queria. Ela. Aqui. Conectados como um.

Consigo ver seus olhos negros criando uma nova cor, um lilás brotando em sua íris. Seu corpo me avisa que estamos perto de atingir nosso ápice.

Minha mão segura a parede próxima para ter algo em que se apoiar, algo para drenar um pouco disso que me enlouquece, uma saída para tanto prazer. Uma rachadura se criou na primeira investida. Mantive as mãos no colchão e o olhar fixo nos olhos violeta.

Sento-me na beirada da cama e a puxo para meu colo, degustando de mais um pouco dela sem que nossa batida pare.

Pelo canto dos olhos, vejo uma aura laranja a nosso redor, sentindo meu poder pronto para explodir com todo o resto de meu corpo.

— Anúbis — ela geme meu nome.

Um poder divino se liga a mim, o poder de Hela, criando cores vibrantes que surgem em uma mistura única de luxúria, o lilás se funde ao laranja com contornos que invadem espaços, quase como curvas rabiscadas em uma tela. Preenchendo o quarto sem vida com essa luz colorida que sai de nossos corpos como holofotes, uma claridade tão forte que sai pela sacada e ilumina até mesmo partes do céu.

O poder de Hela emana o prazer e o divide comigo, e em uma grande exuberância do deleite que dividimos, dissolvem-nos juntos. Abraçados. Selados um no outro como uma promessa.

Vislumbres de sua forma divina passam em seu rosto, ao mesmo tempo em que nos desfazemos. A visão de seu lindo rosto dividido entre a morte e a vida, em uma fração de segundos.

Em seu olhar, posso ver um reconhecimento, uma saudade. Deve ter acontecido o mesmo com minha aparência. Fico um pouco desconfortável.

Meu corpo trêmulo falha e caímos deitados na cama quebrada.

— Obrigado por me permitir sentir tudo isso — digo ofegante, apertando-a em meu abraço.

Ela se encolhe, ficando escondida por entre meus braços.

— Me sinto bem com você. Tudo é intenso, incrível. — Ela sorri. — Isso foi surreal.

Ela beija meus lábios rapidamente.

O pôr do Sol bate contra nós pelo vidro da sacada.

— Você me mostrou a vida, me permita mostrar o caminho para longe daquela fila de mortos.

Sei o que ela quer dizer e isso não é algo que eu possa aceitar.

— Eu sou incapaz de amar.

Ela acaricia meu rosto.

— Você consegue o que quiser, deus Anúbis. Sua personalidade me indica isso. — Ela ri.

— Eu não posso ter sempre o que quero, é o que me disseram.

Ela fica séria e fecha os olhos, aconchegando a cabeça em meu peito.

— Estou começando a duvidar disso.

Eu também...

— Você é o único que eu quero confortar. — Ela fala em um tom mais baixo.

E eu quero ser o único a receber seu conforto.

Quero que ela seja minha.

Ela está comigo, disposta a descobrir se eu sou capaz de amar.

Tenho medo de que o resultado a magoe...

14

Abro os olhos e me sinto bem. Os pequenos sinais de luz da cidade são a única iluminação que consigo ver na escuridão lá fora.

Tudo parece acontecer tão rápido, mas ao mesmo tempo parece que demorou milênios para acontecer. Espero não ter cometido algum tipo de erro. Eu sei que dormi com um homem que não tem certeza se pode ficar comigo. Na verdade, eu também não sei o que isso poderia resultar. Mundos diferentes, tão unidos assim... Isso nunca deve ter acontecido e eu sei que meu povo não vai reagir bem se descobrir que eu estou apaixonada por um deus egípcio... Mas eu faria isso de novo.

Tenho certeza do que sinto por ele. Meus sentimentos sempre foram claros e eu os reconheço muito bem, afinal, ficava confortando tantos corações aflitos que aprendi a reconhecer o meu. Isso mudou quando eu o vi no rio. Senti que estávamos ligados de alguma forma e tenho me sentido em paz nesses últimos dias em que estive com ele.

Será que era disso que Afrodite estava falando?

Octavian poderia ser meu lar.

Não. Não acho que esteja disposto a tanto.

Sinto alguém me abraçar. Uma respiração atrás de mim.

Octavian está dormindo. Posso sentir o quanto está relaxado neste momento e só agora percebo que ele nunca está tranquilo. Seus músculos não estão tão tensionados como de costume. Esse homem precisa encontrar a paz. Ele sofre muito e, com toda essa mudança para a vida mortal, ele está cada vez mais próximo de seu âmago obscuro. Sempre senti isso nele, mas a cada momento aqui a escuridão dentro dele cresce. Seu ódio parece voltado apenas para humanos. Apesar de não parecer muito próximo de outros deuses. Talvez de Afrodite. Talvez tenha feito com ela o mesmo que fez hoje comigo, várias vezes.

Esse pensamento me causa desconforto, melhor não continuar com isso. Ele não parece ser como aqueles outros homens, confio em minha visão sobre ele.

Mexo-me lentamente na tentativa de não o acordar.

Quando estou em pé, pego minhas roupas e visto apressadamente.

Paro em frente à porta, virando-me e olhando para Octavian. Ele dorme profundamente com o braço esticado no local onde eu dormia. Sua pele não tem o mesmo bronzeado que vejo em Ékimet, imagino que o motivo seja por também nunca ter a oportunidade de sair daquele lugar. Mesmo que não seja sua forma divina, traços do que viveu se tornam características, como nunca ter visto a luz do Sol.

Mesmo nessa forma ainda é *ele*. Ele é esse belo homem com músculos definidos, com seu cabelo prateado bagunçado, seu rosto delineado com perfeição. Ele é realmente divino. Não sei porque colocariam um deus tão bonito trancado no inferno.

Lembro-me que, naquele lugar, sua face não era assim, embora ainda tivesse músculos e o mesmo olhar triste. Seu rosto de cachorro deve ter algum sentido. Não acho que seja coincidência sua aparência não ser essa. Mesmo com seu rosto na forma divina, ele tem mais beleza do que eu.

É uma forma animal, porém eu conheço o homem por trás.

Sua aparência mortal tem um semblante totalmente diferente quando seus olhos azuis prepotentes estão fechados. Seus olhos tem uma força magnética que é inexplicável. O azul de oceano profundo que se transforma em completo fogo quando usa seus poderes.

Naqueles segundos finais em que estivemos juntos, pude ver sua verdadeira face, seu sorriso animalesco em êxtase parecia finalmente feliz. Gosto daquele Anúbis.

Sei que esse mesmo homem está se entregando para a escuridão que vive dentro dele.

Esse é o homem que quero salvar enquanto está vivo. Percebo agora que não estou aqui pelos humanos, mas por um deus.

Vou até ele lentamente e passo a mão em seu cabelo.

— Eu vou salvá-lo, Anúbis — sussurro.

Tenho certeza disso. Desde que o vi no rio eu sabia.

Nunca imaginei que ele poderia salvar-me também.

Quando saio do quarto, fecho a porta em silêncio.

— Que porra é essa?!

Olho assustada e vejo Gundy no corredor. O tempo no mundo mortal está colocando até palavrões em nossa comunicação.

Ela está com um pijama longo, azul com estampa de nuvens, que combina com seu cabelo, preso em um coque, revelando mais do azul que tem por baixo. Sua expressão de surpresa a faz deixar cair a colher em sua mão de volta para a tigela que ela segura.

— Oi. — Sorrio para evitar qualquer pergunta.

É claro que não ia funcionar.

— Na cozinha. Agora. — Ela ainda está em choque.

Sem ânimo, ando até a cozinha, atrás dela. Por que me sinto culpada? Ela é minha irmã mais velha, mas não pode me culpar por isso. Quantas vezes ela mesma já fez isso? Talvez não com alguém de outro mundo...

Entro na cozinha e sento-me no banco ao lado dela.

A tigela está na bancada e Gundy me olha, esperando.

— E aí? — ela indaga.

— O quê? — finjo não saber do que ela está falando.

Ela revira os olhos e fica séria.

— Hela, você saiu no meio da noite do quarto de um homem supergato.

— Eu gosto dele — admito, reprimindo o sorriso.

Ela libera um sorriso largo e se inclina na bancada, comendo empolgada.

— Octavian é legal?

— Ele é.

— Não esconda detalhes, droga. Ele é bom? — Ela ergue as sobrancelhas.

Eu não quero ter essa conversa. Apesar de a resposta ser sim.

Preciso distrair sua atenção dessa conversa constrangedora.

— Ele não é um servo de Afrodite.

Ela franze o cenho e me olha.

— Ele fugiu do inferno, como eu. É um deus egípcio. Vivia atrás da parede de névoa de Helheim, é o homem que eu via no rio — explico.

— Nossa... Isso... Nossa. — Ela olha para a tigela que parece ser de cereal, uma coisa que os humanos comem no café da manhã. — Você está apaixonada?

Dou essa informação e é nisso que ela pensa?

— Gundy, acho que isso não importa agora.

— Isso sempre importa. Eu nunca vi você se interessar por alguém como por esse cara do rio, e não é como se não pudesse se apaixonar por um daqueles humanos mortos, ou sei lá. Sempre comenta sobre ele e, agora, dormiu com ele. — Ela suspira. — Eu acho que, apesar de ele ser de outro lugar, o que você sente também importa.

Eu sinto a emoção que ela passa. Quer me proteger... E sinto uma ponta de medo também.

— Eu nunca confiei nele. Ele tem algo muito ruim. Já viu aquela expressão dele? — Ela o imita com uma careta séria. — Parece que vai matar todos nós e enterrar no quintal.

Eu rio. Realmente parece que ele faria isso.

— Este lugar causa muitos efeitos em nós — comento.

— Este lugar apenas libera o que controlamos. Se você sai correndo atrás de uma mulher em sofrimento, é porque você é boa e não consegue mais controlar esse impulso de certo e errado.

— Como sabe disso?

— O Julian me contou. — Ela dá de ombros.

— Eu tinha como objetivo ajudar um deus do outro lado do rio, senti que meu dever era confortar pessoas vivas, mas agora parece que é aquele homem que precisa de mim, não o deus. — Olho para minhas mãos.

Gundy toca minhas costas. Eu a olho e ela sorri para mim.

— Eu apoio o que você quiser. Estou aqui com você, já estamos na merda juntas. — Ela sorri. — Mas se vacilar, ele morre — ela acrescenta.

Eu rio de novo.

— Na merda? Vacilar?

— Este lugar é tão influente, captamos tantas palavras em conversas alheias que acabamos pegando. Adorei essas. — Ela ri.

— Gostei também.

Ela se levanta e coloca a tigela na pia. Vira e estica os braços para cima, bocejando.

— Eu vou dormir. Espero que tenha a decência de voltar para seu próprio quarto. — Ela pisca.

— É claro que vou para meu quarto.

— Boa noite.

— Boa noite.

Ela sai.

Fico olhando minhas mãos. Eu não sei o que fazer. Estou perdida.

Quero ajudar aquele homem a encontrar sua paz. E se a paz dele não for comigo? Não quero pensar nisso. Eu devo querer o melhor para ele mesmo que não seja a meu lado.

Preciso dormir.

Ando lentamente pelo corredor e paro na abertura da sala.

Ele teria ido embora àquela hora. Ele ficou por mim? Ou por que pensou que seria morto se voltasse?

A bengala dele está apoiada na poltrona em que ele estava sentado.

Eu não deveria mexer em um item tão pessoal dele.

Infelizmente, estou sendo movida apenas por impulso nesses últimos dias.

Aproximo-me da bengala e vejo que parece comum. Toco apenas um dedo e os pelos em meu braço arrepiam. Tem muito poder aqui.

Coloco lentamente a mão toda, segurando. Luzes laranja passam por meu braço, iluminando a sala inteira. A bengala começa a tremer.

Merda.

Solto imediatamente e ela cai na forma de um grande cajado. Abaixo-me para ver os detalhes do cajado. Tem correntes prateadas amarradas em volta, dando contraste com a cor preta do resto. Seu corpo sobe até iniciar a curva afiada, em um círculo em forma de foice, igualmente prateada.

— Não deveria tocar nisso.

Levanto-me rapidamente, dando passos para trás e tropeço no sofá. Caio no chão e me apoio no braço do sofá para ver quem me flagrou. *De novo.*

Ékimet está com os braços cruzados, parado no início da sala.

— Eu não queria fazer nada, desculpa. — A culpa é explícita em minha fala apressada.

Ninguém dorme neste lugar?

— Você precisa ser mais cuidadosa — Ékimet comenta.

Ele suspira e vai até o cajado, pegando-o. Nas mãos de Ékimet, nada acontece.

Percebo que estou olhando confusa.

— Eu sou humano. O cajado só desperta com deuses, mas rejeita qualquer deus que não seja Anúbis. — Ele me encara. — Você deveria ter sofrido o efeito da paralisia.

— Eu me sinto bem.

Verifico rapidamente se meu corpo não está com algum sinal de processo de paralisia.

Está tudo em ordem.

— Que bom. Preciso avisar meu mestre que isso aconteceu. — Ele se vira e anda para sair.

Mestre?

— Espera — digo em meio ao desespero, sem saber exatamente o que dizer.

Ele se vira para me olhar.

É a segunda vez que preciso pedir para alguém ficar nesta sala.

— Ele está dormindo, conte quando ele acordar. — Levanto-me do chão e sento-me lentamente no sofá. — Eu gostaria de conversar. Quer andar um pouco?

Ékimet fica pensativo e ergue uma sobrancelha, curioso.

— Como sabe que ele está dormindo?

Merda.

Sinto meu rosto corar novamente e passo uma mecha para atrás da orelha. Preciso sair desse assunto.

— Quer andar comigo ou não? Gostaria de sua companhia. — Tento usar o sorriso da inocência para ele esquecer esse assunto.

Ele assente e deixa o cajado apoiado na parede. Vou rapidamente até o quarto e pego o mesmo sobretudo vermelho-sangue que está no guarda roupa. Calço os tênis rapidamente. Dessa vez será tênis e vestido. Tenho pressa. Volto e ele está calçando seus tênis, quando termina, saímos.

A noite está fria. As nuvens no céu parecem estar carregadas. O fluxo de pessoas é menor nesse horário.

Gosto deste lugar. Ele fica ainda mais lindo à noite. Consigo observar de perto a cidade iluminada, que eu conhecia apenas da sacada, enquanto passamos pelas lâmpadas que iluminam o caminho.

Ékimet anda a meu lado, está usando um cachecol e um casaco longo. Ainda com seu pijama marrom por baixo.

— Você está com Anúbis há muito tempo? — pergunto.

Ele assente.

É um servo de poucas palavras.

— Eu só queria saber se, bem, você acha que ele é mau? — Eu sorrio como um pedido de desculpas.

Ele não parece surpreso.

— Sim. Meu mestre não fala com ninguém, não confia em ninguém. Ele passou tempo demais sendo deixado de lado. Enquanto nosso povo adorava Hórus, Anúbis se tornou frio. Confia apenas na sua própria força. — Ele olha para o lado. — Fugir foi uma decisão repentina que ele formulava há muito tempo. Sempre tive medo do que ele poderia fazer se tivesse contato com seres vivos. — Percebo que seus pensamentos estão em um lugar que realmente o assusta.

Anúbis tem uma vida diferente da minha. Apesar de ter sido exilada nos domínios de Helheim, meu pai sempre me defendeu. E tenho Gundy para cuidar de mim. As almas que chegavam me faziam companhia. Esse deus, não. Ele só conhece a solidão e a traição.

— Ele não gosta nem mesmo dos deuses?

Ékimet nega com a cabeça.

— Ele foi traído por eles, abandonado e com suas origens escondidas. Humanos e deuses fracassaram em conquistar qualquer parte dele.

— Mas e você? Ele confia em você — insisto.

Ékimet se encolhe com o frio e aperta as mãos no bolso.

— Ele precisa de alguém para segui-lo. Tinha muitos servos, mas ele via em mim a lealdade que tenho por ele. Jamais trairia a confiança do meu mestre. — Há muito orgulho no que ele me relata.

— Como se conheceram? — Consigo sentir minha curiosidade explícita nos olhos.

— Eu estava na longa fila, aguardando e rezando para meu coração ser leve. Quando ele me viu, olhando fundo nos meus olhos, ele me disse para esperar ao lado. — Ele olha para o céu, parece recordar. — Aquele olhar assusta mais do que a própria balança que julga seu destino. Ele veio até mim e disse que viu que eu fui muito leal a meu faraó, que eu poderia ter a chance de ser leal a um deus. Eu aceitei na hora, é claro. Teria uma vida e seria útil ao grande deus Anúbis.

Não foi uma escolha envolvendo afeto. Foi uma decisão baseada em fatos.

— Ele parece ser bem objetivo — digo, pensativa.

Ele assente.

— Frio e objetivo. — Ele dá de ombros. — Você queria saber se ele é mau, então, acho que está claro que ele tem motivos para ser. Isso não muda o fato de que ele é e eu sei que, mais cedo ou mais tarde, se continuássemos lá... — Ele parece estar prestes a falar algo que mantém para si — Ele acabaria enfrentando Hórus, seu meio-irmão, e o matando.

Isso parece ter mais força do que eu consigo entender. Suas emoções estão em conflito, orgulho e medo. A vitória contra um deus tão amado pelo povo pode significar algo muito ruim para Anúbis, ao mesmo tempo em que indicaria toda a superioridade dele.

O frio aumenta e Ékimet treme. Acho melhor irmos para casa.

— Podemos voltar. Acho que está frio demais para você. — Eu sorrio.

— Para você não?

— Estou acostumada com o frio, apesar de o meu corpo ir se adaptando cada vez mais a tudo por aqui.

Ele assente e mantém os olhos fixos no chão o percurso de volta inteiro.

Enquanto nos aproximamos do grande prédio, olho para a cobertura, onde estava há horas atrás. É realmente um lugar imponente. Combina com o deus que está abrigando.

Se tivesse uma visão melhor, poderia ter certeza se aquela pequena silhueta é *dele*.

Chegamos ao prédio e Ékimet entra, com pressa pelo frio.

Tiro meus tênis e meu casaco, apoiando-o no braço, quando entramos no apartamento.

— Obrigada por me acompanhar, Ékimet.

Ele sorri enquanto tenta tirar o tênis restante.

— Acho que isso foi bom para mim também.

Esse homem parece bom. Ele gosta muito de Anúbis.

— Eu vou deitar. Boa noite. — Sorrio e saio.

— Boa noite, Jill.

Paro com a mão na maçaneta de meu quarto, no longo corredor silencioso. Ele me deu muitas informações hoje, preciso ser justa.

Viro a cabeça por cima do ombro.

— A propósito, eu sou Hela. — Sorrio.

Ele cora e olha para o tênis que ainda não conseguiu tirar do pé.

— Obrigado por ter confiado em mim, senhora. Boa noite.

Entro no quarto e fecho a porta.

Coloco o casaco apoiado no encosto de uma cadeira e os tênis junto aos outros sapatos no armário.

Pego outro pijama preto, esse tem caveiras brancas estampadas. Rio com a ideia de que Dionísio acha que preciso andar sempre caracterizada com o submundo.

Sigo para o banheiro. Preciso de um banho antes de finalmente relaxar.

Depois de mais um banho com toda a magia humana, deito-me na cama.

Esse pijama é justo, ainda bem que só vou usar para dormir, é revelador demais. Preciso admitir que gostei da estampa, apesar de tudo. E dessas mangas cobrindo meu braço. É quentinho.

Sinto o cansaço em meu corpo. O dia foi estranho. Diferente de tudo. Tive um encontro com um homem e dormi com ele. Isso define completamente o que "diferente" significa para mim. Ainda salvei uma garota...

A garota. Vou enviar uma mensagem perguntando se ela está bem.

Enviado.

Está tarde. Provavelmente a garota esteja dormindo.

Eu espero.

Também devo lembrar Dionísio sobre Garm, ele devia ter aparecido hoje.

Jill: Oi, acho que você esqueceu de devolver uma coisa que me pertence. Espero que os dois estejam bem.

Sinto o vibrar do telefone quase no mesmo instante, ele está sempre ativo, incrível como nada cansa esse deus.

Dionísio: Eu sei, eu sei. O cachorro. É uma pena, estava gostando de ter ele por aqui.

Sorrio com a imagem de Garm e Dionísio juntos. É uma dupla curiosa, não acho que meu cachorro goste de tanta festa, apesar de ter ficado muito tranquilo no tempo em que estivemos lá. Afinal, é tudo novo para ele também, deve estar feliz com suas novas aventuras.

Fecho meus olhos.

Dormir ao lado dele parece muito mais relaxante agora.

❦

O Sol invade meu quarto e toca minha face. Essa luz relaxante me desperta de um jeito tão agradável que eu abraço meu corpo com a sensação que causa.

Estico meu corpo e fico feliz em ainda estar aqui, neste quarto, neste mundo, no controle do que faço.

Quase, quase no controle.

Levanto-me em um pulo e arrumo a cama como estava antes de eu cair em cima dela e me cobrir com esses panos confortáveis que mantém o corpo aquecido durante a noite toda.

Visto uma calça jeans azul e uma camisa preta. Vou até o banheiro e escovo os dentes, arrumando o cabelo.

Sigo as vozes na sala e vejo Julian e Gundy conversando alegremente sobre alguma coisa na cozinha.

Julian está usando uma touca de chef e um avental que tem um gato cortando pepino estampado. Ele termina de guardar alguns ingredientes.

Não consigo evitar rir baixo com a cena do cozinheiro de hoje. Eles parecem animados.

Apoio-me no balcão, ao lado dos bancos.

— Aconteceu alguma coisa boa? — interrompo-os.

Os dois me olham e ela sorri, virando em minha direção e ficando de frente para mim, do outro lado do balcão, segurando uma xícara.

— Parece feliz hoje. — Ela me dá um sorriso malicioso, gesticulando com seu rosto para alguém na sala atrás de mim.

Vou ignorar isso antes que estrague meu dia.

— A primeira neve caiu hoje cedo. — Julian responde à minha pergunta.

Neve. Nunca tive a chance de conhecer. Em meu mundo a neve é comum, mas eu via apenas a névoa.

— Isso é bom? — pergunto.

Ele ri.

— Depende se você gosta de climas frios ou não. Eu, particularmente, não gosto de toda essa neve molhando minhas roupas.

— Eu amo neve! — Gundy grita de empolgação e balança os quadris.

— Eu preparei o café hoje, não quis acordá-la. O seu está dentro do micro-ondas, ainda está quente. Fique à vontade. — Julian diz e pega o telefone, enviando uma mensagem, eu acho.

Faço a volta no balcão e vou até o aparelho com o qual ainda não estou bem familiarizada, mas sei abrir. Estou com fome. Meu corpo nessa forma está começando a me afetar mais do que eu gostaria de admitir.

Ékimet e Octavian estão sentados no chão, perto do aparelho de som. Não tem música tocando e eles olham atentamente para o chão, pensativos.

Ékimet se assusta quando me vê atrás do balcão e arruma sua postura. Sorrindo para mim.

Octavian está de costas, a cabeça voltada para o chão.

— Jill. Oi — Ékimet me cumprimenta.

Ele deve estar muito concentrado em alguma coisa para não ter ouvido minha voz quando entrei.

Octavian vira o rosto para me olhar. Meu corpo inteiro vibra com aquele olhar sedutor. Ele sempre precisa me olhar assim?

Ele me dá um sorriso completo.

— Oi — respondo apressadamente.

Ignorando os olhares que recebo quando sou percebida, pego o prato com um pouco de ovos mexidos e sirvo dois pães. A comida de Julian parece mais apetitosa do que a que pediram ontem, parece que ele sabe cozinhar bem.

Pego um copo de leite quente, não gostei ontem quando provei o café. O gosto é amargo demais. Leite é bom.

Sento-me na bancada e observo os dois concentrados, sem falar uma palavra. O que será que tem no chão que é tão interessante?

Termino de comer e limpar a louça, como Julian ensinou. Guardo as sobras na geladeira.

Não consigo mais resistir. Lentamente ando até o sofá, quero ver o que eles estão olhando. Sento-me e vejo um objeto com vários quadrados pretos e brancos desenhados. Vários tipos de peças em cima com localizações diferentes.

— O que é isto? — Não consigo evitar.

— Xadrez — Octavian diz.

Nunca ouvi falar disso.

— É um jogo de estratégia que o Julian nos mostrou. O objetivo é levar o adversário à morte — continua, concentrado no jogo.

— Acho que não é bem assim... — Ékimet diz.

— Basicamente é isso o que estamos fazendo. — Ele dá de ombros.

Octavian vê as coisas por um lado obscuro, sempre.

— Parece divertido, eu acho — digo, ainda incerta sobre como funciona o jogo da morte.

Fico assistindo àquilo, atenta ao que eles estão fazendo.

Depois de algum tempo de peças sendo movidas para lá e para cá, em movimentos que eu duvido que tenha entendido, Julian entra na sala.

— Pessoal, eu sei que devem estar ansiosos para conhecer a cidade, então... — Ele coloca quatro objetos quadrados em cima do balcão. — Aqui estão seus cartões de crédito. Vão precisar se quiserem fazer compras e é óbvio que irão porque vivemos no mundo do comércio. — Ele sorri e me entrega um cartão com meu nome. — Octavian e Ékimet — Ele entrega o mesmo para eles. — Pensei melhor sobre a profissão de vocês, melhor não comprometer a vida das pessoas, mas vão usar as identidades falsas que entreguei antes, só por garantia. Se alguém perguntar, vocês trabalham na boate.

— E quem paga essas coisas? — Octavian pergunta.

— Eu. Não se preocupem, se não exagerarem comprando mansões, eu posso pagar. Não tenho tempo para usar meu dinheiro e tenho sobrando, Gabriel sempre me ajuda, nunca deixo de retribuir.

Dionísio abre a porta da cozinha e Garm corre em minha direção.

Garm pula em cima de mim, derrubando-me no sofá. Ele lambe meu rosto e não para de abanar o rabo. Nunca ficamos tanto tempo longe. Estava com muita saudade dele. Eu o abraço e esfrego meu rosto no pelo macio. Meu melhor amigo está comigo.

— Peço desculpas pela demora, realmente estava cogitando a ideia de não trazer mais. Achei que queria ter um cachorro — Dionísio diz. — Até ele rasgar meu sofá.

Garm devia estar nervoso sem mim. Ele nasceu em Helheim e esteve comigo desde então.

— Muito obrigada por trazer ele! — Exclamo com alegria. — Ah, e desculpa pelo sofá, se eu puder...

— Deixa para lá. Você já me mostrou que eu e cães não daríamos certo. — Ele olha para os dois que estão no chão. — Vocês também estão encrencados com Zeus, né? Falei com Afrodite. É bom que se mantenham aqui e que ninguém venha aqui. Como eu. Aqui. Agora. — Ele fica pensativo. — É melhor eu ir antes que Zeus perceba que a festa no Olimpo parou.

— Eu posso falar sobre algumas coisas com você antes de ir? Será rápido. — Julian se levanta e sai com Dionísio.

Garm sai de cima de mim e sento-me com ele a meu lado. Dou beijinhos nele e ele me lambe novamente.

Sinto que estou sendo observada e olho para os dois. Octavian está me olhando, pensativo.

— Vamos ver o seu novo quarto? — pergunto a Garm, ignorando o olhar meticuloso de Octavian.

Garm levanta-se rapidamente e eu o guio até meu quarto.

Ele começa a farejar tudo freneticamente. Está empolgado.

Ainda não consegui comprar nada para ele. Ontem não foi exatamente como eu planejei, mas posso ir agora, com ele. Tenho certeza de que o frio não vai incomodar meu cachorro.

Visto uma blusa preta com gola alta e um casaco com vários pelinhos. Acho que finalmente estou de acordo com o clima.

Calço as botas pretas e olho para Garm, que ainda não parou de abanar o rabo.

— Vamos dar uma volta? — Acaricio sua cabeça.

Espero que ele ainda confie em mim para isso, da última vez, não acabou exatamente como deveria.

Mesmo com meu histórico de fracassos em passeios com ele, Garm fica eufórico.

Saio do quarto e verifico a sala para me despedir dos dois. Meu sorriso cai quando não encontro ninguém, já devem ter ido para algum lugar.

Nós descemos as escadas e passamos pelo salão onde a festa parece não ter fim, pegamos o elevador e saímos do prédio. Escolho ir pela direita e viramos naquela direção. A neve cai, é fantástico. Toda a beleza da cidade está colocada em branco.

Abaixo-me para pegar um pouco, embora não tenha muita neve devido à queda recente. É frio e molhado.

Eu consigo fazer alguns desenhos com os dedos, é divertido como é fácil moldar a neve.

— Vou desenhar você. — Digo a ele. — Observe meu talento, Sr. Garm. — Rio.

Eu sou péssima nisso.

Ouço alguém tossir para se mostrar presente. Acho que é normal conversar com um cachorro por aqui. Não é?

— Posso acompanhar vocês?

Levanto-me e Octavian está parado atrás de mim. Está com um sobretudo preto e as mãos no bolso. Atraente como sempre.

Sem cajado. Estranho.

Garm está entre nós, defendendo-me da possível ameaça.

— Claro — respondo.

Seu cabelo sem cor combina com a neve. É bonito.

Vamos andando na direção que eu escolho. Espero que tenha alguma loja de animais por perto...

— Qual o nome dele? — Octavian interrompe meus pensamentos.

— Garm.

Ele analisa Garm, como faz com tudo.

— Ele protege você? — Ele parece irritado.

— Sim. Guarda de Helheim e meu também.

Octavian parece desconfortável com a neve.

— Já conhecia neve? — pergunto.

— Não. E estava bem sem ela.

Eu rio. Ele não deve gostar de frio. Lembro que quando fui ao reino dele tinha muita areia e era quente.

— Eu queria encontrar uma loja de animais para comprar coisas para o Garm.

Ele fica pensativo.

— Tem tantas coisas por aqui, certamente vamos encontrar uma loja de animais.

Octavian sorri e observa as lojas.

— Confiante como sempre — comento.

O olhar curioso prende no meu.

Merda.

— Pareço sempre confiante? — sua voz é divertida.

— E arrogante, devo acrescentar.

Ele coloca uma das mãos no rosto, forçando uma careta pensativa que me faz rir.

— Minha arrogância é inegável, mas estar sempre confiante é novidade. Não sabia que era assim.

— Isso é bom — declaro.

Ele se aproxima repentinamente e isso faz com que meu corpo se prepare automaticamente para o contato, arrepiando inteiro.

Sua mão passa pela minha cintura, fazendo o cheiro amadeirado dele invadir meus pulmões.

— Muitas coisas em mim são — ele sussurra diretamente em minha orelha.

Como se ele ativasse um botão, meu corpo todo se aquece, lembrando das sensações que ele me fez sentir.

Não acredito que estou pensando nisso na rua. *O que está acontecendo?*

Uma pontada de raiva sobe para minha face e eu olho séria para ele, que já está mais distante.

— O que acha que está fazendo?

Ele ri enquanto analisa meu rosto.

— Provocando você. — Sua mão toca delicadamente meu rosto. — Gosto do jeito que você cora.

Ele está me fazendo parecer boba, eu sou uma deusa de milhares de anos.

Coloco minhas mãos no bolso do casaco e fito minha frente, ignorando o homem atraente que anda a meu lado.

— Eu não sei quem você pensa que eu sou. — Nego com a cabeça. — Não me trate assim.

Ele muda seu andar e vai para minha frente, olhando para mim, com as mãos nos bolsos da calça.

— Eu adoraria saber mais sobre quem você é. — Seu rosto é alegre. Uma raridade.

Eu suspiro e cedo a ele mais uma vez, sorrindo também.

— Quer saber sobre minha infância cruel e solitária? — brinco.

Sua expressão fecha-se instantaneamente. Ele volta a andar a meu lado.

— Adoraria conhecer você dessa forma, saber como foi sua infância, mas não seria justo perguntar isso sem fazer o mesmo e não estou pronto para detalhar essa parte da minha vida. — Seu corpo demonstra sua tensão sobre o assunto.

Toco seu ombro.

— Eu espero que um dia queira se abrir comigo. Estarei esperando. — Sorrio.

Ele bufa.

— Não precisa gastar seus poderes comigo.

— Não estou confortando você com meus poderes — Suspiro. — Com você, aprendi a usar o coração — confesso.

Ele para de andar e me encara. Não sei definir se isso é bom ou ruim.

— Hela... — ele não termina.

Não quero ouvir que meu coração não deveria se importar com ele, ou que ele nunca corresponderá. Tomei a decisão de ajudá-lo e vou continuar tentando.

— Olha, aquela ali parece uma loja para animais. — Mudo de assunto.

Ele segue a direção na qual aponto.

— Vamos dar uma olhada — Octavian diz.

Embora seja um hospital veterinário, pelo que diz na placa, parece ter aquilo de que eu preciso.

O lugar é movimentado, cães entrando sujos e outros saindo limpos e arrumados. Entramos e um sino anuncia nossa passagem pela porta. O lugar é grande, todos os objetos que possam ser imaginados estão aqui, camas, brinquedos, ossos, comida, roupas. Vejo várias pessoas com animais esperando no andar de cima.

Uma loira de camisa rosa com o nome da loja estampado se aproxima sorridente.

— Bem-vindos. O trouxe para um exame? — Ela olha para Garm.

— Não. Eu me mudei recentemente e preciso de itens para ele — respondo.

— Vamos olhar as camas então. — Ela diz e mostra a direção.

Octavian não nos acompanha até as camas. Olho para ele e o vejo apertar um brinquedo que emite um som agudo, jogando-o violentamente na parede em seguida. Não posso evitar rir do modo agressivo natural de Octavian.

A moça para em frente às opções de camas para animais.

São tantas cores e modelos.

— E então, Garm, alguma preferência? — pergunto a ele.

Pego uma cama grande, parece boa para mantê-lo aquecido. Ela é preta com ossinhos brancos.

Vai ser esta.

Ele não parece ter uma preferência, acho que ele também não sabe o que é isso.

— O que mais está buscando? — Ela pergunta sem olhar para mim.

Sigo seu olhar. Está em Octavian, que está vendo os peixes, batendo contra o vidro enquanto os faz tentar fugir. Por algum motivo, o olhar atencioso nele me incomoda.

— Eu posso procurar sozinha. — Sigo em direção aos brinquedos.

Não preciso dela.

Pego alguns brinquedos de mastigar e escolho uma ração que Garm farejou mais do que as outras.

Vou até o caixa e retiro o cartão que Julian me deu, entregando para o homem que está trabalhando no pagamento.

— Apenas isso? — O rapaz mascando alguma coisa pergunta.

— Isso também. — Octavian coloca um lenço preto estampado com caveiras vermelhas com as compras.

— Você precisa disso? — questiono.

Será que ele pensou em usar?

— O Garm precisa.

Se ele escolheu, vou levar. Foi legal da parte dele ter se dado ao trabalho de escolher alguma coisa para Garm.

— Tudo bem.

O rapaz do caixa coloca tudo em sacolas que Octavian prontamente pega.

— São minhas compras. Eu levo. — Tento pegar e ele puxa as sacolas. — Qual é o seu problema?

Saímos da loja com o sino soando novamente.

— Eu estou acostumado a carregar coisas em travessias.

— Isso não é uma travessia — rebato.

— Será se você não me deixar levar.

É sério que ele me ameaçou só para levar as sacolas?

Fico em silêncio. Ele é irritante.

Passamos em frente a um restaurante com um cheiro maravilhoso. Estou com fome novamente.

— Podemos comer aqui. — Octavian para abruptamente.

— Tudo bem. Espero que Garm não seja um problema para eles.

Ele olha para o cachorro sentado a meu lado.

— Perguntamos. — Ele foi decididamente para dentro do restaurante.

Fico na rua observando o lugar. Tem mesas na rua, protegidas por um cercado de madeira e um telhado bonito. A fachada é vermelha e cintilante. Lá dentro a iluminação parece deixar tudo mais amarelado, diversas pessoas comem e riem. Estão felizes.

Octavian volta e indica com a cabeça para as mesas do lado de fora. Ele se senta em uma delas.

— Eles permitem cães nas mesas do lado de fora. Então, seu cachorro não será um problema.

Sento-me na frente dele e Garm para a meu lado.

Uma moça jovem se aproxima, ela me lembra uma garota que recebi em Helheim, vítima da peste negra. Ela é alta, morena, jovem e sorridente.

— Sejam bem-vindos. — Ela entrega uma lista com opções para comer. — O que desejam pedir?

Todas essas opções embaralham minha cabeça. Eu não sei o que os nomes significam, mas parece que todas as opções são hambúrgueres.

— Eu quero este hambúrguer com bacon e batatas fritas. — Indico na lista.

Ela anota.

Octavian me olha, com a sobrancelha erguida em dúvida.

— Quero o mesmo que ela.

— O que vão beber? — ela pergunta.

— Tem leite?

— Não... — Ela me olha confusa.

Acho que as pessoas não bebem leite com isso.

Ótimo, *Hela, seja a esquisita como sempre.*

— Um suco de laranja? — pergunto.

Ela assente.

— Água com gás — Octavian pede.

Como ele sempre sabe o que dizer? Estamos aqui no mesmo espaço de tempo, caramba.

— Obrigada. Vou trazer em breve. — Ela sorri e sai.

Olho para Garm e penso se seria estranho pedir algo para ele. Melhor não arriscar mais.

— Por que não me deixou ir embora ontem? — Ele está sério.

A pergunta me deixa surpresa e tento apenas deixar rolar.

— Eu queria que ficasse comigo — digo a verdade.

— Eu não sou o tipo de pessoa que merece compaixão de alguém. Não deveria perder seu tempo.

— Octavian, eu fugi por sua causa.

A expressão séria some e ele fica surpreso, esperando explicações.

— Eu estava com minha irmã, Rina, que na verdade é a Jörmungandr — Ele faz uma expressão de confusão. É, este nome dela é horrível. — Eu chamo de Gundy para ser mais fácil. Enfim, eu disse que queria conhecer o homem do outro lado do rio, lá Odin não poderia ver e seria mais fácil. Então, eu fui para seu reino.

Ele está pensativo, novamente com sua mania sexy de tocar a ponta do canino com a língua, pegando parte do seu lábio superior.

— Nós atravessamos, mas você não estava mais lá. — Olho para baixo e me lembro do lugar arenoso. — Tinha um deus procurando por você, disse algo sobre avisar Rá — continuo.

Ele assente lentamente.

— Osíris. Aquele era Osíris.

Já ouvi este nome.

— Seu pai?

Ele assente novamente.

— Caímos no rio quando achei que ele nos veria e ficamos contra a corrente. Eu não vim para cá, eu fui ver você — concluo.

Ele sorri, completamente.

— Eu poderia ter esperado.

— Não disse que era perder tempo? — pergunto confusa.

— Sim, você está perdendo seu tempo. Eu não. Eu estou aproveitando cada momento com você.

Ele gosta de mim ou não? Eu não entendo.

A mulher retorna com o que pedimos e começamos a comer. O gosto desse hambúrguer é divino. A carne e o molho praticamente abraçam meu paladar.

— Como é sua família? — ele pergunta.

De repente ele quer saber sobre minha família? É difícil acompanhar o pensamento desse homem.

— Minha mãe era a deusa do medo, ela não era uma deusa classificada como digna de Asgard, o lugar dos deuses. Ela encontrou meu pai, Loki, e eles se apaixonaram. Ele teve três filhos com ela, mas era casado com uma outra mulher. — Eu suspiro ao pensar no resultado desses filhos. — Eu e meus irmãos somos classificados como monstros por Odin, nosso deus maior. Então, para que não nascesse mais ninguém assim, ele matou minha mãe. Insistiu que éramos ameaças ao equilíbrio e acabaríamos matando-o, então, prendeu meu irmão em correntes, exilou-me para o inferno e minha irmã é a única com quem ele não pode fazer nada porque o tamanho dela é colossal.

Ele assente lentamente, absorvendo cada palavra.

— Seu pai não quis protegê-la? — Ele franze o cenho.

— Ele é filho de Odin, não poderia fazer nada. Ele ficou triste e apenas isso. — Dou de ombros.

— Ele não protegeu vocês. Como pôde deixar os filhos serem feitos de escravos e chamados de monstros? — Ele está ficando irritado.

Será que ele está comparando nossos pais?

— Ele não é um bom pai, ok? — tento amenizar o assunto que o incomoda tanto.

— Eles nunca são. — Ele sorri com pacificidade.

Terminamos de comer e ele sai para pagar a conta.

Meu pai virá atrás de mim, disso eu tenho certeza e não será bom.

Ele volta e seguimos nosso passeio. Isso tudo foi tão agradável. Quase me sinto parte daqui. *Com ele.*

— Sem a bengala hoje?

— Sim. Andaram mexendo nela, acredita?

— Quem faria algo tão imprudente? — finjo surpresa.

Ele ri.

Não o ouço rindo muitas vezes, e não tenho certeza se já ouvi.

— Você me dá uma sensação boa, sem usar seus poderes — ele diz.

Estou realmente ajudando sem tocar nele? Isso é incrível. Ele realmente está com uma sensação clara de felicidade.

— Você me causa a mesma coisa — admito.

— Acho que não tenho esse poder.

— Definitivamente o seu combina mais com andar vigiando a alma das pessoas.

Ele dá de ombros.

— Por que pegou um lenço para o Garm? — Encaro-o, curiosa.

— Acho que queria ter participação nisso. Eu estava junto. — Ele desvia o olhar, parece constrangido.

O modo como ele quer se manter conectado a mim me causa uma sensação boa, como uma ligação necessária. Só não condiz com suas palavras.

— Gosto que esteja junto. Como ontem — arrisco mencionar o que aconteceu.

Sinto a vergonha retornar ao falar sobre esse assunto. Novas sensações que foram descobertas fora de meu reino e parecem presas a mim.

— Ontem nós estávamos bem juntos. — Ele ri de novo.

Paramos em frente ao prédio de Julian.

— Eu gostei. — Sinto meu rosto aquecer.

— Eu também, muito. — Seus olhos brilham em excitação.

Ele segura meu rosto e me beija.

Sempre surpreendente.

Ele me pressiona contra a árvore atrás de mim, com a mão apertando minha bunda com força. Nossas línguas parecem inseparáveis.

E quente.

O gosto dele invadindo minha boca é delicioso. Quero me entregar para ele. De novo.

Garm o puxa pelo casaco, fazendo-o me soltar.

— Acho que ele tem ciúmes de você. — Rio.

Ele olha irritado para Garm.

— Eu também tenho ciúmes dele.

Seu tom é de quem está falando muito sério.

Ele segura minha mão e olha feio para Garm. Seu jeito exageradamente agressivo me faz rir.

Entramos até o apartamento de Julian de mãos dadas.

Então, vem o desespero e toma conta do lugar, tencionando cada parte de meu corpo.

Tem duas pessoas nervosas aqui.

Garm sente algo e se coloca à minha frente.

— Octavian, tem alguma coisa errada... — sussurro.

Instintivamente, seguro em seu braço com minha mão livre, aproximando-me dele.

— Eu sei.

Octavian anda apressadamente, está tudo silencioso. Eu o acompanho enquanto ele nos guia com determinação para o final do corredor.

Chegamos à cozinha e Gundy abraça-me imediatamente, chorando. Octavian solta minha mão e vai até Ékimet, que está com a mão em um ferimento na barriga.

— O que aconteceu? — Octavian pergunta, abaixando-se ao lado dele.

Ele toca o ferimento do amigo e uma luz laranja emana de suas mãos.

— Uma mulher entrou aqui e levou o Julian. — Ékimet está com dor.

Eu passo calma para minha irmã em meus braços.

— Você sabe quem era? — Octavian está sério.

— Sim, me lembro dela. — Ele olha para nós duas. — É Anput. E ela levou seu cajado.

15

Os ferimentos de Ékimet parecem diminuir conforme uso meus poderes na região afetada. Estou gastando parte da minha energia para restaurar o corpo dele. Não é inteligente, considerando que vou precisar de ainda mais força agora que meu cajado se foi.

Anput.

Ela veio atrás de mim.

Ela saberia me encontrar facilmente. Rá nos mantém conectados. Aquele desgraçado. Essa merda de conexão deve permitir que ela toque no cajado sem sofrer paralisia.

— Quem é Anput? — Rina olha para mim, nos braços da irmã.

— Deusa dos funerais. — Não quero dar muitos detalhes sobre ela.

— Como ela sabia que você estava aqui? — Rina insiste, limpando o rosto e tentando ligar os pontos.

Isso não vai soar como deveria.

Mas afinal, como deveria soar?

— Ela era minha noiva. Nossas almas foram conectadas — respondo.

Silêncio.

O corte de Ékimet está totalmente fechado quando me levanto. Olho para as duas na porta, para avaliar o motivo do silêncio. Rina me olha com raiva, como se me acusasse. Hela parece triste, pensativa.

— Como você está? — Viro para Ékimet e o ajudo a se sentar no sofá.

— Eu achei que morreria, mestre. Agradeço por ter doado sua força para que eu sobreviva.

— Precisamos encontrar o Julian — Hela fala enquanto coloca uma mecha atrás da orelha.

Vou até a janela para pensar. O que Anput quer com Julian? Ela sabe que não ligo para humanos. Mas meu cajado...

Obviamente Anput quer me atrair e me levar de volta. Ela faria qualquer coisa para que eu voltasse para aquele mundo e ficasse a seu lado. Ela não aceitou quando eu disse que não poderíamos ficar juntos. Eu a adverti para que não voltasse mais a me ver.

— Ela quer encontrar você, mestre. Disse para ir sozinho até ela. — Ékimet aponta para um papel em cima da mesa.

Pego o papel escrito em hieróglifos. É um endereço. Um hotel.

Vejo que Hela saiu da sala.

Ela não pareceu gostar do fato de minha ex-noiva ter aparecido. Também não gosto dessa ideia. Sinto que Hela tenha sentimentos por mim, mas, ao mesmo tempo, isso me conforta.

Ainda assim, é melhor eu explicar para ela antes de seguir até o encontro da sequestradora.

Merda.

Eu me importo demais com o que ela pensa.

Ando até seu quarto para consertar as coisas, porém, sou bloqueado por sua irmã furiosa no corredor.

— Não acha que já fez o suficiente? — Ela anda para o lado, impedindo que eu prossiga.

— O que quer dizer? — Continuo tentando passar.

— Você tem uma noiva maníaca que sequestrou um humano e ainda não entendeu? Não quero que toque novamente na minha irmã.

— Ela não é mais minha noiva! — quase grito. Essa mulher me irrita.

— Essa deusa achou você porque ainda estão conectados. — Ela cruza os braços para mostrar que não sairá da frente.

A porta do quarto se abre e Hela olha para nós.

— Gundy, o deixe passar. Tenho coisas a dizer também — ela diz em um tom baixo.

— Helly, não é uma boa ideia. Ele é um filho da puta mentiroso que...

— Gundy, saia — seu tom é firme.

Rina sai da frente, encarando-me com frieza.

Sigo até o quarto e ela me deixa entrar. Sinto que não teria deixado se não fosse sua irmã, que não nos daria privacidade se ficássemos no corredor.

Entro e, antes que possa me virar, ela começa.

— Anúbis, não sabemos muito um sobre o outro. Eu sei que é idiota confiar em alguém tão rápido ou ao menos esperar que acabasse de uma forma diferente... — Ela olha para o chão. — Eu sou ingênua nesse assunto. Nunca me relacionei com ninguém. Não havia ninguém lá para mim.

— Eu não me lembrei de Anput. Nunca imaginei que ela viria atrás de mim.

— Não sou esse tipo de mulher. Não vou aprovar fazer parte de uma traição. Agora que sei do seu comprometimento com ela, quero que pare de falar comigo.

Aproximo-me dela e ela se afasta. Isso me causa um calafrio.

Não, não se afaste de mim, Hela.

— Jamais faria algo desse tipo, principalmente depois do que contei a você. Eu sofro até hoje pelo adultério de meus pais, não cometeria o mesmo erro.

Ela está com um olhar perdido. Como se tivesse perdido o lugar que finalmente tinha trazido conforto para seu corpo cansado de procurar onde deveria estar. Ela via em mim uma saída que não tenho certeza se deveria ser a certa.

— Por que estão conectados se não estão juntos?

Ela me deu uma chance.

Sento-me na cama, olhando para meus pés.

— Rá, meu deus maior, nos mantém ligados porque ela não aceitou nosso rompimento. Eu não a quis — busco alguma emoção na voz, mas não encontro. — Ela implorou a ele para nos manter assim, disse que eu mudaria de ideia. Eu a proibi de me procurar de novo, disse que jamais voltaria atrás.

— Ela o ama? — Ela se apoia na perna direita.

— Não. Ela é como eu. — Suspiro. Nesse momento, não queria ser dessa forma. — Foi feita para mim, logo, ela é como um espelho do que eu sou.

— E você não ama... — ela conclui.

— Não.

Sinto a esperança em seu olhar, a expectativa que sempre vejo quando ela pensa sobre minha falta de sentimentos. Ela tem muita esperança de que isso possa ser alterado.

— Vai até ela?

Gostaria de não precisar ver aquela mulher arrogante novamente em minha frente.

— Preciso do meu cajado.

Ela cria uma expressão de raiva.

— E precisa salvar o Julian — ela faz questão de acrescentar.

— Ele é humano. Sua morte já iria acontecer de qualquer forma.

— Julian ajudou a nos esconder do próprio Zeus e agora você quer desistir dele? Ele nos salvou da polícia deste mundo aquele dia. Você deve isso a ele. — Ela cruza os braços.

— Eu não salvo pessoas. Minha vida é por mim mesmo — falo, determinado.

— Boa sorte na sua jornada. Eu preciso salvar meu amigo. — Ela abre a porta para mim.

Que mulher insistente.

É óbvio que eu não vou querer que ela se envolva nisso, pode se ferir.

E isso me preocupa agora?

— Vou tentar fazer com que ela volte para o reino. Se conseguir, ele provavelmente estará livre.

— Você não liga para a vida dele — ela rebate.

— Conseguiria matar alguém? Condenar uma pessoa viva? — eu a pressiono.

— É óbvio que não.

— E eu sinto o mesmo por ajudar pessoas. Elas estão vivas, é o momento de elas mostrarem se são boas ou não.

— Ele está lá por sua causa. Foi a sua namorada que veio pegá-lo.

Saio do quarto.

Estou cansado dessa discussão sem sentido. Não salvo humanos, não salvo deuses. É assim que eu sou e não quero mais ser questionado sobre isso.

— Eu vou resolver isso — digo.

— E se for uma armadilha?

— Ela não está me esperando pronta para me receber com um abraço. Espero estar pronto para lidar com o que ela planejou.

— Então... — Ela se apoia na porta. — Não estão juntos?

Essas mudanças de humor me deixam perdido. Sua raiva avassaladora se transformou em preocupação? Tão rápido? É difícil acompanhar essa garota.

— Não. Agora preciso que ela entenda isso.

Hela se inclina e me beija. Um beijo rápido, selando meus lábios.

— Não a deixe levar você de volta. Eu preciso de você.

— Pode ter certeza de que não está nos meus planos perder você agora que eu tenho a chance de ficar do seu lado — revelo a ela.

Toco em seu ombro exibindo o que eu sinto por ela. Provando que, apesar de não ser capaz de amar, sinto coisas por ela que nunca tive a oportunidade de sentir antes. Talvez isso diga mais a ela do que minhas palavras. Nunca fui bom com elas.

— Eu acredito em você — ela sussurra, sentindo minhas emoções.

Posso mostrar para ela mais do que isso.

Penso em Anput. Em nossas brigas diárias por seu comportamento diante do meu trabalho, nossas conversas nunca agradáveis em que ela fazia questão de lembrar de minhas origens e do quanto eu era esquecido. Penso em cada detalhe de nosso relacionamento. No olhar de desprezo que ela tinha quando me via em meu trono. Ela não queria apenas estar comigo, queria estar em meu lugar, guiando aquela fila ao invés de apenas ser minha futura esposa. Ela não estava a meu lado, estava competindo comigo a cada novo dia. Diminuía-me como resposta de sua ambição e seu desprezo por não ser ela ali, ao mesmo tempo em que sua vontade de ficar comigo me causava repulsa. Nunca me casaria com alguém por ordens. Se eu não gostava dela, não me casaria com ela. Penso nisso para mostrar a Hela que, não apenas acabou, mas que nunca foi bom.

Ela me olha com compaixão, vejo em seu rosto que sentiu minhas emoções relacionadas ao que ela queria saber. Espero que por meio de seu poder ela consiga entender como me sinto.

— Eu sinto muito por seu relacionamento. Pensei que fosse diferente. Você não sente nada bom sobre isso... — diz frustrada.

— Relacionamentos são complicados. — Dou de ombros para evitar voltar a pensar nos detalhes de como meu relacionamento era.

Ékimet, seguido por Rina, aparecem no corredor. Estão preocupados com o que irá acontecer agora que outro deus nos descobriu.

— Eu vou atrás do meu cajado. Esperem aqui.

— Não acho que você ir para um encontro romântico com sua namorada resolva nossos problemas — Rina soa ríspida.

Não tenho tempo para discutir isso com Rina. Já está anoitecendo e eu não sei o que Anput é capaz de fazer se eu não for logo ao encontro dela. Paciência nunca foi seu forte.

Ando até a saída, onde Garm está sentado. Ele está guardando a porta. Deve sentir as vibrações ruins da última visita que esteve aqui.

Quando saio para a rua, o ar está mais gelado que antes. Essa maldita neve aumentou em quantidade. Descobri que odeio neve e todo esse frio. Isso deixa meu faro confuso, é difícil definir algo com todo esse frio em meu nariz.

Ando rápido.

Vejo apenas os vultos das pessoas passando em minha volta. Meu objetivo é seguir para o hotel onde ela marcou. Não sei o endereço, mas posso seguir nossa conexão.

Não quero usar os meios de transportes humanos, andar rápido já é o suficiente. Sinto que não é longe e que é melhor não envolver nada além de mim mesmo. Não quero arriscar nada mais. Meu foco é recuperar meu cajado e fazer Anput retornar sem falar nada a Rá sobre onde me achou.

Tenho o tempo enquanto caminho para pensar no que dizer a ela quando chegar lá. Como convencê-la a me deixar ir embora? Eu não tenho muito a oferecer... Sei que sua insistência em ficar comigo será grande.

Posso oferecer o que ela sempre quis, meu trono. Ela pode assumir minha função e eu posso garantir que nunca mais precisaria voltar para lá. Sempre foi isso o que ela quis. Uma verdadeira função de um deus importante e não apenas mais uma esposa sombra de um deus. Se ela aceitar nosso acordo, não terei mais problemas com Rá ou qualquer outro deus que possa ter a chance de me procurar.

Aquele submundo é tudo o que tenho, é a única coisa que posso oferecer.

Acelero o passo.

Sinto a conexão ficando mais forte conforme me aproximo da construção na próxima esquina. É lá onde ela está e certamente está me esperando.

Entro no hotel empurrando os dois lados das portas. Não consigo conter minha raiva por ela ter roubado meu cajado.

— Ficou escuro tão cedo hoje... — Vejo uma garota no hall comentar.

Provavelmente minha raiva está chamando mais atenção do que deveria. Anput já deve imaginar que enfrentará minha fúria. Ela deve ter algo preparado para me encontrar. Não viria sozinha. Eu poderia facilmente matá-la e me livrar dela. Esse pensamento não tinha passado pela minha cabeça ainda.

Ela tem um bom plano.

Não posso matar uma deusa. Isso causaria ainda mais problemas e certamente atrairia ainda mais atenção de Rá e até mesmo de Zeus.

Subo um lance de escadas rapidamente e dobro no corredor à minha direita. Sei exatamente onde ela está.

Estico minha mão para abrir a porta e ela se abre antes que eu a toque.

— Oi, amorzinho.

Anput está vestida com um vestido preto justo em seu corpo magro e curto para suas longas pernas. Ela está usando uma maquiagem que deixa seus olhos verdes mais escuros.

Preciso ser rápido. Essa mulher me enoja.

— Meu cajado, Anput. Agora — minha fúria torna minha voz emergente.

Ela tenta puxar meu braço para me fazer entrar e eu o puxo antes.

— Anúbis, não seja um pé no saco. Entra logo. — Ela gesticula para que eu entre. — Quero conversar.

Entro de modo determinado. Preciso oferecer minha proposta para que ela vá embora logo.

— Meu cajado não está aqui. — Comento sem precisar analisar muito o quarto.

Ela se aproxima, rebolando mais do que o necessário apenas para tentar me seduzir. Ela não pode achar que sou tão idiota.

Este lugar cheira a perfume caro. Tem uma grande cama no meio do quarto, um sofá, uma televisão e uma geladeira pequena ao lado da cama. As paredes têm detalhes de flores amareladas que refletem com a iluminação exagerada do lustre. Tem uma porta que eu imagino ser o banheiro do lugar. A grande janela está mostrando a escuridão lá fora. Como uma noite estrelada. Posso ver as pessoas passando ao fundo.

— Você vai voltar comigo e se casar. O humano e o cajado voltam para o lugar que deveriam. — Ela se senta na cama e cruza as pernas.

Ela deve estar louca.

— Isso não vai acontecer. Sabe que eu não me casaria com você. — Sinto a agressividade em minha voz.

— Achei que entendia isso. É sério. Levou um tempo para entender que você era um deus desprovido de emoções boas. — Ela sorri de uma forma cruel. — Até que eu vi você hoje. Eu fui procurar você diretamente e me deparei com uma cena que me deixou em dúvida se suas emoções são tão inexistentes quanto você diz ser.

Porra.

Eu passo a mão na nuca. Preciso me acalmar ou vou acabar deixando as coisas mais difíceis com uma deusa morta.

— Anput, eu não vou mais voltar. Pode ir embora e ficar com tudo que era meu. Seja a deusa dos mortos e me deixe em paz — passo a calma para minha voz.

Ela fica surpresa e posso sentir que está pensando enquanto me encara.

Seus olhos mostram a pessoa cruel que ela é. Ela deseja a morte de alguém. Seria Julian? Não consigo ver com exatidão. Ela desvia o olhar quando percebe que estou descobrindo suas impurezas.

— Não é educado espionar a alma de uma dama. — Ela pisca para mim.

— Você aceita ou não?

— Não. Eu não quero que aquela mulher fique com você. — Ela ergue os ombros. — Você é meu e vai para casa comigo. Não preciso ser a deusa dos mortos.

— Está tornando tudo mais difícil agindo assim. — Lanço meu olhar duro.

Essa filha da puta só pode estar brincando. Ela não pode me obrigar a voltar usando meu cajado como chantagem. Eu jamais voltaria e me casaria com ela. Isso é ridículo.

— Acha mesmo que eu vim sozinha aqui, amor? — Ela ri. — Rá está com o humano e com o cajado. Ele me trouxe para encontrar você e convencê-lo a voltar.

Merda. Rá.

— E você acha que pode me fazer voltar com ameaças?

— Eu achava que o cajado seria suficiente, sim. Agora eu penso em dizer algo diferente para Rá — Ela finge estar pensando em algo. — Quem sabe algo como matar aquela mulher?

Não tocará nela, maldita.

Minhas mãos se fecham em punhos.

Ela não mataria alguém somente para me fazer voltar. Era Hela quem ela queria matar?

— Não deveria matar pessoas só para obrigar alguém a se casar com você.

Ela ri alto.

— Você está me ensinando como tratar as pessoas? Logo você?

— Eu não vou voltar com você, Anput. — Rosno, pronto para atacá-la.

Ela se levanta e arruma o vestido. Olha para mim em seguida, abrindo um largo sorriso.

— Se você aprendeu a sentir alguma coisa aqui neste mundo, vamos descobrir na sua próxima escolha. — Ela ergue dois dedos e sinaliza o primeiro com a outra mão. — Pode escolher ir comigo e se casar, deixando sua amiguinha viva. — Ela apontou para o segundo dedo. — Ou, é claro, pode ficar e eu vou embora ficar no seu lugar, sua amiga morre nessa opção.

Não posso arriscar a vida de Hela assim. Preciso pensar em uma saída. Eu a mataria agora mesmo se ela não tivesse comentado que Rá veio com ela. Se eu matá-la, ele virá para cá imediatamente e o resultado será pior.

— Anda logo, lindinho. — Ela coloca as mãos na cintura.

Preciso proteger Hela.

— Eu escolho voltar.

Eles podem matá-la de qualquer forma.

Rá não faria isso, Anput poderia tentar, mas Hela tem uma força maior que a dela.

Anput me olha com um olhar de total descrença. Percebo em seus olhos que, apesar da vitória, ela preferia que eu tivesse optado por deixar que Hela morresse.

Eu não optei por escolher o que era melhor para mim, escolhi o que era melhor para outra pessoa. Este mundo realmente me modificou.

Talvez Hela tenha me modificado.

— Vou informar Rá que você vai voltar conosco. — Ela vai até a saída. — Eu vou voltar para buscar você. Se tentar fugir, vou considerar como a segunda opção e tenho certeza de que Rá também.

Ela sai pela porta, deixando-me preso novamente. Sinto as amarras voltando para meu pescoço como uma coleira apertada. Estou de volta para a tortura diária que espera por mim todos os dias. E, agora, está pior. Eu sei que não vou estar com ela, mesmo depois de ela ter pedido para que eu ficasse. Mesmo depois de *querer* ficar.

Não tem discussão em relação a isso. Rá a mataria. Não vou arriscar a vida dela por sentimentos idiotas que resolveram aparecer. Eu prefiro que ela viva do que morra a meu lado.

Saio do quarto para o largo corredor. Ando como o perdedor que me tornei. Não imaginei que ela usaria o próprio Rá para me fazer voltar.

O frio da rua não me incomoda mais. Nada me incomoda. Acabei de perder a oportunidade que encontrei. Parece patético ter acreditado que um dia teria uma vida aqui. Acho que só agora percebo que realmente considerei a ideia de viver para sempre aqui. Viver do modo que eu escolhesse.

Essa sensação dentro de mim não para de crescer. O *fracasso*. Eu sempre fui o excluído, nunca o perdedor. Isso é dilacerante.

Se eu morresse neste mundo, eles deixariam Hela viva e eu não precisaria voltar para aquele lugar. Teria meu próprio julgamento e não seria escravizado naquele lugar.

Paro e observo a rua, procurando algo que possa me ferir.

Quando vejo *ela*.

Hela corre em minha direção e me abraça.

Seu corpo pequeno contra o meu me causa conforto momentâneo. Acalmando o próprio tom escurecido do céu que refletia minha angústia. O casaco balançando com o vento, sua mão delicada tocando meu rosto.

— O que está sentindo é horrível. O que aconteceu?

— Eu não consegui...

Não consigo olhar para ela. Dessa vez, eu sou quem tem medo de ser julgado pelo olhar. Nada que eu diga pode melhorar minha situação. *Nossa*.

— O que vai acontecer? — Ela sabe exatamente o que eu sinto.

Sinto seu toque me confortando e me afasto. Eu não mereço o conforto dela. Perdi tudo que construí nesses últimos dias.

— Eu vou voltar e me casar com Anput — despejo cada palavra, sem vida.

Ela se afasta de mim.

Tudo que posso fazer é olhar para o chão. Não tenho coragem para focar em seu rosto agora.

— Quando vai partir?

Sinto a dor em sua voz.

— Isso vai depender de quando ela voltar. Ela foi avisar Rá de que irei voltar. Eles vão liberar o Julian.

Tento focar em Julian, o humano que ela queria tanto que ficasse bem. Sei que Rá será justo e o devolverá em segurança. Ele quer apenas minha presença em seu reino novamente, não o sangue de um humano inocente em suas mãos divinas.

— Fico feliz que Julian fique a salvo mas... — ela evita continuar.

— Você vai ficar bem.

— Não acho que isso seja verdade. Não é comigo que me preocupo — ela comenta, triste.

Hela...

Sinto tanta raiva por não ter evitado essa merda toda de acontecer. Deixar que Anput controle meu destino é inaceitável.

Seguro a mão dela e começo a voltar pela mesma rua de sempre, com tantos restaurantes que nunca terei a oportunidade de ir.

Me permito sentir mais além da raiva, como a tristeza que existe dentro de mim. Eu queria conhecer muitas coisas antes de voltar. Hela me deu tanto em poucos dias e agora preciso deixar para trás pior do que quando cheguei. Meu vazio não tinha nome nem vontade, apenas ambição. Neste momento, estou voltando com ele preenchido por alguém. Eu sei do que sentir falta. *De quem.*

Percebo que estou olhando para Hela quando ela para abruptamente em frente a um prédio. Está escrito Absolute Comedy Ottawa. Um ornitorrinco com um microfone é o logo do lugar. Parece um lugar divertido. Tem um toldo comprido em cima da porta, algumas flores na calçada. O nome do lugar descrito em um banner.

— Dionísio e Afrodite estão esperando lá dentro. — Ela indica o lugar. — Eles não queriam conversar no apartamento. Acharam perigoso.

Eu a sigo para dentro do lugar. Subimos uma escadaria até dar no grande salão. É espaçoso. As paredes em um tom roxo e o chão em verde escuro chamam minha atenção. O lugar tem um clima aconchegante. Sinto que este lugar é uma escolha óbvia de Dionísio, combina com ele.

Pagamos nossas entradas e de relance posso ver Dionísio inclinado em uma mesa de sinuca. Ele ri alto de alguma coisa que uma das pessoas a sua volta comenta. Afrodite está no bar, conversando sedutoramente com um humano. Ékimet e Rina estão sentados em uma mesa em frente ao grande palco com cortinas brancas.

Decido ir até a mesa onde os dois estão sentados. Hela me acompanha. Quando nos aproximamos da mesa, vejo Afrodite se direcionar até nós com um drink na mão e Dionísio se despedir dos rapazes da mesa de sinuca.

Ao me sentar do lado de Ékimet, ele se vira para mim, pronto para questionar sobre o que aconteceu entre mim e Anput.

— Vamos salvar o Julian ou não? — Dionísio interrompe.

Dionísio está em seu modo "Gabriel Star". Calças jeans rasgadas, camisa preta com nome de uma banda de rock chamada Aerosmith e seus tênis de cores diferentes, um preto e outro azul. Aquele transversal em sua orelha sempre me faz questionar sua adaptação no mundo humano. Parece realmente nascido aqui.

— Octavian, querido, Ékimet me disse que a responsável por isso é sua ex-noiva. — Afrodite se senta a meu lado. — O que vocês conversaram?

Eu olho para a mesa, sentindo todo o meu ódio voltar. Fui chantageado como um grande idiota.

— Para que ninguém se machuque, vou voltar para casa com ela e me casar — digo friamente.

Afrodite se move com inquietação a meu lado, olhando para Hela, que está ao lado de Rina. Por que ela olhou para Hela?

— Você vai o quê?! — Rina me olha com ódio.

A deusa loira bate suas longas unhas vermelhas na mesa. Está pensando.

Ela usa um vestido vermelho com um decote que evidencia seus seios, como sempre. O vestido justo marca sua cintura, com detalhes que deixam sua pele à mostra nessa região. O contraste de sua roupa não é nada parecido com o das outras duas deusas presentes. Hela com sua blusa preta que esconde sua presença, apesar de ser justa o suficiente para destacar seus seios fartos. Rina usa um moletom azul com uma cobra roxa bebendo vinho na estampa.

— Não é o certo. Sabe disso, não sabe? — Dionísio diz, balançando sua cadeira para trás e para frente.

— Ela não me deu opções melhores.

— Octavian, você não pode se casar com aquela mulher. — Ouço a frustração na voz de Afrodite.

— Eu não tenho escolha.

Afrodite parece reagir com essa informação, como algo ofensivo diretamente a ela. Como se doesse em seu orgulho.

É claro, ela sabe como é ser casada por obrigação, sabe exatamente o inferno pelo qual terei que passar. Apesar de parecer que tem algo além disso.

— Podemos achar uma saída, juntos — sugere Dionísio.

— Deus Rá é poderoso demais, não há saídas para isso. — Eu não quero criar esperanças com nada.

Dionísio começa a olhar para os lados, em busca de inspiração para uma ideia inovadora.

— Quer dizer que sua primeira opção em uma curta conversa foi escolher se casar com ela? — Rina me desafia.

— É claro e depois sugeri termos um elefante, quem sabe não combina com nossa nova casa? — Tento manter a paciência, mas não consigo.

— Seria mais inteligente tentar mentir dizendo que não aceitou a primeira proposta que ela fez. — Ela tenciona o corpo.

— Eu ofereci minha proposta, mas ela tinha Rá na manga, o que eu poderia fazer? — elevo o tom da minha voz.

— Gundy, se acalme... — Hela tenta tocar a mão dela.

Rina afasta a mão. Ela quer brigar, não quer ficar calma.

— Quer saber, Octavian? Para mim você não passa de um filho da puta que só queria aproveitar um pouco de farra antes de se casar! — Rina praticamente grita.

Não aguento mais essa desgraçada.

Levanto-me e bato no centro da mesa, que quebra com o impacto de minha fúria.

— Era a vida de Hela ou a minha liberdade! — Olho furioso para ela — O que acha que eu escolhi?

Já chega.

Eu saio sem olhar para trás. Deixando o silêncio que paira naquele grupo.

Acho que tem uma apresentação iniciando no palco, mas não me viro para olhar. Não quero passar mais um segundo com as acusações dessa garota.

Desço as escadas furiosamente, sinto meus pés batendo com força contra o chão.

O frio aumenta, mas já não dou a mínima. Que se foda este lugar todo.

— Octavian. Espere.

Me viro e Afrodite vem atrás de mim, com seus saltos da cor do marfim. Que porra ela quer dessa vez?

— Acho que precisamos conversar. — Ainda sinto a ofensa na voz dela.

— O que você quer?! — eu grito.

Ela cruza os braços e os olhos em tom rosa brilham com sua raiva. Voltando ao verde humano.

— Quero que considere o amor. Ele não é um monstro, Octavian.

Passo a mão na nuca. Ela quer falar de amor. Minha fúria está quase explodindo minha cabeça e essa maldita quer falar de amor.

— Amor é para pessoas fracas.

Ela ri com desprezo.

— É mesmo? — Ela dá um passo em minha direção. — Me diga, então, por que você tem medo dele?

Mantenho meus pés firmes no chão.

— Eu não sinto medo de nada.

— Pobre Octavian... — Ela balança a cabeça. — Você não entende mesmo, não é?

— Diga logo o que quer, Afrodite.

— Venha comigo.

Em um estalar de dedos, estamos no topo de uma montanha, não vejo nada além de neve. O frio aqui parece ser insuportável para qualquer ser humano.

Vou até a beirada e arrisco olhar para baixo. O chão é invisível. Apenas nuvens e nada mais.

— Os mortais chamam este lugar de Monte Everest. É considerado o topo do mundo. Está localizado na Ásia, longe de onde estávamos. — Ela anda lentamente. — Esse monte tem mais de 60 milhões de anos.

— O que quer me mostrar com isso?

Ela sorri e abre os braços a meu lado, o vento aqui é sufocante.

— Para os humanos, essa falta de oxigênio pode ser mortal, o frio, a dificuldade da escalada. Esse monte pode representar a morte para eles.

— Imagino que sim. Diga logo por que estou aqui. — Estou perdendo a paciência.

— Esta vista que você está tendo o privilégio de ver é pelo que muitos lutam. — Ela anda pela volta de todo o precipício do monte. — Alpinistas apaixonados. Eles lutam contra as próprias vidas para chegar aqui. — Ela me olha. — Lutam contra a chance de morte, contra o frio, a fome, as dores, todas as dificuldades que possa imaginar. Apenas para pisarem aqui. — Eu vou seguindo com ela pelo precipício, com as mãos para trás do corpo, evitando demonstrar o quanto estou congelando aqui. — A paixão nos leva a fazer coisas impensáveis. Desafiar nossa vida, colocar nosso destino à prova, mostrar a todos que estão errados sobre o que acham. — Ela para. — Nos leva a escaladas absurdas para superarmos a nós mesmos ou pode nos levar a atravessar um rio em busca de algo novo.

— Era isso que veio me ensinar aqui? Que arrisquei muito para chegar a este lugar?

— Você sabe o que arriscou. Você sabe o que deixou para trás. — Ela suspira. — Mas acho que não sabe o que encontrou, Octavian.

— O que quer dizer?

— Não consegue apreciar a vista que tem aqui nem a vista que tinha lá onde estávamos. — Uma pausa. — Luta para encontrar coisas que não nomeia e, por sorte, encontra. Precisa abrir seus olhos antes que seja tarde.

Cruzo os braços. Não acredito que estou ouvindo tudo isso já tendo dito a ela que eu sou obrigado a partir.

— Já é tarde para qualquer coisa que envolva estar aqui fora.

— É muito pessimista em relação a tudo. — Ela coloca a mão na cintura. — Fico um pouco ofendida com sua visão sobre o meu trabalho.

— Não sei o que você faz exatamente.

— Eu vejo o amor. Eu tento guiar as pessoas até ele. — Revira os olhos. — Claro que nem todas buscam ou se importam em seguir o caminho certo. Algumas seguem, mas desistem antes de encontrar e outras encontram, mas não sabem. — Ela me lança um olhar acusatório. — Não é fácil lidar com isso e eu tento auxiliar quando é necessário.

Você não vai me levar por seu caminho, Afrodite.

Amor é uma piada e meu destino com ele já está traçado.

— Eu não amo Anput e, ainda assim, serei obrigado a passar minha eternidade casado com ela. O amor é uma mentira — ataco-a exatamente onde dói.

Afrodite põe a mão no queixo e força uma expressão pensativa. Ignorando minha clara tentativa de desestabilizá-la.

— Será obrigado? Achei que você tivesse a opção de liberdade também.

— Sim, isso resultaria na morte de Hela — minha voz sai sufocada com a ideia.

— Sabia que dizem que, se você não ama nada, não teme nada? — Ela me dá um sorriso.

— Não. — Estou ficando cansado disso.

— Você tem medo.

Patético.

— Só pode ser brincadeira. Como ousa pensar algo assim? — Eu rio.

— Hum. — Ela volta a pensar. — E voltamos à questão: por que não deixa Hela morrer?

— Ela não merece morrer.

— E se eu a matar depois que você for embora? — Seu olhar persuasivo fica rosa.

Minha fúria sobe subitamente, assim como a vontade de jogar essa mulher lá embaixo e arrancar seu coração.

Acalmo-me. Ela só está me testando.

— Eu descobriria e mataria você — uso minha sinceridade.

— Seus olhos brilham em laranja quando mostra seu ódio. — Seu comentário aleatório me faz parar de andar.

Irrelevante.

Eu tento encontrar a calma. Preciso ser mais forte do que isso.

Afrodite para no centro do cume.

— Você terá mais uma chance. — Ela soa séria. — Uma última chance de descobrir se o amor é realmente uma mentira. A última chance antes de perder isso para sempre.

— O que me faz ter mais uma chance?

— A vontade de uma mulher em mostrar a você quem realmente é.

— Por que quer fazer isso?

Ela ri.

— Não estava falando de mim.

— O que eu preciso fazer para aproveitar a chance?

Ela suspira e fecha os olhos.

— Conhece muito bem o destino. — Ela abre os olhos e me encara. — Está na hora de decidir o seu. A prisão ou a liberdade.

— Isso é ridículo. Ninguém escolheria a prisão.

— Não se decide o destino assim, suas atitudes vão decidir por você. Talvez assim descubra o que tem dentro de você.— Ela se vira de costas e ergue um braço. — Não me decepcione.

Ouço o estalar de dedos e estamos de volta a Preston St. com seus prédios e sua linda paisagem. Esse frio não chega nem perto do que estava lá.

Afrodite bate na neve do vestido e sorri para mim, andando para dentro de onde saímos há poucos instantes.

Estou confuso com suas palavras. O amor não existe para mim. É realmente para mortais fracos que acreditam que ele possa mudar algo. E para Hela também. Como uma deusa como ela pode acreditar que o amor exista? Talvez ela sinta nas almas mortais que encontrou.

Nunca irá encontrar em mim.

Fui feito e ensinado a ser cruel para que me respeitem. Se quero ser ouvido, preciso ser mau. Para que as almas sigam minhas ordens, precisam me temer. Todos me temem, até mesmo alguns deuses têm medo de mim. É assim que mantenho minha reputação. Meu respeito é conquistado por meio da frieza com os outros. Pode não ser a melhor forma, mas foi a única que aprendi.

Sento-me no banco da calçada e passo a mão na nuca.

Eu poderia ser um humano para sempre. Poderia conhecer lugares novos. Ouvi falar sobre um mar, onde a água se ergue com o vento e forma ondas que arrebentam quando tocam o chão, movendo-se até a beira, onde a areia cerca toda aquela abundância de água salgada.

Hela sai pela porta e a vejo sorrir ao me ver. Está encantadora com seus cabelos ondulados, expostos sempre do mesmo lado do rosto.

Aproximando-se com cautela, para em minha frente. As mãos na frente do corpo, uma expressão de constrangimento está em seu rosto enquanto olha para o lado direito.

— Afrodite disse que queria me ver — sua voz é baixa.

Afrodite e seus planos de me deixar perdido.

Posso tentar fazer o que ela pediu e usar minha última chance. Um último encontro com *Hela*.

Sim. Farei isso. Preciso passar esses últimos momentos aqui com quem me fez querer ficar.

Somente eu e Hela. Para sempre em minhas memórias.

— Acho que não vou ficar muito tempo aqui para incomodar você, quero garantir meu trabalho até o fim.

Ela ri e me olha.

— O que tem em mente?

Nada.

Preciso pensar em algo que Julian tenha sugerido nos últimos dias.

— Quer ir ao cinema comigo? — Tento sorrir para ela.

A surpresa preenche seu rosto. Acho que também está empolgada com a ideia.

— Quero.

Pego meu telefone. O cinema mais perto fica longe demais para irmos caminhando.

Chamo um motorista no aplicativo que Julian me ensinou a usar. Ele cadastrou um cartão que paga a viagem automaticamente. Hela se senta a meu lado enquanto aguarda, observando como funciona. Minha localização entra automaticamente, depois apenas procuro o nome da rua do cinema mais próximo. Fica em Marche Way. Adiciono o nome e eles indicam que ele estará aqui dentro de dois minutos.

— Nossa carona vai chegar logo. — Eu olho para ela.

Hela está fascinada com as funções do telefone. É realmente incrível o que se pode fazer com apenas um pequeno aparelho. Deveria ser grato a Julian por tudo o que me ensinou sobre este mundo. Estou tentando evitar admitir, mas talvez ele tenha se tornado um bom amigo.

— O que é um cinema? — Seu olhar curioso cai sobre mim.

— Não sei exatamente. Julian disse que é divertido. Escolhemos um filme, que é uma história contada por meio de cenas, e entramos em uma sala escura para observar as coisas acontecerem na história que escolhemos.

— Adoro histórias. Estou ansiosa para ver.

— Também estou curioso sobre como isso poderia ser.

Ela ri com um pensamento.

— Minha irmã vai me matar por sair com você.

Reviro os olhos.

— Estou aqui para fazer você viver o momento. — Pisco.

Não quero falar sobre a irmã dela e o quanto ela é irritante.

Nosso carro chega. Levantamo-nos, seguimos até a porta e nos sentamos no banco de trás do carro preto. Sandero, pelo que diz o aplicativo do telefone. Não entendo nada desses carros, descobri há pouco tempo que eles usam os nomes para diferenciá-los.

— Boa noite — a moça no volante nos cumprimenta.

— Boa noite — respondemos ao mesmo tempo.

Assim que nos sentamos e colocamos os cintos de segurança, que é uma regra para essas pessoas, ela começa a dirigir para onde selecionei. Essas faixas que prendemos na volta do corpo, chamadas de cintos, servem para que acidentes tenham danos reduzidos. A velocidade com que os carros se movem é alta o suficiente para matá-los caso haja algum tipo de impacto.

Admiro distraidamente Hela, gravando seus detalhes, seu rosto apreciando a cidade pelo vidro do carro. A sensação de olhar para ela traz a calma de que eu preciso. Uma certa felicidade que sobe do peito até minha garganta.

Essa mulher é incrível.

A empolgação que vejo brilhar no rosto de Hela me lembra do que Afrodite disse sobre apreciar o que vemos. Eu não vejo a beleza no que ela vê. Eu vejo a beleza *nela*.

— O que foi? — Ela me tira dos pensamentos.

Não reparei que ela estava olhando para mim.

— Parece feliz — comento.

Ela olha para as mãos.

— Gosto de conhecer coisas novas, mas não acho que feliz seja a palavra adequada para o que eu sinto.

Seguro a mão dela.

Ela dá seu sorriso estranho por parecer triste.

— Está tentando me confortar? — Ela me olha.

— Acho que alguém deveria tentar.

Ela sorri, um sorriso meigo.

O carro para e a moça mexe no telefone.

— Obrigado, senhor. Tenha uma boa noite.

Eu desço do carro. Não tenho muito tempo e quero apreciar somente com Hela agora.

— Obrigada — Hela responde.

Seguro a mão dela para ajudá-la a descer e fecho a porta do carro.

Finalmente vamos ter um encontro. Um último encontro. Preciso me esforçar para criar a melhor lembrança de nossas vidas. Sei que vou lembrar-me dela por toda a minha existência.

Hela me olha, animada com todas as pessoas e os prédios que existem aqui.

— Vamos conhecer o lugar? — pergunto.

— Sim! — Sua empolgação pelo mundo humano aparece.

Apesar de não aceitar o motivo, vou sentir falta de ver a empolgação em sua face.

Entramos em um complexo com quatro prédios comerciais. O primeiro prédio com vários restaurantes, mesas do lado de fora com várias pessoas comendo e sorrindo. O segundo prédio parece ser o que eu busco, está escrito Cineplex Cinema. Esses dois prédios têm a mesma estrutura moderna, com cores em cinza e preto. O prédio ao lado do cinema é diferente, amarelo com um topo circular, parece ser um local para eventos. O último prédio é um cassino, escrito em um letreiro brilhante.

A rua pela qual passamos está decorada com uma iluminação alegre, várias pequenas lâmpadas amarelas penduradas nas árvores.

Andamos até o prédio do cinema, posso ver quatro árvores cercando um conjunto de mesa e bancos, esse modelo de cercado de árvores se repete até o final da rua.

Passamos pelas portas duplas de vidro, de mãos dadas. O interior do prédio é composto de colunas ladrilhadas em vários tons de marrom com o topo branco, luzes azuis iluminam a parte branca das mesmas, as paredes são simples e brancas. Vejo uma escada rolante à nossa frente e uma loja a meu lado que me chama atenção pelo barulho que fazem lá dentro, tem máquinas estranhas e brilhosas. As pessoas lá dentro são em grande maioria jovens, todos parecem muito felizes em suas atividades curiosas, uma delas eu reconheço, que é tiro ao alvo. Gostaria de ter a oportunidade de conhecer.

Olho para Hela e ela mantém seu olhar entusiasmado, analisando tudo à sua volta. Várias pessoas passam por nós segurando sacolas e andando em grupos. Vejo um indicativo de que o cinema está no andar de cima.

Observo as pessoas subindo.

— Não podemos tentar subir de outra forma? — Hela olha assustada para a escada rolante.

— Está com medo? Uma deusa como você? — Lanço um olhar desafiador.

Ela suspira e assente.

— Vamos tentar.

Coloco meu pé lentamente no primeiro degrau, que não para de se mover, coloco o segundo rapidamente para não cair e estou andando sem precisar mover as pernas. Sinto duas mãos segurarem firme meu quadril, viro-me e vejo Hela me abraçando para não cair.

— Isso é estranho, não é? — Sorrio.

— Eu quase caí. A escada está subindo por nós! Isso é incrível.

Piso fora dos degraus que se movem e puxo Hela comigo, não quero que ela caia.

Ela pega minha mão e nós seguimos para os locais onde vemos cartazes exibindo as opções de filmes. Hela vai até lá para ver os cartazes.

O chão marrom tem linhas na cor bege fazendo marcações para que a fila se organize naquele sentido. A fila aguarda ansiosa para comprar ingressos, pipoca, chocolates e outras coisas que o letreiro diz.

Abraço os ombros de Hela e ela treme abaixo de meu corpo.

— O que quer assistir? — sussurro em sua orelha.

Ela cora.

— Este filme parece envolver muita morte e eu acho que disso nós dois já estamos cansados. — Ela aponta para um dos cartazes.

Uma garota pálida se contorcendo no chão, no rodapé diz ser terror. Imagino que sim, parece um demônio.

— Tem razão.

Passo meus olhos pelos cartazes. Um homem correndo com uma criança no colo, parece ter garras nas mãos, ação. Uma garota mascarada beijando um homem em uma capa bem escura, romance. Um filme sem pessoas, parece ser um tipo de desenho, uma capa bem colorida, animação. Outro que a capa me parece estranha, não entendo o que significa, mas parece ter um macaco gigante no fundo, aventura.

— Este. — Ela aponta com toda certeza para sua escolha.

Um monstro dançando com uma garota de amarelo. "A Bela e a Fera". Podemos tentar o que ela escolheu.

— Tudo bem.

Vou para a fila comprar os ingressos e descobrir o sabor da pipoca.

Não consigo evitar rir. Estou em uma fila. Finalmente descobri a sensação de esperar para ter a atenção de alguém. É realmente irritante. Já estou cansado de ficar aqui.

Hela pega minha mão e para a meu lado.

— Obrigada por ter vindo aqui, comigo. Eu achei que... — Ela olha para o lado.

— O quê? — insisto.

— Achei que você iria embora sem falar comigo.

— Hela, eu tenho muito o que aprender até ser uma pessoa boa. — Suspiro. — Mas, mesmo que não viéssemos aqui, eu conversaria com você antes.

Ela coloca a mão no braço direito, acariciando para se acalmar.

— Eu fico muito feliz quando estamos juntos. — Ela sorri.

Passo meu braço pela cintura dela e beijo o topo de sua cabeça. Ela é tão pequena.

— Você é pequena. Eu gosto disso.

— Não parece ser muito comum por aqui. — Ela olha em volta.

— Meu povo diz que mulheres pequenas são uma dádiva.
Ela ri.

— Você é a *minha* dádiva — eu falo.

Sinto seu corpo tremer com minha fala e ela olha para o chão.

— O que gostaria, senhor? — O atendente me olha
com cansaço.

— Dois ingressos para... — Esqueci o nome do filme. —
Aquele filme do monstro e da garota.

Ele se esforça para segurar a risada de minha descrição
nada elaborada.

— Selecione as opções de assentos. As opções apagadas já
foram selecionadas — Ele aponta para a tela à minha frente.

O atendente olha para Hela, que dá de ombros e olha con-
fusa para a tela. Clico em dois lugares que estão disponíveis no
meio de vários também disponíveis. Não quero muitas pessoas
a meu lado.

— Algo mais?

— Quero pipoca, chocolate, essas balas que tem aqui embaixo
e, hum... — Olho para as opções — Dois copos disto. — Aponto
para o pedido da mulher sendo atendida ao lado.

— Ok... Qual o sabor das pipocas? Gosta de doce ou salgada?

— Quero as duas. No maior tamanho.

Hela ri a meu lado.

— Quer alguma coisa?

— Acho que não. Já pediu tudo. — Ela continua rindo.

Aguardo sem paciência meu pedido. Não posso dizer que
estou muito tempo esperando.

— Sempre impaciente. — Hela repara e toca em minha mão.

Depois que pego todas as coisas. Nos dirigimos para a sala
2 onde o filme começará em cinco minutos.

Hela segura as bebidas e os ingressos entre os dedos enquanto
meus braços estão cheios com todas as coisas que eu pedi. Talvez
tenha pedido coisas demais, porém quero provar tudo.

Ela entrega os ingressos para a moça de piercing no nariz que sorri quando nos aproximamos. O cinema por dentro é escuro, muito escuro. Algumas luzes estão acesas nos cantos da parede, luzes em forma de estrelas. Subimos os degraus iluminados até nossas poltronas.

São muito confortáveis. Arrumo as coisas em meu colo e olho para Hela, dando um suspiro propositalmente exagerado.

— Não virou nada no chão. Foi uma performance impressionante. — Ela pisca.

— Tenho muitos talentos. — Pisco de volta.

Hela pega uma pipoca e sorri.

— É deliciosa. Prova!

Ela se inclina sobre mim e coloca uma pipoca em minha boca. Eu aproveito para morder o dedo dela. Ela ri e se afasta.

A pipoca é realmente deliciosa. É como se derretesse em minha boca.

O filme começa e as luzes se apagam, deixam tudo completamente escuro. As pessoas ficam imediatamente em silêncio e um som muito alto enche a sala. A tela gigantesca à nossa frente começa a exibir imagens. Isso vai ser divertido.

Hela come pipoca enquanto assistimos ao filme. Depois começamos a comer a outra, misturando com balas e chocolate. É tudo incrível, exceto por uma bala amarela que é doce demais. Essa bebida gasosa que abraça meu paladar com o açúcar também é fantástica.

— Você fica fofo quando está sorrindo assim — Hela fala baixo, próximo a meu ouvido.

Olho para ela, confuso.

— Como estou sorrindo?

Ela toca em meu lábio, acariciando levemente, indo em direção ao outro lado e voltando, com os olhos focados em minha boca demonstrando desejo.

— Como um deus — sua voz é calma como seu movimento.

Inclino-me sem me importar com o que está em meu colo. Minhas mãos tocam seu rosto com determinação, trazendo-a para meus lábios. Hela suspira em meio a nosso beijo e isso me liga no mesmo instante.

Minhas mãos ansiosas passeiam por seu corpo, demorando-se em seus seios macios, por baixo de sua blusa. Sua face rosada se afasta de nosso beijo para me encarar, soltando um gemido baixo. Toda minha razão se perde, minhas mãos descem até sua bunda e a puxam para meu colo, porém, sou interrompido por ela.

— O que está fazendo? — sua voz ofegante expressa desejo e excitação.

— Você não quer? — Não escondo meu espanto. — Me perdoe.

Eu estava a forçando esse tempo inteiro? Ela não queria nada e entendi errado? Não sei como me desculpar de algo assim.

Antes que consiga me afastar, suas mãos delicadas seguram meu rosto, fazendo com que meu olhar culposo fixe no dela.

— Eu não consigo ficar longe de você e fico feliz de saber que você sente o mesmo, — Sinto suas mãos acariciando meu rosto. — mas não acho que você esteja raciocinando direito. Estamos em público.

Ela tem razão. Deixei meus instintos falarem mais alto que a razão. Este lugar está cheio, não posso fazer algo assim entre eles.

Sorrio para ela.

— Dessa vez, vou deixar você fugir.

Ela revira os olhos.

— Eu jamais fugiria — diz depositando um beijo casto em meus lábios e soltando meu rosto, ficando novamente ereta em seu assento.

Volto a comer a pipoca que restou.

O que eu ia fazer? Não sei o que está acontecendo comigo.

Coloco todos os lixos dentro de um saco de pipoca vazio. Com os braços livres, passo ao redor de Hela, ela se deita em meu peito. Olho rapidamente para seu rosto, concentrado, calmo e feliz. Nunca vou me esquecer desse dia. Nenhum desses dias. Nunca vou me esquecer dela.

Percebo que estou com a língua no canino novamente.

Presto atenção na tela. Identifico-me com o monstro. Sinto que sei como ele deve se sentir. Olho para baixo e estou sendo observado.

— O que foi? — sussurro.

— Eu... — Ela inicia e olha para baixo. — Acho melhor esperar o filme acabar para conversar — ela sussurra e sorri.

O filme segue. É absurdo para mim imaginar algo assim, as coisas sendo retratadas como se estivessem acontecendo e estivéssemos lá. É uma sensação que nos deixa imersos nas maravilhas que acontecem. Sinto como se conhecesse aquelas pessoas, depois de tudo o que vi sobre a vida delas. Sinto-me parte daquilo. Esse filme é bom.

Será que todos são assim? Tenho vontade de sair e comprar ingressos para os outros. Talvez até para esse mesmo filme novamente. Quero participar de outras histórias.

O filme acaba e as luzes se acendem.

Hela tira a cabeça de meu peito e fica sentada, limpando os olhos. Não sei se chorou durante o filme ou se as luzes incomodam seus olhos.

Levantamo-nos e vamos abraçados até a luz que indica a saída. Jogo o lixo na lixeira no fim da sala e volto a abraçar Hela. Eu me sinto humano. É mais agradável do que imaginei que seria. O que corre em minhas veias não é mais apenas sangue divino, sinto a excitação da *vida*.

Vamos andando até as escadas e ela acena para o rapaz que vende os ingressos, sorrindo. Depois para a garota do piercing. Ela é muito simpática com todos.

— Eu amei como aquele filme descreve tão bem como as pessoas podem se amar mesmo com tantas diferenças — ela comenta.

— Acha que é possível?

— Sim.

Não posso concordar com isso.

— Não concorda, não é? — ela diz como se lesse minha mente.

Nego com a cabeça.

A confiança na voz dela é nova. Uma determinação nova.

— Deixe que eu ajude desta vez. Evitando acidentes.

Chegamos até a escada de descida e seguro a mão dela.

Ela ri e eu a ajudo a colocar os pés no mesmo degrau. Eu faço o mesmo e a abraço. Quero ter o máximo de contato que eu puder antes que isso acabe. Para sempre.

Suspiro.

— A garota jamais ficaria com o monstro na vida real. Monstros são maus, servem para assustar, matar... Essas coisas — completo meu raciocínio.

— A garota pode preferir o monstro. — Ela anda a meu lado.

— Quem preferiria alguém que pode machucar e não pode amar?

Quando saímos, o frio é intenso.

Ela para em minha frente e me olha, como se buscasse coragem para dizer algo que estava guardando para si.

Sinto o frio percorrer meu corpo. Não é pelo clima. Sinto que Anput está perto.

Hela nota minha diferença de postura e parece entender que a hora que temíamos chegou. Ela olha em volta.

Viro seu rosto em minha direção, quero que ela foque em mim. Seu rosto maravilhoso sendo gravado em mais detalhes. Necessito lembrar de cada centímetro.

Preciso me afastar antes que eu não consiga mais ir embora e Anput chegue até Hela. Preciso pedir um carro para levá-la para casa antes de ir.

Sinto a mão fria tocar lentamente meus ombros, subindo.

Ela segura meu rosto e me beija. Nossos lábios juntos mandam correntes elétricas por meu corpo. Mais uma sensação de Hela para recordar.

Hela se afasta e limpa as lágrimas do rosto.

Minha distração me impede de perceber que ela segue para o fim da rua sem mim.

— O que está fazendo? Vou chamar um carro para você. Darei seu nome, pode esperar aqui.

Ando na direção dela com passos apressados, não posso deixar que Anput a veja.

Hela me dá o sorriso triste de sempre e eu devolvo minha metade de sorriso que sempre exige muito esforço e é o melhor que consigo.

— Me deixe tentar ajudar.

— Eu vou voltar e ele entregará o Julian, sua vida não precisa correr esse risco.

Uso o aplicativo enquanto me afasto e chamo o carro para ela. Espero que ela seja sensata e entre no carro.

Ela para e eu a ultrapasso sem olhar para trás, quero me afastar dela para protegê-la. É o mínimo que posso fazer.

O que Afrodite quis dizer com chance? Será que consegui fazer o que deveria ou falhei novamente?

Sou forçado a parar quando um clarão invade minha frente e interrompe meus passos.

— Anúbis, finalmente encontrei você.

Rá surge, segurando Julian ajoelhado no chão.

Em sua forma humana, Rá é um homem com muitos músculos, bronzeado, com cabelos castanhos na altura do queixo onde tem uma barba rala.

— Julian, você está bem? — Hela pergunta, aflita.

Rá a impede de se aproximar.

— Deusa Hela, é um prazer conhecê-la, ainda mais fora do seu reino. — Rá olha instigado. — Você se importa com esse humano, não é mesmo?

Ele se aproxima de Hela e eu me coloco entre eles.

— Não é necessário continuarmos com isso, eu já estou aqui.

Os olhos do deus pássaro vagam pelos meus e vão até Hela.

— Anúbis, você veio se entregar em troca da liberdade deste humano?

Não entendo aonde ele quer chegar...

— Sim. Vamos embora.

— É você quem se importa com ele? — ele questiona como se já tivesse a resposta, dessa vez me fitando.

Maldito.

— Sim.

Ele joga Julian para a frente, fazendo com que caia de quatro.

— Se cortar a cabeça desse humano agora, poderá deixar Anúbis livre... — Ele volta a olhar para ela. — Hela.

Ela hesita e olha para Rá, que a fita sério.

— Ouvi dizer que seu senso de justiça é o que importa. Vamos ver até onde vai sua ligação com Anúbis, estou curioso — ele continua a pressionando.

— Se vai honrar suas palavras... — Sinto a dor na voz de Hela.

Isso vai destruir ela e quem ela é. Não posso permitir que ela faça isso por *alguém como eu*.

Paro na frente de Julian.

— Ninguém vai machucar este homem — digo confiante. — Rá, não irei desobedecer às suas ordens e irei voltar a meu lugar, mas poupe a vida dele.

O sorriso de dentes grandes se abre. Nunca é um bom sinal.

— Ao que me parece, Anput não mentiu no que me contou. — Ele coloca as mãos para trás do corpo, num gesto tranquilo. — Você realmente está se relacionando com uma deusa de um domínio diferente do nosso.

Anput fala demais, mas não é confiável e Rá sabe disso.

Rá continua com sua expressão tranquila, já testou o que queria. Descobriu o que buscava. A verdade.

Suas vestes completamente fora da estação mostram que sua passagem aqui seria rápida. Está com uma camisa salmão e sandálias. Não acho que ele ligue para isso.

Mantém o foco em mim.

— Tudo bem, deixe o humano. Hora de irmos. Temos muito a conversar. — Ele se vira e vai andando lentamente como se morasse perto daqui.

— O que está fazendo? — Hela suplica. — Eu posso fazer isso.

Ela avança contra Julian e eu seguro sua mão.

— Se é capaz de matar um humano por mim, sou capaz de salvar um por você.

Sua mão trêmula cai quando ela percebe que acabou.

— Deusa Hela, eu vou partir, mas minha vida fica em suas mãos. — Eu suspiro e beijo sua testa — Você foi tudo o que eu jamais sonhei em ter. — Fecho os olhos, sinto uma dor invadir meu peito. — A cada minuto da minha existência, eu estarei sonhando com esses últimos dias a seu lado. — Ergo-me. — Será sempre minha eterna deusa da compaixão.

— Anúbis. — Ela respira fundo e pega minhas mãos. — Eu nunca vou desistir de encontrá-lo. — Ela sorri com a nova confiança que descobriu. — Eu sou a deusa da morte e ninguém pode tirar o que é meu. — Seu rosto vira para baixo antes de voltar a fixar seus olhos, agora com um tom mais violeta, nos meus. — Eu te amo.

Suas palavras me acertam como balas.

Hela se afasta apressada, sem esperar uma resposta, e ajuda Julian a se levantar, indo para o outro lado.

Fico parado, ainda impactado com o que ela disse. Tenho certeza de que minha expressão perplexa domina meu rosto nesse momento.

Afinal, o que foi que ela disse? Como ela pôde dizer isso?

Olho para trás e Rá já parece distante, acelero o passo na direção dele para acompanhá-lo.

— Onde está Anput?

Ele bate seu cetro no chão e já não estamos mais ali.

Ela me ama.

16

A neve toca meu rosto com a delicadeza de uma pluma. Caio lentamente e posso sentir que umedece minha pele ao toque. Sinto escorrer pelo rosto. Desta vez, não é a neve.

As lágrimas descem por minha face revelando o tamanho do que habita dentro de mim. Não tinha me dado conta da intensidade da tristeza. É algo novo. Dói. Cada passo dele na direção contrária à minha era como facadas cravadas em meu peito. Eu sei que isso não é possível, mas a dor é tão real. Sinto náusea com a intensidade disso.

Ainda estou em pé, parada na frente do prédio onde eu disse que o amava. Acho que revelar isso deveria ser mais alegre, afinal, é bom. Não é?

Eu fiz errado? Pressionei-o? Minha intenção era usar meu possível último momento ao lado dele para declarar o que eu sinto. Talvez devesse ter dado valor a isso antes, ter dito antes e dado a chance de ele pensar sobre isso e conversar sobre o que ele sente. Ele não disse nada... É possível que não sinta nada. Ele me avisou que seria assim.

Não posso mais me concentrar nisso, preciso pensar no que restou, por ora.

Julian.

Cruzo toda a entrada do estabelecimento a passos rápidos com Julian apoiado em meus ombros.

— Você vai ficar bem — A tristeza está ali. Em minha voz.

Ele me olha assustado, seu sequestro deve tê-lo deixado com medo de nós. Não consigo sentir suas emoções, as minhas estão dominando todo o espaço e é como se meus poderes estivessem dormindo enquanto eu sinto minhas próprias sensações.

— Obrigado — Julian diz, aliviado.

Tento demonstrar ânimo pelo humano que está de volta depois de ter sido sequestrado por deuses tão poderosos. A morte era o destino mais provável para ele. Infelizmente, não consigo ficar feliz. Eu pensava que queria mais do que tudo que os humanos ficassem bem, agora percebo que minha alegria estava em outro lugar. Meu *lar*.

— Está machucado? — Minha preocupação é real.

Preocupo-me com ele, afinal, pode ter sido agredido para contar alguma coisa. Apesar de imaginar que eles já soubessem do que precisavam.

— Estou bem. Ninguém me machucou. — Ele olha para trás, verificando se não estamos sendo seguidos. — Então... Ele foi com eles?

Confirmo com a cabeça. Falar me faria derramar ainda mais lágrimas pelo que aconteceu. Mal consigo pensar no resto. Em mais nada, na verdade. A imagem do caminhar elegante se distanciando ainda bate contra minha mente.

— Eu sinto muito. — Ele demonstra sua compaixão ao olhar para baixo, espero que não se culpe.

— Não queria que acabasse assim... Mas fico feliz que esteja bem. — Tento sorrir, mas não consigo.

Quero que Julian fique bem, é claro. Só que não queria que isso levasse Anúbis para longe, que me fizesse perdê-lo. Pensar no que estava disposta a fazer embrulha meu estômago.

Um carro para de nosso lado.

— Chamou uma carona? — Julian me pergunta desconfiado.

Não. *Anúbis* fez isso.

— Sim — respondo sem contar todos os detalhes sobre como isso aconteceu.

Julian abre a porta e entra no carro. Ouço a voz dele conversando com o motorista, mas não identifico o que dizem. Fico em pé, no frio. Meu corpo se recusa a entrar no carro.

— Jill? Vamos? — Julian se inclina no banco para olhar para mim.

Não sem ele.

Não consigo. Como posso ir embora sem ele? Tenho vontade de cair de joelhos e gritar. *Isso é exagero, Hela*. Aquele homem nem ao menos me amava. Deve ter voltado para sua função normalmente depois de ter vivido sua aventura e eu fui uma tola que caiu em um conto de fadas estúpido.

Julian desce do carro e passa o braço em meus ombros, direcionando-me para entrar no carro. O contato físico de auxílio por minha dor é demais para mim. Não consigo mais segurar. Choro. Dessa vez, com mais intensidade do que antes. Minhas lágrimas são acompanhadas de soluços que vêm de meu peito como breves interrupções de uma respiração sofrida.

Com a cabeça apoiada no ombro de Julian, permito-me deixar sair tudo isso nos minutos que antecedem nossa chegada. Posso aproveitar o conforto desse mortal gentil que parece saber pelo que estou passando.

Sua mão acaricia meus cabelos enquanto choro.

Encontrei algo tão real aqui fora. Tudo o que eu vivi parece ter sido construído por uma criança de 5 anos que ainda não tem noção da realidade do mundo fora de sua cabeça. Eu era essa criança.

Construí meu próprio reino e agi como a rainha solitária, transparecendo segurança do que fazia. Agora, vivendo uma vida de verdade, percebo que sou apenas uma mulher frágil que chora por amor nos braços de um amigo em comum.

Hela não deveria chorar por amor. *Hela* é a deusa dos mortos, ensina os humanos sobre a beleza do que viveram e mostra a cada um a raridade de sua existência, conquistas em vida que todos têm, mas raramente reconhecem.

E o que você tem, Hela? Renovou-se como uma flor na primavera para murchar no frio do inverno? No primeiro degrau de dificuldade, vai cair como uma derrotada.

Sento-me normalmente, posso lidar com isso como uma mulher humana que sabe o que quer. A deusa é frágil, pensava que o mundo traria apenas coisas boas e as manteria ali. Ingenuidade poderia descrever bem o que era Hela antes de sair. Quem poderia ficar isolada por tanto tempo e não ser ingênua?

Percebo que chegamos apenas quando Julian desce do carro e aguarda ao lado da porta, oferecendo a mão para descermos. Sua gentileza é correspondente à clara decepção que estou vivendo. Eu gostaria de ser quem ajuda, ao invés de estar precisando agora.

Pego a mão ofertada e desço do carro. Limpo de novo o rosto. Preciso parar de chorar.

Sem esperar por Julian, sigo para entrar no apartamento. Deitar e abraçar Garm normalmente tira minha sensação de solidão. Talvez acalme isso também. Aperto o botão do elevador e aguardo. Precisa ser rápido antes que uma nova onda de lágrimas irrompa por meus olhos.

As portas do elevador abrem e vejo duas garotas com roupas extremamente curtas saindo cambaleando, rindo de alguma coisa que conversavam dentro do elevador. Entro no elevador e Julian se junta a mim, apertando o andar. Esperando as portas fecharem, vejo uma delas se abaixar e vomitar no hall de entrada do prédio. Julian bufa com a visão e suspira para mudar sua concentração por alguns instantes.

— Está se sentindo melhor? — Ele sorri.

— Acho que sim — minto.

A preocupação dele só me deixaria mais culpada. Ele já passou por tanta coisa.

— Na verdade, é com você que deveríamos estar preocupados, poderia ter morrido hoje — acrescento.

Ele dá de ombros.

— Eu realmente fiquei com medo. — Ele olha para cima. — Nunca tinha sido sequestrado, muito menos por deuses.

Coitado. Eu mesmo não sei como reagiria contra um sequestro divino.

— Estarei aqui se precisar de apoio. — Sorrio. — Acho que devo isso.

As portas abrem e a música alta volta a preencher meus ouvidos.

Saio, dirigindo-me às escadas, e sinto uma mão segurar a minha.

— Já passei por uma coisa parecida no passado. Sei que quer correr e deitar na cama para chorar. — Ele suspira. — Não vai resolver, além do mais, pode fazer isso mais tarde.

— O que sugere? — indago.

Ele sorri e me guia para o bar. Eu me sento.

— Seis margaritas azuis — ele pede ao rapaz com o cabelo azul. Seis?

— Acha que eu preciso beber? — pergunto a Julian.

— Não. Eu *sei* que precisa. — Ele sorri enquanto escreve uma mensagem de texto no celular. — Estou convocando o resto da equipe.

— *Equipe*?

— É claro. Somos uma equipe, não é? — Ele ri.

O rapaz deixa uma bandeja com várias taças com um líquido azul e uma rodela de limão enfeitando cada taça. É aparentemente bonito.

Pego uma e provo. O gosto do álcool é forte, tem um adocicado interessante que fica explosivo ao se misturar com o sal da borda da taça. Bebo mais um gole. É realmente muito bom.

Julian se senta a meu lado, repousando os cotovelos na bancada e pegando uma taça.

— Esse dia foi uma merda! — ele exclama em um suspiro.

— Foi mesmo — comento olhando para a taça. — Posso perguntar o que aconteceu?

Seu olhar fica confuso quando me olha.

— Disse que já passou por alguma coisa assim... — Eu faço uma pausa. — Queria saber como foi.

Julian mexe no dedo anelar, olhando e se recordando do passado.

— Foi quando minha esposa faleceu — as palavras saem com um pesar.

— Sinto muito ter mencionado isso — minha voz sai baixa.

Ele nega com a cabeça, ainda imerso em seus pensamentos.

— Ela era linda — ele começa.

Olho para a bebida e deixo que ele fale. Parece ter encontrado uma coragem que busca há anos.

— Eu tinha 25 anos quando a conheci, ela tinha 20. Estava no meio da faculdade de Direito. — Ele ri. — Ela odiava Direito, seus pais eram advogados e fizeram ela escolher esse caminho. Nos conhecemos na empresa de advocacia do meu pai, ela fazia estágio lá e eu... eu não fazia nada lá, ganhava para ficar auxiliando meu pai. — Seu sorriso é de saudade. — Ela me convenceu a deixar aquilo de lado, fazer algo que me deixasse feliz e que ainda tivesse tempo para ela. Então, comprei este lugar. Um impulso totalmente involuntário que meu pai financiou, sem aprovar, é claro. — Ele bebe um gole da margarita. — Os pais dela não aprovavam nosso relacionamento. Ela tinha muitas brigas em casa e eu a chamei para morarmos juntos, a pedi em casamento.

Consigo ver uma lágrima escorrer pelo rosto dele

— Levei um ano para a pedir em casamento. Ficamos casados durante dois anos.

Sua história de amor também me lembra um conto de fadas. Toda história de amor parece um, se bem me lembro. Elas têm planos que fazem a cabeça girar e, mesmo quando não segue o plano, leva as pessoas para as alturas.

— Qual era o nome dela?

— Elisa. — Seus lábios sorriem automaticamente ao dizer o nome.

— O que aconteceu com ela? — pergunto.

— Estávamos tentando ter um filho. — Ele faz uma pausa. — Numa manhã, acordei com ela vomitando no banheiro, pensamos que ela estava grávida... Descobrimos que ela estava com um tumor no cérebro. O médico deu a ela apenas oito meses de vida. Ela viveu oito meses e meio. — Limpando as lágrimas com raiva, ele bebe o resto. — Foi um inferno. Eu a vi morrer todos os dias. A cada momento que passava. A última semana, — Faz uma nova pausa para conter a tristeza. — quando toda a beleza dela já tinha sumido, com aqueles aparelhos segurando-a aqui comigo por mais um breve instante, sabe o que ela fazia? — Ele acrescenta imediatamente. — Ela me consolava. Dizia que logo ela descansaria e eu também poderia dormir em paz, sem me preocupar com os remédios dela e toda aquela merda.

— Deve ter sido realmente terrível. — Toco na mão dele para tentar passar conforto.

— Foram os melhores anos da minha vida. Ela foi a minha vida. — Ele pega outra taça e bebe. — Até o fim me fazendo acreditar que haveria uma saída. *"Quando eu morrer, quero que viva a sua vida. Precisa estar vivo para se lembrar de mim"*. — Ele sorri. — Ela repetia isso o tempo inteiro, como uma brincadeira para que eu não esqueça do meu *compromisso*.

Limpo a umidade de meu rosto.

— Você cumpriu — comento.

Ele nega.

— Tentei me matar uma semana antes de vocês aparecerem. — Ele olha para a taça. — Faz um ano que ela morreu e eu senti que nada me faria feliz de novo. Peguei uma faca e cortei os pulsos. O barman me achou no apartamento quando foi avisar que já estava saindo.

— Não era isso que ela gostaria.

— Não. É isso o que eu mereço. — Sua raiva é evidente. — Sabe o que é você ver o amor da sua vida morrendo e ser apenas um mortal que não pode fazer nada? Só assistir enquanto tudo que você sonhou vai embora.

Minha situação não se compara à dele. Sinto vergonha por ter pensado que meu sofrimento era tão grande. Esse homem não tem mais opção. Ela se foi. *Para sempre.*

E Anúbis não?

— Olha só quem está bebendo. — Afrodite se apoia em meu ombro.

Seu perfume forte e adocicado bate em minhas narinas. Ela se senta a meu lado, pensativa. Sorrio da forma que consigo.

— E você, idiota? Achei que morreria. Preparei até palavras para dizer em seu velório. — Dionísio diz a Julian, rindo.

A expressão de Julian muda rapidamente. Acho que a facilidade dele em esconder suas emoções torna um risco imperceptível sua tentativa de suicídio. Eu senti sua tristeza absurda no momento em que me aproximei dele, mas não poderia saber que chegou tão longe. Esse homem mantém uma vida como se nada faltasse quando, na verdade, nada mais restou.

— Precisa de mais do que isso para derrubar o poder humano — Julian se gaba.

Dionísio se inclina no bar, ficando entre mim e Julian.

— Cala a boca. — Dionísio ri. — Ainda bem que está vivo.

Afrodite olha para meu rosto, analisando mais do que aparenta. Seus lábios em um vermelho sangue estão retorcidos enquanto pensa. Sinto que ela gostaria de dizer algo, mas procura as palavras certas para isso.

Gundy se aproxima e eu espero seu abraço exagerado. Não acontece. Ela para do meu lado, em pé. Seu rosto destacado pelo cabelo preso em um rabo de cavalo é triste. Sinto sua mão em meu ombro, acariciando lentamente como se falasse tudo por meio desse contato.

Elas sabem que estou sofrendo por ele. Isso pode estar estampado em meu semblante destruído. Gostaria de mostrar que estão erradas e que uma pessoa como eu jamais cairia por uma coisa assim. A única reação que consigo agora é inclinar minha cabeça na mão suave de minha irmã em meu ombro. O contato com esse apoio é melhor do que imaginei.

Os dois homens a meu lado estão falando sobre como foi ter estado com aqueles deuses, Julian está explicando os detalhes, animado. Fico feliz que ele encare essa situação como uma vitória. Não consigo me concentrar na conversa deles para participar. Acho que também não quero, sei como essa história acaba.

Passo meus olhos lentamente nas quatro pessoas a meu lado. Tenho sorte de tê-los comigo. Reparo que Ékimet não está. É claro. Um bom servo segue seu mestre, ou talvez eles o tenham levado depois. De qualquer forma, pensar na falta dele me causa náuseas.

— Helly, você quer conversar? — Gundy interrompe o silêncio entre nós.

Não quero chorar, irmã. Não posso. Não aqui.

— Acho melhor não. Não podemos mudar o que aconteceu e não acho que consiga terminar a conversa sem desabar aqui — respondo com sinceridade.

O olhar de Afrodite encontra o meu quando termino a frase. Sua expressão não me revela nada de suas intenções.

— Mudar, não. Consertar, sim — Afrodite comenta.

Consertar?

Gundy se vira para ela, como se não estivesse gostando do rumo para qual Afrodite está guiando meus pensamentos, embora eu ainda não tenha entendido.

— *Consertar* — repito a palavra, frustrada. — Não acho que coisas assim tenham *conserto*.

Afrodite bebe uma margarita que não a vi pegar, coloca a taça de volta no balcão, desenhando a borda com seu dedo indicador, fazendo sua longa unha ecoar um pouco quando entra em contato com o vidro.

— É apenas um comentário. — Seu sorriso é de uma curiosidade estranha. — Estou muito triste com a falta dos meus amigos e sei que não era o que desejavam. — Ela me lança um olhar enigmático. — Acha que ele estará feliz lá?

Gundy se posiciona em minha frente, defendendo-me do olhar da deusa.

— Aonde quer chegar com isso? — Gundy rosna.

Afrodite revira os olhos e se levanta.

— Eu não quero discussões. — Ela sorri para Gundy e seus olhos passam por ela para encontrar os meus. — Sei que ela pode chegar à conclusão sozinha.

Afrodite dá as costas para nós, rebolando sensualmente para o elevador. Suas roupas são sempre tão provocantes. O vestido dourado reluz como ouro em suas curvas perfeitas. Ao entrar no elevador, vira-se e a vejo piscar para mim, como se tivéssemos feito um acordo. O que ela espera de mim?

Gundy se senta no lugar que Afrodite ocupava e suspira longamente. Ganhou a guerra. Por que será que minha irmã sempre tem que brigar com todos em minha defesa?

— Não me olhe assim. — Ela se encolhe. — Aquela mulher passou dos limites. Que culpa você tem se ele quis voltar com a ex?

Espero que não seja verdade. Acreditei no que ele me disse. Acreditei no que ele me mostrou quando me fez tocar nele para sentir suas emoções em relação a mim e a Anput. Parecia claro para mim.

O rapaz do bar traz mais uma rodada que imagino que um dos dois rapazes tenha pedido. Pego outra bebida. É tão bom quanto a primeira.

— Não acho que ele tenha tido escolha — defendo.

Gundy me olha surpresa, como se eu tivesse a ofendido.

— É a *ex* dele, Helly. — Ela balança a cabeça em negação, irritada. — Espero que não tenha caído na conversa de que ela é passado e que ele está sendo forçado.

— Qual o seu problema com ele? — Sinto a raiva na minha voz.

Bebo toda a taça em um gole e já pego outra da bandeja em minha frente. Droga, Gundy. Chata.

— Ele é uma pessoa ruim. Dá para sentir isso estando do outro lado do mundo — suas palavras saem depressa.

Bebo.

— Não sabia que você era boa em julgar alguém.

— Seus poderes parecem deixar você cega para os sentimentos mais óbvios. Já pensou que talvez você não saiba tudo o que as pessoas sentem, Hela? — Gundy me ataca.

Termino a bebida enquanto ela solta sua fúria.

— Você sai com todos os caras que conhece! Sempre foi a pessoa animada que pode fazer o que quiser sem problemas. Agora eu sou a pessoa que está vivendo alguma coisa diferente e você só sabe me impedir de ter contato com isso! — grito e a vejo se assustar com minha voz. — Brigar com todos não vai me proteger!

Dionísio se coloca entre nós. Ele acha que vamos partir para agressão física. E será que não chegaria realmente a esse ponto?

— Ei, ei — Dionísio coloca as mãos nos ombros de Gundy. — Vamos pegar leve, ok? O dia foi terrível para todo mundo.

Ela afasta as mãos dele.

— Eu estou bem — ela responde. — O dia não foi tão ruim, *todos* acabaram voltando para seus devidos lugares. — Seu olhar fumegante me fita.

— Nem *todos* — rebato.

Julian se coloca ao lado de Dionísio.

— O que acham de irmos dormir? — Ele claramente finge bocejar.

Tento levantar-me imediatamente com o convite. O mundo gira no instante em que fico em pé. Tropeço para o lado de Julian e ele me segura.

— Eu ajudo você a subir. — Ele sorri.

Sinto seu braço prender em minha cintura, erguendo-me.

— Só isso e já ficou bêbada? — Dionísio ri. — Acho que para uma primeira vez, posso perdoar.

Julian começa a me guiar para o outro lado e eu o acompanho cambaleante. Faço esforço para me virar.

— Boa noite! — grito exagerada para os dois que ficam.

Minha irmã ficou sentada, sem me olhar.

Meus pés conseguem errar praticamente todos os degraus da escada, eles parecem estar em movimento. Sou grata a Julian por estar me apoiando e impedindo que eu caia.

Entramos no apartamento e Garm se aproxima. Ele não tenta afastar Julian, deve ter percebido que não estou nas melhores condições. Seguimos até o quarto e ele me senta lentamente na cama. Caio para trás. Quero que as coisas parem de girar. Sinto suas mãos tirando meus sapatos com delicadeza e depois colocando minhas pernas para cima da cama.

— Vou deixar seu celular ao lado da cama. Me ligue se precisar de algo. — Ele é atencioso.

Ouço o som de passos se afastando e depois o barulho do interruptor apagando as luzes.

— Julian? — quase sussurro.

— Sim? Precisa de algo?

— Me perdoe pelo que aconteceu lá... Eu ia... — minha voz não sai.

— Não se preocupe, eu sei que não queria fazer aquilo. Eu faria o mesmo se trouxesse minha esposa de volta.

— Eu sinto muito mesmo...

— Descanse e não pense mais nisso. Boa noite.

A porta é puxada, mas não a ouço fechar. Ele deve ter preferido deixar entreaberta.

Sinto a cama abaixar a meu lado e sinto pelos tocarem minha pele. Viro minha cabeça e vejo Garm tocar o focinho em meu ombro, deitando perto de mim.

— Estamos encrencados, meu fiel companheiro. — Não tenho certeza se as palavras saíram corretamente.

Minhas mãos percorrem os pelos de Garm.

Como vim parar tão fundo ao ter vindo para a superfície?

Anúbis era um apoio que eu não sabia que queria, não sabia que *precisava*. Ele trouxe coisas boas, mesmo com tantas trevas consumindo seu interior. Um homem mau, cruel e excêntrico, que classifica a si mesmo como vazio, conseguiu me fazer tão feliz em um período tão curto de tempo. Pensei por tanto tempo que queria mudá-lo, que precisava ajudá-lo. Ele era quem estava fazendo isso o tempo inteiro e eu, apesar de perceber, não dei valor à intensidade.

As lágrimas começam a descer pelo rosto e eu apenas permito que elas sigam seu rumo livre por minha face triste e cansada.

Fecho meus olhos. Cada detalhe dele está quente em minha mente. O corpo dele em contato com minha pele, acendendo meu corpo em cada mínimo lugar, como se ele soubesse exatamente como me fazer sentir. Nosso contato íntimo me fazendo soltar gemidos incontroláveis para ele, desejando que aquilo nunca mais acabasse. Suas mãos percorrendo cada parte de meu corpo levando a faísca por meus poros. Aquele beijo quente que tirava minha consciência dessa realidade, levando-me para um lugar distante que eu nem sabia que existia. Um lugar nosso, compartilhado. Sua língua hábil que parecia me conhecer há anos, sabendo o que fazer para me levar ao delírio. Seu olhar azul analítico decifrando minha vida a cada instante em que era nos permitido cruzar olhares. Seus lábios fazendo sua expressão séria se totalizar no rosto, mostrando sua defesa, sua barreira contra intrusos que quisessem se aproximar e, ainda assim, ele me permitiu ver aquele meio sorriso de tirar completamente meu fôlego, acompanhado de caninos que sua língua toca quando há muitos pensamentos passando por sua mente, tornando-o sensual. Octavian foi surpreendente com seu jeito de ser um servo com um andar divino, sempre erguido, elegante, com a confiança de quem nunca perde uma batalha. Quando se mostrou Anúbis, fez minhas memórias do homem triste no rio retornarem. O homem triste que guarda um ódio tão grande de tudo para se proteger. Nunca o ajudei.

Uma vibração me faz abrir os olhos. Tento sentar para descobrir a origem e percebo que o telefone ao lado da cama recebeu uma mensagem. Não tenho o menor interesse nisso. Pego para fazer parar de vibrar e aproveito para ler a mensagem.

Mirna: O que acha de sairmos uma hora dessas? Eu quero te dar um presente pelo que fez por mim.

Fico feliz que ela ainda lembre de mim, mas não quero responder. Meu ânimo não está adequado e tenho certeza de que sou uma péssima companhia para sair nos próximos dias.

Eu salvei essa humana, corri para fazer isso. Em nenhum momento senti medo, tinha tudo no controle e nada mais me distraía naquele momento. Senti conforto em mim mesma quando consegui alcançá-la e causar conforto. E ele me salvou. Ele estava lá, por *mim*. Não sabia o que aquele homem poderia fazer e se arriscou por mim de qualquer forma. Fui descuidada para salvar uma vida humana e não percebi que ele salvava a minha de tantas formas.

Coloco o telefone no lugar e não solto. Qual será o alcance dessas mensagens?

Vou enviar uma mensagem para ele. O pior que pode acontecer é ele não entrar em contato e isso já está acontecendo, de qualquer forma.

Abro as mensagens e seleciono "Octavian".

Jill: Espero que esteja tudo bem. Sinto sua falta.

Antes de enviar, releio a mensagem. Parece tão idiota.

Não é momento de ser chata, Hela. Se precisar ser idiota às vezes para fazer algo que quer, seja.

Envio a mensagem e aguardo uns instantes como a idiota que me permiti ser. Deixo o telefone em minhas mãos, quero sentir quando ele vibrar em resposta. Descanso as mãos em cima do peito. Próximo ao coração, como uma menina apaixonada qualquer.

As lágrimas não deram trégua nem por um instante. A dor parece crescer dentro de mim a cada momento em que isso tudo se torna mais real. Ele não estará aqui amanhã quando eu acordar. Ele não vai sorrir ao me ver na cozinha. Não o verei passar a mão na nuca para uma pergunta que o deixa nervoso. Amanhã seus olhos azuis e cabelos prateados estarão fora de meu alcance.

Eu vou sentir tanto sua falta, Anúbis. Não sei se tenho forças para esquecê-lo.

A cama se move, despertando-me. Olho para o lado e vejo Garm saindo pela fresta da porta. Seu andar tranquilo não indica perigo lá fora. Esfrego a mão pelo rosto. Dormi e meu corpo ainda se mantém cansado. Isso não deveria ser possível. Sinto minha cabeça latejar e meu estômago está irritado.

Nunca sonhei com nada enquanto dormia, mas hoje meu descanso foi conturbado, via imagens de Anúbis se afastando de mim enquanto eu corria para alcançá-lo. Como se não pudesse mais tocar nele. É exatamente isso o que acontece.

Agora, acordada, fora daquele sonho terrível que me lembra andar em círculos, percebo que a realidade não é tão diferente. Ainda não posso tocá-lo. Não posso alcançá-lo de qualquer forma. Eu o vi se afastar e fiquei ali, parada. Por que eu não fiz nada? Eu poderia ter feito? Acabaria morrendo se tentasse impedir. E morrer lutando por quem eu amo não seria mais digno do que viver uma vida de remorso por não ter feito absolutamente nada?

Não, Hela, não entre nesse papo de digno. Todas as mortes são dignas por seus próprios méritos.

Suspiro pensando na tristeza de todos os indignos que entravam em meu reino. É minha vez de ser indigna, porém, ainda estou inutilmente viva. Não sirvo para nada se, como uma deusa, como uma *mulher*, não consigo nem ao menos lutar por aquilo que quero.

Olho para o telefone em cima de meu peito e verifico se obtive resposta. Nada. Solto o telefone no mesmo lugar e olho para minhas mãos. *Por que não lutou, Hela?* Que merda.

Sempre fui a pessoa que consente com o que os outros escolhem por mim. Odin me colocou naquele lugar congelante e eu apenas fui, sem questionar o motivo, sem me opor, sem revelar o que eu achava daquilo. Ainda posso ver Odin lá, sentado em seu trono, triunfante, enquanto eu estava ajoelhada aos pés dos degraus, aguardando sua decisão sobre mim. Eu era apenas uma criança. Meu pai estava ao lado de seu irmão, olhando-me com tristeza, ele sabia o que aconteceria comigo e também era incapaz de intervir.

Aperto minha mão, fechando-a em punho. Deveria ter me levantado naquele maldito lugar e gritado minha vontade. Exposto a verdade do que eu pensava. Eu sei que poderia ter acabado morta, talvez causasse problemas a meu pai, mas não acabaria isolada na névoa.

De novo, minha falta de voz me traz a esse lugar de minha cabeça. Essa parte em que me pergunto o que deu em mim para não ter feito nada. Eu tenho força suficiente para lutar, mas não fui capaz disso. Preciso ter mais atitude se quiser ser ouvida. Lembro-me das palavras de Julian sobre ser apenas um mortal que não pode fazer nada. *"Só assistir enquanto tudo que você sonhou vai embora"*. Foi o que ele disse.

Eu não sou apenas uma mortal e, ainda assim, deixei acontecer.

Batidas na porta me tiram dos pensamentos melancólicos.

Gundy entra no quarto, com a cabeça baixa, está constrangida com nossa briga de ontem. Ela se aproxima e se senta na beirada da cama, entregando-me a tigela que está segurando.

— É sopa. Achei que deveria comer alguma coisa. — Ela sorri.

Espero que ela não comece a fazer um discurso de desculpas, não sei lidar com isso. Já estou nervosa apenas de ver a expressão de culpa em seu rosto.

— Se eu não a conhecesse, diria que é um pedido de desculpas — comento.

Eu me esforço para me sentar na cama e a dor na cabeça aumenta quando me sento. Definitivamente não quero comer.

Pego a tigela e analiso a sopa. Parece boa, mas meu estômago discorda relutantemente.

— Talvez seja. — Seu sorriso aumenta.

Não posso negar a sopa, seria como negar um pedido de desculpas.

— Obrigada.

Ela olha para o telefone que coloquei ao lado do travesseiro quando me sentei. Espero que as desculpas tenham acabado e que ela fale sobre outra coisa agora.

— Helly... — ela começa. Droga. — Eu não agi da melhor forma nos últimos dias. Pensei apenas em proteger você e não pensei no que você estava achando disso. Não estou acostumada a ter você no meio de outras pessoas. — Seu olhar fixa no meu com dificuldade. — *Eu errei.* Quero me desculpar. Você precisava da sua irmã ontem e não foi isso o que eu ofereci.

Merda. Ela se desculpou. O que eu deveria dizer? Preciso pensar em alguma coisa agora. Desvio o olhar, não consigo encarar a culpa dela.

— Está tudo bem. Fico feliz que tenha vindo aqui — conforto-a.

Seu olhar volta para o telefone. Ela quer perguntar.

— Falou com ele? — ela solta.

Minha sopa intocada está em minhas mãos, encaro o caldo quente em busca de como explicar para minha irmã superprotetora que eu enviei uma mensagem para um homem que foi para outro mundo se casar com alguém. Além de tudo, é o submundo de lá. Foi idiota pensar que ele receberia.

— Sim. — A verdade é sempre a melhor opção.

O corpo dela enrijece. Ok, talvez nem sempre seja a melhor opção.

— Ligou para o deus dos mortos de outro lugar? E se alguém ouvir e vier atrás de você? — seu tom de autoridade retorna.

Minha irmã não consegue ficar um minuto sem estar na minha cola com essa segurança toda.

— Foi só uma mensagem. Ele nem vai receber. — Dou de ombros.

Espero muito que ele tenha recebido e me responda logo.

— Ele não respondeu, então? — questiona.

Nego com a cabeça. Melhor não falar, prefiro esconder a decepção que seria perceptível em minha voz. Espero que a de meu rosto também não esteja evidente.

Pelo modo como ela suspira, sei que minha tristeza pela falta de resposta foi descoberta.

— O que você disse na mensagem?

Mais perguntas diretas demais.

— Não foi nada. Só disse alguma coisa sobre desejar que ele esteja bem. — *E que sinto falta*. Essa parte ela não precisa saber.

Ela fica pensativa, como se tivesse dúvidas de alguma coisa. Assusto-me quando ela levanta-se repentinamente.

— Aonde está indo? — pergunto.

Sem se virar e ainda com pressa, ela segue para a porta.

— Me certificar de algo antes de falar injustiças aqui — ela responde enquanto sai.

Seja o que for, pelo menos ela vai ter certeza antes de falar. O que será que a deixou em dúvida?

Coloco minha sopa ao lado da cama. Sem condições de comer. Ao me levantar, sinto o peso de meu corpo muito maior e tenho vontade de voltar para a cama, mas sei que vou passar o dia chorando se fizer isso. Ando até o armário. Minhas roupas estão dentro dele agora, organizadas. Pego sem escolher. Quero sair para caminhar um pouco, não posso ficar aqui pensando no quanto minha vida é deprimente.

Visto uma calça jeans e um moletom preto. Ao me virar para a porta, vejo o telefone ao lado do travesseiro. Talvez seja melhor levar.

Saio do quarto e vou para a porta de saída, calçando meu All Star. Abro a porta lentamente para que ninguém ouça, principalmente Garm, sei que ele iria me acompanhar e, desta vez, eu quero ficar sozinha.

Passo reto pela boate. A música alta dá batidas contra meu cérebro que praticamente me fazem sair correndo dali. Essa espera pelo elevador parece infinita enquanto minha cabeça é incansavelmente agredida pelo ritmo musical. As portas do elevador nem terminam de abrir e eu já estou dentro, pressionando o botão diversas vezes para que elas fechem logo. O frio familiar bate em meu rosto, gosto de me sentir em Helheim, acho que sinto falta. Esse frio não deve agradar muitas pessoas, poucas andam pelas ruas. Começo a andar, apreciando a visão do céu, é tão distante e ainda assim me sinto parte dele, como se estivesse próximo.

Dobro em uma rua, depois outra e outra.

Acho que ando durante horas.

Tenho poucos pensamentos durante a caminhada, tento me concentrar apenas na beleza da vida, no que tenho a receber do que ficou aqui. Não deveria me focar apenas no que já perdi.

Ao longe, no fim da rua em que estou caminhando, posso ver uma grande praça. É o mesmo lugar que vim com ele.

Paro. Não quero me lembrar mais. Dou meia-volta e bato de frente com uma dupla de garotas.

— Desculpa — digo rapidamente.

A garota morena de cabelo curto com um ar familiar me dá um sorriso largo, como se quisesse muito que esse encontro acontecesse.

— Jill! — Ela me abraça.

Sou pega de surpresa e fico sem reação. Olho rapidamente para a garota que está a seu lado, que não parece gostar nada da reação da amiga, mantendo-se parada, de braços cruzados. Talvez sejam um casal e ela apenas esteja com ciúmes.

— Eu... — tento falar.

Não sei o que dizer.

— Não lembra de mim? Sou a Mirna. Você me salvou, aquele dia.

Claro. A garota com as emoções desesperadas. Não tinha reparado na aparência dela naquele dia. Ela é uma garota animada. Suas roupas coloridas parecem refletir sua personalidade, uma jaqueta holográfica em conjunto com uma blusa laranja e uma calça vermelha. Não é muito alta e tem um corpo um pouco mais cheio. Um contraste total com sua amiga, que é alta, muito magra e usa roupas escuras, o vestido preto dela é colado em seu corpo, coberto por um casaco de pele igualmente preto. Sua maquiagem é forte e reforça a expressão zangada que ela me lança.

— Claro... Mirna. Oi. — Eu sorrio.

— Estávamos indo tomar um café. Quer ir também? — Sua empolgação continua.

Sinto no olhar da garota de preto que ela quer que eu vá embora imediatamente.

— Não quero atrapalhar vocês. Só estava dando uma volta. — Tento fugir do café.

— Não vai atrapalhar — ela insiste.

Antes de minha próxima tentativa de fugir, ela passa o braço pelo meu, encaixando e andando animada.

— Tem um café ótimo no parque — comenta.

A garota ainda me encara. Ela parece me desafiar. Isso me deixa incerta, fazendo-me olhar apenas para a frente, ainda sentindo seu olhar em mim.

— Ah, esta é Carla, minha amiga — Mirna apresenta. — Carla, esta é Jill, a garota que me salvou aquele dia.

Carla me dá um sorriso rápido, sem vontade.

— Oi, Carla. É um prazer. — Uso minha simpatia para melhorar esse clima estranho.

Sua expressão dura cria uma expressão cínica de amizade.

— Sempre quis conhecer a famosa *Jill*. — A arrogância é bem clara, pelo menos para mim.

O que essa mulher tem contra mim? Eu salvei a vida da amiga dela.

Andamos até o café com Mirna falando sobre a reforma no apartamento que ela sempre quis fazer e finalmente conseguiu depois do escândalo que ela conseguiu com fotos de uma celebridade.

Chegamos ao pequeno café com mesas na rua.

Sento-me e começo a me ater aos detalhes, não apenas do parque à minha volta, mas das lembranças que, nesse curto período de tempo, consegui construir neste lugar. Anúbis conseguiu saber, pelo olhar de uma mulher, que ela estava prestes a trair a amizade dela para ficar com um homem que não era seu. Os poderes dele são parecidos com os meus, ele vê as atitudes e eu vejo as emoções. Quase como se combinássemos. Atitudes que poderiam ser explicadas, ou não, por emoções momentâneas. Sorrio ao pensar na ligação que nossos poderes teriam. Quando estávamos aqui. Eu estava feliz. *Livre*. Agora, volto a sentir as amarras que nunca saíram, ele me fez esquecer que estavam ali.

— Vou pegar o melhor café daqui para vocês provarem. — Mirna se levanta e sai.

Gosto da confiança dela. É divertida. Acho que poderia divertir um coração cansado.

— Jill, não é? — Carla tenta iniciar um assunto. — Qual a sua real ligação com Mirna?

Ela está sentada em minha frente, escorada na cadeira, fitando meu rosto sem nenhuma cautela.

— Eu a salvei aquele dia e acho que agora somos amigas. — Dou de ombros, sorrindo.

Nem eu sei qual é nossa verdadeira ligação. Mirna foi salva e quer minha amizade para expressar gratidão, eu acho.

— E como foi quando enfrentou aquele babaca? Não teve medo? — Não sinto curiosidade na voz dela. É uma conversa monótona que ela se força a ter.

— Não. Eu só estava preocupada em ajudar a vida de alguém.

Meu telefone vibra e eu olho discretamente.

Gundy: Confirmei antes de falar, quero ser útil como uma irmã deve ser. Quero apoiar você... Enfim, enquanto a conexão do mundo dele estiver desbloqueada, vocês poderão se falar por mensagens.

Sorrio com a pontada de esperança que isso me trouxe. Agradeço e guardo o telefone. Minha irmã se esforça tanto em me ajudar...

Carla se inclina na mesa.

— Deveria ter mais cuidado.

Acabei de ser ameaçada. Inacreditável. Eu não fiz nada. Estou cansada de ser tratada assim. Se é assim que ela quer...

— Tenho cuidado apenas com quem poderia ser uma ameaça. — Lanço um olhar frio.

Mirna volta com três cafés.

— Prontinho. — Ela põe na mesa.

O cheiro parece bom, mas não sinto vontade de beber. Quando lembro do gosto amargo, meu estômago fica irritado. Não gosto de café.

Seja, no mínimo, educada, Hela.

— Obrigada — agradeço.

Ela se senta na cadeira que fica entre mim e Carla, não parece sentir o clima que deixamos no ar. A ameaça que acabei de receber.

— Seu presente está no meu apartamento. Vou pegar daqui a pouco — Mirna comenta.

Sorrio. Meu humor já estava péssimo, queria ficar sozinha. E agora, ainda tenho que lidar com essa mulher irritante que me odeia sem eu ter feito nada. Fico feliz que Mirna não seja afetada.

Mirna segue seu assunto. Não sei do que se trata desta vez. Mantenho meu olhar fixo no raivoso de Carla. Se ela quer me enfrentar, estarei presente para isso. Nada de fugir para uma mulher completamente injusta.

A garota alegre nem ao menos percebe que não está sendo ouvida, deve estar acostumada a falar tanto que nem espera mais respostas.

Carla termina seu café e sorri, cruzando as pernas.

— Estava delicioso, Mirna. Muito obrigada.

Mirna sorri educadamente.

— Que bom que gostou.

O bolso frontal do meu moletom vibra. Gundy deve ter esquecido de mencionar alguma coisa. Ou será que é ele? Mesmo sendo possível, ele não se arriscaria dessa forma apenas para falar comigo.

— Eu preciso ir. — Levanto-me.

— Não. Por favor. — Mirna se levanta ao mesmo tempo. — Deixe que eu pegue o presente.

Ela se deu ao trabalho de comprar algo para mim, não quero ser rude com ela.

— Claro. Tudo bem — digo.

Ela sai apressada.

— Eu já volto. — Ela literalmente corre em direção ao prédio em que eu fui aquele dia.

Fico parada, mexendo no café à minha frente. Bebo um pouco, não quero ser rude com o que Mirna comprou para mim.

Realmente não gosto de café.

Carla acende um cigarro e joga a fumaça para cima.

— Não gosto de você — sua voz é tranquila.

Não me diga.

— Acho que consegui perceber isso.

Ela coloca os cotovelos na mesa, olhando com sarcasmo na minha direção.

— A Mirna pode até acreditar que você é uma boa pessoa que salva vidas. Eu não — cada palavra desliza de sua boca como veneno.

— Eu fiz alguma coisa? — pergunto.

O riso da víbora é alto e quase como um ganido abafado.

— É claro que fez. Você se mete em assuntos que não são seus. — A raiva que ela sente passa para seus olhos, que mudam de verde para um brilho amarelo.

Não é humana. É uma deusa. Com todo esse ódio, imagino quem seja.

— Anput — digo sem perceber, com raiva.

Ela se senta com as costas mais erguidas, impondo-se e exibindo sua superioridade por meio da altura.

— Me diga, querida. — Ela traga mais uma vez. — Como é criar expectativas com alguém que não é seu?

Sinto como se ela me desse um tapa. Ele não é meu. É dela.

Minha expressão de fúria cai e sinto a tristeza assumir.

— Sabe, de mulher para mulher, não deveria correr atrás do amor. — Bate o cigarro na xícara para que as cinzas caiam. — Escolheu o homem errado, ele só usou você. Não percebeu? Ele não disse que não podia devolver o amor a você?

Ele disse. Sempre disse. Até o fim.

— Deveria ter saído antes de ficar mais forte. Espero que não tenha chego a entregar seu corpo para ele. — Ela me olha como se buscasse a resposta.

Não consigo falar, sinto como se o mundo caísse sobre mim. Ele é dela e eu cometi o erro de achar que poderia ser meu.

— Pelo menos, não saiu correndo atrás dele como um cãozinho abandonado. — Mais uma tragada, dessa vez, joga a fumaça quase em meu rosto. — Anúbis está ligado a mim e o que ele fez aqui foi só diversão. Você não é nada para ele.

Isso dói. Não consigo mais controlar a dor dentro de mim e, antes que eu chore, eu respondo.

— Isso não é verdade. — Uso a raiva para esconder a tristeza.

Seguro as lágrimas. Eu nunca vou chorar na frente dessa mulher.

— Não? Ele disse que a ama? Você eu sei que sim, posso ver no seu olhar.

Ele não disse nada quando eu falei para ele o que sentia.

— Eu pude ver o sentimento dele e sei que eu era alguma coisa — soo ríspida.

Vejo que ela se surpreende. Não deveria ter dito tanto, não é da conta dela.

— O amor não deve ser implorado. Está se iludindo achando que ele seria capaz de sentir. Isso é o que você quer acreditar. — Sempre com aquele sorriso venenoso.

Não posso ficar mais. Preciso me libertar disso.

Em um ato impulsivo, tiro meus tênis e coloco os pés diretamente no chão. Isso me acalma.

Fico em pé e o efeito de calmaria que eu esperava não acontece. Posso sentir a raiva fluir do solo até meu cérebro.

Que seja. A tristeza pode esperar um pouco.

Ela quer me destruir, mas eu sei o que eu vi. Não sou uma criança que criou um mundo de fantasias. Ele confiou em mim ao me mostrar seu interior e eu pude ver. *Tudo*.

— Anúbis não é seu. — Coloco o peso de meu corpo em apenas uma perna e ergo meus ombros. — Quem está correndo atrás é você. Veio até aqui para buscá-lo e terá ele casado por obrigação — minha raiva me consome. — Anput, não me subestime, você precisa lutar muito para ser metade da deusa que eu sou. — Sinto meus olhos acenderem.

Saio a passos rápidos. Já chega dessa discussão. Assim que me viro, as lágrimas escorrem.

Ando descalça pelas ruas, chorando. Sei a direção que sigo, não estou perdida, aprendi a andar por essa parte da cidade. Seguro meus tênis que parecem não ter peso nenhum.

Ela tem razão no que disse. Ele não é meu. Ele nem ao menos deve lembrar de mim. Devo ser só uma piada interna para eles. Uma deusa estúpida que acreditou que poderia tê-lo. Anput vai para casa agora, rir de mim enquanto conta a ele sobre como é idiota a garota que ele escolheu para brincar, ele provavelmente vai rir junto ao pensar que ela tem razão.

Como eu fui idiota. Eu estava realmente implorando por amor. É tanto desespero por ser amada que esperava que o homem do outro lado do rio pudesse me amar. Quanta estupidez. Quem me amaria?

Sinto os soluços tomarem conta. Não dou a mínima para as pessoas que podem ver. Quero apenas chorar e deixar correr toda a tristeza que eu estava segurando enquanto ouvia as palavras duras da mulher que vai se casar com ele. Ela deveria estar preocupada em organizar seu casamento ao invés de vir aqui para fazer isso. Ela queria me destruir antes de ir embora. Eu sei disso. O meu destino seria a morte, mas ela teve o que queria e, então, veio desmontar o que faltou de meu coração partido.

O frio nos meus pés não tem efeito, mesmo na forma humana. Estou tão habituada com essa sensação que é reconfortante para minha alma. É como estar em casa. Talvez eu devesse estar em casa. Nunca chorei enquanto estava lá.

Anput é tão diferente de mim, é uma mulher cruel, determinada, fria. Ela é como ele. Eles combinam até nisso. São do mesmo mundo, têm uma ligação que foi feita pelo próprio deus maior deles. Tudo entre eles parece perfeito. Como se eles fossem feitos um para o outro.

Isso me dá náusea. Vou até uma lixeira e vomito. Que merda. Olha a que ponto eu cheguei. Isso é ridículo.

Meu estômago vazio luta para colocar algo para fora. Vomito apenas um pouco de café e minha bile. Fico apoiada na lixeira, levantando o rosto.

Eles não são perfeitos. Ele não a quer. Não posso deixar os pensamentos sórdidos de minha cabeça me dominarem.

Mirna. Coitada, ela foi buscar meu presente. Melhor enviar o endereço de onde eu moro para que ela possa ir até lá. É o mínimo que posso fazer depois de ter saído correndo sem esperar ela voltar.

Pego o telefone dentro do bolso e digito uma breve mensagem a ela com meu endereço. Ela provavelmente irá lá agora, melhor ir para encontrá-la, não posso ser ingrata com ela novamente.

Uma outra mensagem aguarda para ser lida, deve ser aquela que achei que Gundy tinha enviado. Abro.

Octavian: Também sinto sua falta. Queria estar aí. Você está bem?

Meu Deus. Ele recebeu. Ele respondeu.

17

A fila nunca foi tão insignificante quanto é agora. O tempo todo que passei aqui poderia muito bem ser deletado de minhas memórias, apenas tempo perdido ao invés de aproveitar fazendo o que eu quero, o que sinto vontade. Finalmente consigo definir o que realmente gosto do que é parte de meu dever. Acho que nunca havia percebido que poderia gostar de alguma coisa. E agora sei que nunca deveria ter percebido.

Meu telefone vibra. Espero que finalmente seja a resposta que estou esperando.

Com Anput desaparecida, imagino que ela tenha ficado lá para falar com Hela e tenho medo do que ela possa fazer. Ou será que tenho medo do que ela possa dizer?

Isso é ridículo. O que ela poderia dizer? Nunca menti sobre nada.

Mas ela pode falar a verdade, mostrar a verdade sobre quem eu sou. Facilmente mostrar a Hela que eu sou apenas um deus sombrio que não se importa com ninguém. Fazê-la repensar no que sente por mim, ver que esse caminho não a levará a lugar algum porque eu não sou o que ela busca.

Ela já sabe disso, alertei-a o tempo inteiro sobre quem eu era e do que era capaz. Sempre soubemos que não sou o que ela busca.

Pego o telefone. Grato por ainda ter sinal mesmo neste lugar esquecido. Eu sei que Rá não fecharia nossa ligação com o outro lado enquanto Anput ainda não está aqui.

Crystal: Fiquei sabendo do que aconteceu, espero que esteja bem. Nem todos saberiam aproveitar a chance de se despedir de alguém, você aproveitou?

Maldita Afrodite.

Octavian: Estou bem.

Respondo apenas o suficiente, acho que eu devo isso, depois de tudo o que ela fez por mim.

Crystal: Acho que você conseguiu a chance que eu mencionei antes... Ela ama você. Vai lutar por você.

Octavian: Então era isso? Ela admitir? Ainda não sei o que significa, mas não quero que ela lute por mim.

Crystal: Não seja tão rabugento. Sabe, não é preciso viver o amor para ter medo dele. Pessoas que desconhecem o amor também podem fugir para não se entregar.

Octavian: Estou sem tempo para as suas conversas.

Crystal: Não subestime o que você sente, Anúbis.

Guardo o telefone, essa conversa não vai me levar a lugar algum.

Sinto ele tocar novamente e o pego com velocidade, pronto para vociferar contra ela.

Jill: Eu estou bem. Achei que não fosse mais falar com você. Vamos nos ver de novo, não é?

É ela.

Vejo que estou apertando o telefone com raiva. Preciso relaxar antes que minha razão seja tomada pela emoção. Antes que eu faça algo de que possa me arrepender depois.

Ando até o trono, ignorando a fila. Não quero que ninguém me veja demonstrando emoções. Isso é novo para mim e espero que continue assim, novo *apenas* para mim.

Esse tempo com os humanos me modificou demais. Esperava que quando voltasse para cá tudo fosse como era antes, mas ainda sinto isso, essa sensação desgastante dentro de mim. Evito dar atenção a isso, esses humanos mortos podem ser muito perceptivos às vezes. Posso admitir também que estou escondendo de mim mesmo o que sinto. Por que quero fugir disso?

Não seja idiota, não quer fugir, quer esquecer porque sabe que de maneira alguma isso tem chance de funcionar.

Não posso me enganar achando que Hela será esquecida. Tenho vontade de correr de volta para lá e defendê-la do que for nos impedir de ficarmos juntos. Lutar por meu próprio desejo.

Não. É muito imprudente colocar a vida dela em risco.

— Mestre, precisamos de servos na caverna, todos estão com medo de descer lá e tem estado abandonada desde que saímos — Ékimet diz, curvando-se a mim diante do trono.

Pisco algumas vezes para afastar meus pensamentos e focar na única coisa que me resta: comandar meu reino de mortos.

— Escolha cinco servos e os traga até mim. Eu mesmo irei conversar com eles.

Ékimet sai rapidamente, tropeçando nos próprios pés ao se afastar agachado.

Agora sua servidão parece tão normal, como se ele não tivesse agido como um amigo há pouco tempo atrás. Nunca tive um amigo, mas sua fidelidade naquele mundo foi total, como sempre.

Não fui justo com esse homem. Ele me acompanhou até o mundo mortal, o mundo que já foi dele e agora precisou, mais uma vez, deixá-lo para trás por critérios meus. Ele parecia feliz lá.

Do que eu estou falando? Não importa se é justo, ele se sente honrado em ser meu servo e é o que ele é, apenas um servo.

Ékimet retorna com outros servos cujos nomes não sei. Tenho servos demais para me importar com o nome de cada um. E, considerando que se recusam a trabalhar, não merecem que eu saiba.

— Mestre. — Todos se curvam, fitando o chão arenoso.

A sensação de poder não me preenche como fazia. Aquele mundo fodeu comigo. Preciso me esforçar mais para não transparecer.

— Vocês têm a ordem direta de ir até a caverna dos moribundos e fiscalizar o local — consigo manter o tom de voz frio de sempre. — Se houver objeções quanto a isso, gostaria que falassem agora para que eu não precise matá-los depois.

Um dos corpos magros curvados em minha frente treme. Sei que foi por medo, apenas não posso definir se é medo de mim ou da caverna.

Aquela caverna guarda todas as almas sem julgamento. Nem bons, nem ruins. Aguardam um novo balanceamento. O que os assusta é que, nesse tempo de espera, essas pessoas se tornaram violentas e monstruosas, tanto física quanto mentalmente, quase como aqueles zumbis que existem no mundo mortal. Já houve casos de servos que não retornaram, alguns comentam que foram devorados pelas bestas que aquelas pessoas se tornaram. Desci lá poucas vezes, apenas para verificação. Aquelas criaturas realmente seriam capazes disso.

— Saiam agora.

Os cinco servos mal vestidos com panos brancos sujos de suor saem imediatamente.

Ékimet demora mais, como se quisesse me dizer algo, mas sabendo do limite que existe enquanto estamos em nossos reais papéis.

— Ékimet — pronuncio sem perceber. Quero falar com ele, liberá-lo para voltar. Posso sentir a esperança brotar de seus poros, ele está realmente esperando que eu diga alguma coisa, talvez exatamente isso, que eu o livre. — Está dispensado. Vá guiar os servos e retorne para a organização da grande fila.

Não era o que ele queria ouvir e, acho que não era o que eu queria dizer, mas nossa relação lá fora acabara. Quanto mais rápido esquecermos tudo isso, mais rápido retornaremos para o que éramos.

— Sim, mestre — sua voz é cheia de angústia.

Vejo Ékimet sair da sala do trono com um certo desconforto.

Hora de voltar ao trabalho também, digo a mim mesmo, forçando a mente a ir para lugares diferentes, lugares com procedimentos práticos e pouco dinâmicos.

— Por favor, deus Anúbis, tenha piedade da minha alma — uma mulher me implora.

— A balança decidirá — digo sem nem ao menos me importar de olhar para ela.

Por sorte, ela tinha sido uma pessoa ruim. Sorte para mim, que não queria fazer a travessia, para ela, nem tanto.

— Seu coração é pesado demais. Não a guiarei para o descanso com Osíris.

Assisto a Ammit arrastar a mulher para dentro de sua jaula.

Tem sido mais fácil agora que já se passaram alguns dias, sinto que estou voltando a ser como antes.

Quantas luas já se passaram no mundo mortal? Talvez umas sete ou oito. Bem, pelo que contei nos últimos dias, eram oito.

Rá ainda não veio falar comigo, na verdade, ninguém veio. Esperava que Osíris aparecesse e, é claro, queria que Anput voltasse. Não consigo descansar sabendo que ela ainda está no mundo mortal. Com Hela.

Eu não respondo mais às mensagens. Isso ainda dói. Quase todas as noites mortais ela me envia "Boa noite" e eu fico relendo cada um deles. Apesar de ser uma tortura, não posso responder, não é justo dar a ela uma esperança que não existe para nós.

Fico contente em saber que ela está a salvo ainda. Mesmo sabendo que é uma deusa, não deixo de me preocupar com ela.

Um grito de alívio me tira de meus pensamentos.

Merda. O coração dessa pessoa é leve.

— Você me acompanhará pelo Nilo até o descanso com o poderoso deus Osíris — falo monótono.

Abro caminho pelos portões, seguindo para o barco.

Fico ao lado, esperando que a alma entre e a olho por poucos segundos, o suficiente para me deixar um pouco abalado.

Essa garotinha deve ter uns oito anos, seu corpo é excessivamente magro, o que indica que ela ficou doente. A inocência de seu olhar ao sorrir para mim enquanto entra no barco é tranquilizadora.

Seguimos em silêncio. As mãos dela se mantêm inquietas em seu colo.

— Qual seu nome? — pergunto.

Pela primeira vez, inicio um assunto com alguém neste lugar. Não é a primeira criança que eu levo, mas é a primeira desde que voltei.

— Amber — até sua voz é trêmula.

— Você está indo para um lugar bom, Amber.

Ela sorri para mim, quase como se agradecesse pelo que eu estou tentando fazer.

— E você? Fica sempre sozinho?

— Sim.

— Eu gostaria de ficar e fazer companhia para você, não é bom ser sozinho — seu tom meigo toma forma enquanto o nervosismo se dissipa um pouco.

Uso meu sorriso breve como resposta.

Ajudo ela a descer e, diferente de como tem sido nos últimos dias, espero Osíris abrir os portões. Estava evitando esse confronto, mas não deixarei essa garota assustada sozinha.

Sua pequena mão segura minhas vestes. O aperto fica mais forte quando ele abre os portões. Seu grande sorriso desaparece quando vê que, desta vez, eu estou ali.

Ele abre os braços.

— Venha comigo, pequena. Vai gostar de tudo o que tem aqui dentro — seu tom simpático não chega aos olhos.

Sinto sua mão procurar a minha. Antes que a encontre, abaixo-me na altura dela, ficando de costa para Osíris, o que facilita ignorar sua presença.

— Fique tranquila. Nada mais poderá fazer mal a você.

— Você promete?

Sua pergunta me pega de surpresa.

— Minha promessa importa?

Ela sorri e toca a ponta do meu nariz.

— Você é meu amigo, então, importa.

Osíris se aproxima, deve estar impaciente.

— Como seu amigo, eu prometo que toda a sua dor acaba aqui.

Ela assente e posso ver em seus olhos que ela realmente acredita em mim. O que quer que eu prometa, será a verdade para ela.

— Eu assumo agora. Saia — Osíris é, pela primeira vez, agressivo em seu tom.

Ergo-me, mas me mantenho ali. Não receberei ordens dele.

Ela segue a seu lado, olhando para mim e acenando.

Retribuo o aceno e cruzo os braços quando ela vira.

Osíris também se vira para me encarar, mas seu rosto é duro, como se estivesse pronto para me fazer sair dali agora mesmo, como ele ordenou.

Assim que o portão fecha, sigo meu caminho de volta. Todos esses dias eu evitei olhar para a névoa que cerca o lado do rio, mas agora, depois de ter agido tanto com minhas emoções, é difícil não olhar.

A névoa densa ainda cobre o local, quase esconde as flores secas com sua cortina branca e úmida. Tudo parece estar exatamente como eu lembrava, pelo que consigo ver através da névoa, a grama morta com pequenas gotas criadas pelo nevoeiro, algumas árvores negras sem folhas e sem frutos. Parece ser um lindo jardim que não conseguiu sobreviver. Quase tudo está igual. Exceto a falta da figura que sorria para mim, que me fez ter coragem para sair, que me mostrou coisas totalmente novas.

Sorrio ao pensar que, em todo tempo fazendo esse mesmo caminho, sempre sonhei em tocá-la, em conversar com ela. Depois que finalmente consegui isso, perdi até mesmo a oportunidade de vê-la. Ela me acalmava, me fazia suportar essa existência.

Preciso vê-la.

Mesmo que seja uma merda o que eu enfrentarei, preciso chegar até ela e ver seu rosto.

Mantenho o barco na margem do rio, junto aos portões, e pulo na água fria. Não estou pronto para passar pelos portões ainda.

Caio no mesmo lugar que antes, na caverna com um barqueiro. Dessa vez, ele não está lá. O que é ótimo, ninguém pode me ver agora.

Saio da água, uso minha forma mortal e me concentro no lugar em que eu quero estar agora. Sei que, estando neste mundo, posso me transportar para o mundo mortal com facilidade. Só preciso me concentrar no lugar em que quero aparecer, como Afrodite me ensinou.

A boate de Julian. Quero ir até lá.

Abro os olhos e ainda estou nesta caverna escura, iluminada apenas por uma tocha erguida na costa do rio, exatamente onde o barco estava na última vez.

Merda. Não tenho tempo a perder. Não posso ser pego antes de sequer olhar para ela.

A porra da boate. Agora.

Começo a lembrar da música alta que machucava meus ouvidos, do cheiro de álcool e perfume que exalava do lugar fechado. Muitas pessoas rindo e conversando alto para sobressair o barulho da batida. Cada detalhe parece vivo em minha mente, praticamente tocável.

O som da música familiar me faz abrir os olhos. Eu consegui.

Uma garçonete bate em mim, mas eu consigo segurar sua bandeja com maestria.

— Desculpa, não tinha te visto aí. — Ela pisca para mim.

Ignoro, devolvo a bandeja e sigo rapidamente pelas escadas até o apartamento de Julian.

Seguro a maçaneta e travo.

O que eu estou fazendo? Seria terrível para ela me ver aqui. Eu não respondo nem às mensagens dela para não machucá-la e agora resolvo aparecer?

Dane-se. Eu vim até aqui.

Abro a porta com cuidado. Tudo está silencioso ali.

Fecho lentamente, deixando todo o barulho para trás. Com passos suaves, ando pelo corredor.

Eu pareço um maldito maníaco de filme, mas só eu saberia disso, se conseguisse não ser visto.

Abro suavemente a porta dela e, sem emitir ruído algum, entro no quarto escuro.

Completamente vazio. Ela não está.

A decepção toma conta de mim. Como fui estúpido.

Sento-me na cama e fito o chão. Posso ir embora como um perdedor ou esperar ela voltar.

Não, não tenho todo esse tempo. Preciso voltar.

Saio e passo pela porta do quarto que era meu, vendo que está entreaberta.

Empurro-a com cuidado e vejo o grande cachorro amarelo que já esperava minha presença. Ele me encara, deitado atrás dela, usando o lenço que escolhi.

Ficou bem nele, fiz uma boa escolha. Fico feliz que ela também tenha gostado, e talvez, lembrado de mim.

O relógio na cabeceira da cama marca 4:43. A cama parece estar novamente em seu devido lugar.

Entro e fecho a porta.

— Oi, Garm — sussurro quase inaudível para ele.

Ele abana levemente o rabo, contente com minha chegada.

Faço a volta na cama para chegar ao outro lado, seu rosto está virado para a sacada. A luz da Lua ilumina seu rosto pálido, está abatido e triste. O celular está ao lado dela. Seu corpo está em posição fetal, pequeno e frágil. Seguro minha vontade de tocar em seu rosto, deitar a seu lado e abraçá-la. Eu sei que preciso disso, ela também, mas e depois? Iria embora e tudo seria pior.

É impossível olhar para esse lindo rosto e não lembrar das palavras que eu tenho evitado. Elas me causam tremores sempre que recordo. Não há o que eu possa fazer com elas. Posso definir como medo. Medo principalmente do que isso me faz sentir.

"*Eu te amo*". Ela parecia ter tanta certeza disso. Ah, eu espero que não tenha.

Sem perceber, minhas mãos estão acariciando os cabelos dela. Nossa, que mulher incrível, quero muito beijar esses lábios agora. Hela, como eu quero que você me encontre como prometeu. Nós somos amigos, não pode quebrar a promessa.

— Você é meu pequeno raio de Sol — declaro baixo, apenas para mim mesmo.

— Anúbis... — a voz quase inaudível pronuncia.

Afasto-me, mas paro quando percebo que ela está dormindo ainda, então, era apenas um sonho. *Um sonho comigo*. Mas, como é possível? Deuses não podem sonhar...

Beijo o topo de sua cabeça e uso o lenço de meu bolso para limpar uma lágrima que escorre pelos olhos dela.

Estou me arriscando demais. No fundo, quero que ela acorde. Quero ver os olhos dela. Sou um maldito egoísta.

Um barulho na porta de entrada faz com que eu me afaste rapidamente.

Merda. Meu tempo acabou.

18

Sombras se escondem nos cantos das paredes, todas cobrem o rastro de alguém. Alguém que eu não posso alcançar. Meu corpo todo reage, conhece a silhueta de costas no meio das sombras. Tento chamar por ele, quero que ele se vire para mim. Quero que ele me olhe. As palavras saem vagas, não consigo ouvi-las e acho que ele também não. Quando tento mais uma vez, ele sumiu. Estou sozinha com as sombras.

Sento-me, assustada. O que foi isso?

Era tão real. Senti como se de fato estivesse lá.

É a sétima vez que isso acontece. Sete noites seguidas que meu sonho é interrompido por imagens dele indo embora.

Esta semana foi uma verdadeira tortura. Não saí deste apartamento um único dia. Fico deitada, assistindo a filmes e lendo livros que Julian me indicou. Como apenas quando Gundy insiste muito e, minha nossa, minha irmã é ótima em insistir. Sei o que ela pensa, eu estou ficando fraca neste mundo, meu corpo é cada vez mais mortal e suscetível aos males daqui, ainda que meus poderes nunca me abandonem, eu não tenho a mesma força de quando eu vim.

Minha testa suada molha a palma da minha mão quando a toco. Esses sonhos mortais estão me destruindo.

Estico a outra mão para tocar em Garm em um ato habitual de segurança, gosto de sentir que não estou sozinha. Minha mão tateia a cama, sem alcançar o objetivo.

— Garm? — minha voz sonolenta parece estranha.

Que horas são?

Olho para o relógio. 4:53. Nossa, ainda é cedo demais. Aonde Garm foi?

No mesmo instante, ele sobe a meu lado e deita-se, tranquilo. Acho que deve ter ido dar uma volta. Devo estar me preocupando demais.

O telefone acende. É ele?

Minha atitude desesperada para pegá-lo me decepciona no momento em que vejo uma mensagem sobre como será o clima hoje. Por que deixei Gundy instalar isso aqui?.

É claro que ele não responderia, nunca mais vai responder. Ele foi embora. Ele não tem mais interesse em lutar por algo impossível. Ninguém vale tudo isso.

Uma lágrima desce por minha bochecha. Isso é inaceitável. Hora de lavar esse suor e voltar a dormir, talvez assistir a um filme caso demore a pegar no sono novamente.

O banheiro do quarto dele ainda tem o cheiro dele. Os produtos que Afrodite o presenteou, dizendo que é o Kit Homem Mortal, me fariam rir se não soubesse que ele nunca mais será esse homem. Agora ele é Anúbis, muito longe para alcançá-lo, mesmo sendo uma deusa.

Abro a torneira e encho a palma das minhas mãos com água, banhando o rosto num ato que refresca minha espinha. É revitalizante.

Termino de me secar e saio. Vou ver qual é o próximo filme da lista que Julian chama de "Impossível Não Ver". Até agora gostei de poucos, acho que os filmes de ação de que ele gosta não são de meu agrado.

Procurando a lista no criado-mudo, um pedaço de pano chama minha atenção. Está no chão, ao lado da cama. Não me lembro de ter visto isso antes. É macio e aveludado, um lenço. Eu tenho certeza de que não tenho um lenço, como isso veio parar aqui? Olho ao redor do quarto, procurando mais alguma pista do que pode ter acontecido.

A porta. Eu não a deixei fechada, ela estava entreaberta para que Garm possa sair se ouvir alguma coisa. Julian está em seu outro apartamento hoje, tinha negócios do outro lado da cidade, depois iria entregar um presente meu para Mirna, apenas um pedido de desculpas por não ter ido ao aniversário dela ontem, por sorte Julian foi em meu lugar. Gundy avisou que iria voltar apenas durante a manhã, está na casa de uma amiga que conheceu. Quem fechou a porta?

Suspiro.

Hela, chega. São 5:00 da manhã e não estamos em um programa de crimes, o vento deve ter batido a porta e o lenço já devia estar ali. Ninguém veio sequestrar você e levá-la de volta a Helheim.

Rio com meu próprio sermão mental.

Preciso relaxar.

Pego o controle da televisão e ouço o som da porta batendo. Aguardo o grito de "Cheguei" de minha irmã eufórica. Nada.

Rapidamente, pego um roupão roxo pendurado na cadeira e visto. Seja quem for, não precisa ver a camisola preta de renda que Dionísio escolheu com tanta atenção para mim, talvez tenha sido atencioso demais.

Abro a porta com cautela e sigo pelo corredor escuro, não quero que saibam que estou acordada, se quiserem me levar para casa, vou lutar antes. Pego um dos guarda-chuvas guardados ao lado da porta e ergo em minhas mãos, não sei o nível de minha força, mas sei que uma arma a mais não irá me atrapalhar.

Passos na cozinha. Tem realmente alguém aqui. E pela movimentação, não parece preocupado em ser visto. Será que Julian voltou mais cedo?

— Julian? — não pude evitar tentar responder minha dúvida.

Silêncio.

Garm passa a meu lado, seus pelos arrepiados respondem à minha pergunta. Não é Julian ou Gundy.

Ele corre até a cozinha em posição de ataque. Some em meio à escuridão do apartamento.

— Garm! Espera! — grito.

Um grunhido alto corta meu coração enquanto eu corro na direção da abertura da cozinha.

— Garm!

Ligo as luzes no mesmo instante em que passo pela cozinha. Não tem ninguém aqui. Apenas sangue no chão. Meu Deus. Garm!

— Apareça! Meu cachorro não tem nada a ver com isso!

Uma sombra se movimenta atrás de mim e eu giro rapidamente, tentando acertar o guarda-chuva no que quer que seja, mas sou impedida por uma força que não era desconhecida.

O guarda-chuva foi simplesmente retirado de minha mão com muita facilidade.

Vamos, Hela. Não se deixe ser vencida tão facilmente.

Estendo a mão e posso ver a aura roxa cercando meu corpo como uma nova camada em minha pele. Lembro-me de ter usado isso apenas uma vez, essa camada protege meu corpo como uma armadura, ao mesmo tempo em que aumenta a força de meus golpes.

A sombra se move para meu lado e tenta segurar meu pescoço, mas eu acerto um soco no que parecia ser um lobo grotesco.

Ele voa para trás com o impacto, conseguindo parar antes de atingir a parede com força.

Antes que eu possa avançar, ele já não está mais lá.

— Helly, como vai? — a voz rouca me causa arrepios. — Parece diferente, mais humana, talvez? Aqui você não é imortal, melhor colaborar, irmãzinha. Papai e nosso avô Odin não ficarão felizes em saber disso.

Os caninos longos brilham pela única luz acesa atrás de mim.

Meus olhos fecham no mesmo instante. Sei que ele vai me punir, sei que não me levará para Helheim para que meus poderes retornem.

Fenrir.

Não pode ser. O que ele faz aqui? Deveria estar amarrado em sua prisão.

Minha energia falha e meus joelhos tremem, fazendo minha forma mortal desaparecer com minha aura de proteção, deixando-me totalmente indefesa.

Não tenho força o suficiente.

— Vim testar você, Helly. Fique calma. — Seus olhos cor de mel esboçam prazer em suas palavras. — Trouxe um presente.

Ele me empurra em direção ao sofá e some no escuro.

Por que soltariam meu irmão Fenrir? Ele é perigoso para todos, não só para mim. Sou tão difícil de encontrar que precisaram libertá-lo?

Tento me levantar, mas sou interrompida por sua ameaça.

— Fique quieta se não quiser feridos aqui.

Fenrir trouxe um homem musculoso, seu corpo todo tatuado está trêmulo. Ele está com medo. Uma mordaça o impede de se comunicar.

— Olhe nos olhos dele e me diga o que vê — sua voz é emergente.

No instante em que meus olhos se prendem nos castanhos assustados, sinto sua maldade por inúmeros assassinatos, a agressão à jovem esposa... Desvio o olhar, não quero mais ver aquilo.

— Mate-o.

— O quê?!? Não.

Por que insistem tanto para que eu tire a vida de um humano? Seria essa minha fraqueza? Importar-me com eles? Eu nunca me sentiria bem novamente se tirasse a vida de um ser humano.

— Seja justa. Você não é a deusa da piedade. Faça o que ele merece e mostre que você merece voltar para Helheim e exercer sua função. Mostre que não é fraca demais para isso agora.

Minhas mãos estão trêmulas.

Não posso matar um mortal. Não tenho o direito de tirar a vida dele. Essas palavras recorrentes ecoam por minha cabeça sem parar.

— Ou prefere que eu mate seu cachorro?

— Garm! Não toque nele! — meu desespero sobe.

Ele ri.

— Garm? Não, Helly. Seu outro cão.

Fenrir abre a mão com um coração pulsando em laranja.

Anúbis.

— Você não pode matar um deus assim.

— Pode arriscar se quiser, não me importo em demonstrar.

Olho para o mortal mais uma vez. Não posso arriscar a vida de Anúbis.

— O tempo está correndo, Hela.

Levanto-me com dificuldade e seguro o rosto daquele humano entre minhas mãos.

Sinto muito. Sinto muito. Sinto muito.

Forço minhas mãos contra a cabeça dele, tentando esmagar seu crânio. Seu grito de agonia preenche a sala. Eu estou hesitando e isso faz o processo ser mais lento e doloroso.

Minhas mãos são empurradas para trás com tanta força que preciso dar alguns passos.

O homem de preto se coloca entre minhas mãos e a cabeça daquele homem.

— Veio assistir? — Fenrir pergunta.

— Eu preciso fazer isso! — minha voz é de completo desespero.

Tento alcançar o homem novamente, mas braços fortes me impedem de tocá-lo.

— Hela, saia daqui — Anúbis diz com pressa.

Ele quer salvar um humano? Por quê? De novo?

— Anúbis, por favor. — Lágrimas brotam de meus olhos.

— Helly, faça o seu dever. Não deixe que ele a impeça — Fenrir rosna

Mantenho-me imóvel. Não sei o que fazer.

— Ele quer que você prove que ainda consegue, não é? Então, diga, você tira vidas humanas? — sua voz soa melódica, como se isso fizesse total sentido para ele.

— Não... — minha voz sai falhada, o que combina com meu corpo trêmulo.

— Você não é uma assassina. É a deusa do julgamento final. Não se esqueça disso.

— Mas ele vai... — antes que eu possa completar, ouço Anúbis bufar.

— Ele está blefando — sua voz confiante me irrita às vezes.

E se ele estiver errado?

— Quer pagar para ver? — Meu irmão mostra seus dentes em um sorriso.

— Quero.

— Não! — meu desespero não fica escondido.

Fenrir continua segurando o coração como se fosse feito de vidro.

— Irmã, você precisa vir comigo.

Ergo-me. É a hora de ir também. Tudo vai voltar a seu devido lugar.

— Hela, não faça isso. — A confiança dele parece cair.

— Eu não tenho mais nada aqui e nós sabíamos que, se o seu lado veio buscá-lo, o meu também viria. Mais cedo ou mais tarde.

— Você não sabe o que é voltar para a vida de antes depois de ter experienciado viver de verdade. Não vou deixar que saiba.

— Blá, blá, blá — Fenrir diz em um tom impaciente que faz suas orelhas de lobo ficarem tensas. — É por isso que vive isolada, qualquer um engana você.

— Fenrir, por favor, deixe esse humano ir e solte esse coração. Ninguém precisa se envolver nos nossos assuntos. — Puxo a calma que eu sempre mantinha intacta para passar confiança. — Por que precisa fazer um teste antes de voltarmos? Todos sabem que sempre fiz meu trabalho com maestria, não há motivos para duvidar.

— Você fugiu. Deve ter enfraquecido.

Ele está certo.

— Mas matar não faz parte do meu dever. Por que quer que eu faça algo assim?

Tento afastar o foco de Fenrir, tentar fazer com que esqueça Anúbis.

— Eu vou mostrar exatamente como deveria ter feito.

Antes que ele possa chegar perto do humano, Anúbis se posiciona na frente dele. Fenrir usa suas unhas em garras para cortar diretamente o pescoço de Anúbis, mas ele facilmente segura seu pulso e o vira, chutando a parte traseira de seus joelhos e segurando nos pelos de sua cabeça.

Vou até sua mão e pego o coração, que se dissolve em névoa em minhas mãos, era mesmo falso.

— Hela, saia. Eles querem levá-la, então, se esconda — Anúbis diz enquanto segura meu irmão pela nuca.

As garras de Fenrir seguram nas costas de Anúbis, cravando fundo para conseguir jogá-lo do outro lado do cômodo, quebrando a estante.

— Que se dane o humano, eu vou levar a sua alma — Fenrir rosna.

Ele vai até Anúbis, seu corpo arqueado e peludo está em posição de ataque. Sua mão monstruosa passa pela luminária e a pega no caminho.

Eu seguro suas mãos antes que possam acertá-lo e ele me empurra.

— Se não sabe mais fazer seu trabalho, posso me livrar de você.

A luminária acerta minha cabeça e faz com que eu caia para trás. Minha cabeça gira sem parar. Dói.

— Hela! — o grito desesperado de Anúbis parece estar a quilômetros de distância. — Hela!

Meus olhos abrem e eu não havia reparado que estavam fechados.

O quarto está coberto por uma luz laranja, brilha tanto que consegue iluminar a sala inteira, saindo pela sacada como um Sol noturno. Anúbis é a fonte dessa luz, pisando em Fenrir de uma forma simples, mas que o mantém facilmente no chão.

— Você está bem? — a preocupação na voz dele é evidente, embora o desespero tenha diminuído.

— Eu estou... O que...? — Eu não consigo pensar. — Você está brilhando.

Eu sabia que Anúbis era forte desde que tentei impedi-lo, sem sucesso, de matar aquele homem no apartamento da Mirna, mas não conhecia toda essa força. Ele emana tanto poder que parece ser absurdo. Será que essa é sua real força?

Com esforço, levanto-me da poça de sangue que há embaixo de mim.

Minha forma mortal está de volta, recuperei um pouco de minha força.

Fenrir torce a perna de Anúbis e o morde, fazendo com que tire a perna e o liberte da prisão que havia feito.

Ele tenta dar uma investida por baixo, tentando acertar seu estômago com uma mordida. Anúbis está estranhamente mais rápido e consegue segurar a nuca de Fenrir antes que ele o morda, batendo com a cabeça dele na parede, criando uma rachadura onde ele não para de bater.

Anúbis está ardendo em raiva.

— Você precisa ir. Agora — ele rosna.

— E você? Ele é forte, pode te machucar! — minha preo-cupação me mantém parada.

— Você é toda minha imortalidade, não posso arriscar nunca mais vê-la. Faça isso por mim — sua voz é um apelo, bem como suas palavras.

Corro para fora, passando rapidamente por todas as pessoas da boate, empurrando-as para obter espaço. Aperto os botões do elevador diversas vezes. Para aonde eu vou?

Mirna. Eu sei onde ela mora.

O uivo de meu irmão ecoa pelo lugar inteiro, mesmo com a música alta. Penso em voltar quando meu telefone vibra no bolso do roupão.

Octavian: Eu o joguei pela janela dos fundos. Corra quando sair do prédio, já chamei um carro para você. Seja aonde for que se esconda, eu irei encontrá-la, mas, por ora, preciso voltar. Me mantenha informado, meu pequeno raio de Sol.

Sinto como se já houvesse ouvido isso. Não tenho tempo para isso. Onde será que Garm está? Por que Anúbis não vem comigo?

O elevador abre e eu corro para fora, procurando o carro que ele disse que chamou. Não vejo ninguém

Corro em direção ao parque. Preciso chegar à casa da Mirna logo.

Minha cabeça dói.

Meus pés batem nus contra o solo, correndo sem perder a velocidade. Sinto a neve tocar diretamente meus dedos e tento me concentrar em não cair.

Se Fenrir me achar, será meu fim, meus poderes estão se esvaindo cada vez mais.

A cada esquina eu tento acelerar ainda mais. Os carros passam depressa por mim e não vejo pessoas na rua. Sinto minha roupa colar em meu corpo, molhada pela neve.

Espero que o confronto entre eles tenha acabado.

Você disse que me encontraria em qualquer lugar. *Cumpra sua promessa, deus do submundo, Anúbis.*

19

Chego sem muitos ruídos. Não deveria me arriscar demais se quisesse continuar andando livremente. Se quisesse ter a chance de vê-la de novo.

Hela precisa de minha ajuda. Preciso saber se está bem, aquela batida parece ter sido forte.

Aquele pequeno contato já transformou minha tristeza em esperança, num piscar de olhos, estava vivo outra vez. Preciso arrumar algumas coisas, deixar os servos cientes de suas obrigações extras enquanto eu não estiver. Vou fugir, mas desta vez não vou deixar tudo uma bagunça. Talvez assim, Rá não perceba minha falta.

Vou cambaleante à sala do trono, graças àquele lobo maldito. A mordida está queimando minha perna. Agora que estou aqui, isso irá se recuperar rápido.

Não tenho tempo para isso.

Estou ansioso para acabar isso rápido e encontrar Hela. Ela está sem sua força e precisa de mim.

— Anúbis, aonde você estava?

Minha esperança escorre por meu corpo e sai como uma gota pelos dedos de meus pés.

Rá está sentado em meu trono, sério.

— Tomando um ar. — Mantenho a tranquilidade.

— Não ouse brincar comigo — sua voz fica severa. — Nunca desço aqui, mas pensei que valeria a pena ter uma conversa sobre o que aconteceu. — Ele se levanta e começa a andar, imponente. — Haverá punição pelo seu ato, sua rebeldia não será tolerada.

— O que vai fazer? Me amarrar com Ammit? Posso suportar isso — minha raiva é evidente.

Cruzo os braços para conter a vontade de socar a cara dele.

Rá olha em meus olhos e anda em minha direção, seu cetro colado em sua mão como se tivesse uma cola ultrarresistente o prendendo ali.

— Anput me contou o que lhe interessava lá. — É, eu reparei. — Se uma mulher fez você sair, uma mulher fará você ficar. Você vai se casar com Anput, ela será sua esposa e ficará com você cuidando do julgamento dos mortos. Ela me manterá informado sobre suas fugas.

— Não! Isso...

— Basta! — ele me interrompe. — Não quero ouvir nada. É minha decisão final. Se encontrar aquela mulher novamente, os dois serão mortos.

Ando até a direção dele. Não me importo mais com o que é certo. Só quero arrebentar a cara desse desgraçado que não para de tomar meu tempo enquanto Hela corre perigo.

Puxo toda a minha fúria para meus punhos e atiro contra Rá o fogo que verte em forma de aura.

Ele não se dá ao trabalho de sair da frente, agindo como se eu não significasse nada.

Quando me aproximo o suficiente, tento acertar o soco em sua face de pássaro ridícula.

Ele segura meu punho e aperta, fazendo com que eu caia de joelhos. Minha força parece ser paralisada por esse aperto em meu punho.

Seu olhar amarelo é fixo no meu, posso ver todo o desprezo que existe neste olhar. Tenho certeza de que o encaro da mesma maneira.

— Eu disse que basta — ele diz, firme.

— Foda-se o que você disse — minha voz é agressiva em tons graves, como um rosnado.

Uso minhas pernas para chutá-lo e fazê-lo, pelo menos, se afastar um pouco.

— Eu tentei avisar você, Anúbis. — O brilho em seus olhos aumenta. — Vou tratar você como o cachorro que quer ser.

Em um estalo de dedos, algo prende em meu pescoço e Rá solta minha mão.

— O que fez comigo?!? — digo em desespero.

Tento arrancar isso de meu pescoço à força, mas nada acontece.

— Você agora está preso ao submundo com essa coleira. — Rá volta a sua forma pacífica.

Continuo meu ato desesperado de tirar isso. Não posso ser preso.

Quando percebo que Rá está distante, levanto-me e tento ir até meu trono. Talvez minha força com o cajado possa causar rachaduras nisso.

Antes que pudesse chegar até o trono, reparo no detalhe que havia esquecido. Anput está com meu cajado. E ela está no mundo mortal.

Coloco a mão no bolso. Preciso falar com Afrodite, quero meu cajado de volta, preciso me libertar logo dessa amarra e ir até Hela.

Rá aparece atrás de mim e pega o telefone.

— Não encontrará mais aquela deusa.

Sua mão aperta o telefone, transformando-o em migalhas.

Meu joelho fraqueja e caio com o pó que restou do telefone, que agora se junta à areia. Como se meus sonhos pudessem fazer parte daqueles restos, eu seguro-os ali, buscando, mas ao mesmo tempo abandonando-os de vez enquanto caem entre meus dedos.

— Recomponha-se. Não haja como um mortal, ou terá uma morte como a deles. — Ele anda até os portões. — A cerimônia acontecerá no palácio. Virei buscá-los quando estiverem disponíveis.

Rá desaparece.

Dou vários socos na areia que estremecem o lugar.

Um grito preso em minha garganta se solta. Como pude ser tão tolo?

Minha mente ficou fraca com tantas emoções.

Não posso aceitar o que o destino escolheu para mim. Mas não posso deixar que Rá faça o que prometeu. Vou me livrar de tudo o que aquele lugar trouxe para mim.

Tudo.

Preciso esquecer o que passou.

Preciso me esquecer *dela*.

Ou acabarei colocando sua vida em risco e isso é algo que eu jamais aceitaria fazer. Não posso deixar que Rá a machuque.

Preciso entender que isso é um adeus a Hela. Um adeus a tudo o que eu desejei. Um adeus ao que eu consegui ser por um instante. A única coisa que me fez sentir algo.

Como a brisa de um vento cortante, meu corpo sem vontade se ergue. Tenho um dever a cumprir.

Será que os humanos também desistem de seus sonhos? É difícil acreditar que sim, mas se for verdade, então dê que vale a pena sonhar?

EPÍLOGO

Esta neve me incomoda tanto, não podiam ter escolhido outro lugar para se esconderem?

O mundo mortal inteiro parece sufocado em aparências, tentando demonstrar o que pensam que o outro gostaria de ver. Traduzindo, mentindo sobre o que são e, modéstia à parte, eu sou o mestre das mentiras.

— Olá, docinho, acho que tenho uma mesa reservada. — Sorrio com toda a sedução, fazendo a atendente corar enquanto me escoro no balcão.

— E o senhor é...? — voz de quem está tentando me cantar, gostei.

— Payne Owen, a seu dispor. — Ou talvez esse seja o cara no beco que eu matei e peguei a identidade.

Ela olha para o computador e começa a procurar. Ah, boneca, você não vai encontrar. É *mentira*.

— Não estou encontrando, senhor Owen.

— Sabe, estou atrasado e quanto antes terminar isso, mais cedo posso sair. — Pisco.

Ela cora e sorri.

— Use a mesa três.

Mando um beijo e saio. Foi fácil.

O cardápio parece interessante. Vou pedir um pouco de cada, não venho para o mundo mortal há anos, vai ser ótimo provar novas especiarias. De qualquer forma, não precisarei pagar se usar minha lábia.

A cadeira em minha frente se move e ergo meus olhos por cima do cardápio.

— Está atrasada — comento.

— Dei a localização para você, agora, quero que faça o que prometeu.

O vestido preto curto destaca a magreza de seu corpo, que tem grande elegância ao sentar. Seus olhos verdes fixam nos meus e cobram a resposta que ela está esperando. Ela acha mesmo que está no controle aqui?

— O que vai querer comer?

— Nada, apenas quero sua promessa cumprida.

— Você é sempre tão objetiva? Não costumo jantar com mulheres sem antes saber um pouco mais da vida delas. — Pisco, mas, desta vez, não obtive a mesma resposta da atendente.

— Me responda ou não terá o que quer — a voz dela fica seca.

Meu suspiro de derrota sai de uma vez só. Que saco. Será do jeito dela.

— Eu darei um jeito nela. Será trancada para sempre. Garanto que não a verá de novo.

— Meu casamento vai estar arruinado se ela aparecer — a voz dela se exalta.

Minha querida, controle sua voz ou teremos problemas...

— Confie em mim. — Meu sorriso sarcástico se estende por meu rosto.

— É o que eu estou fazendo, Loki — sua voz sai ríspida.

Meu sorriso aumenta.

— Fenrir já está com ela. Castigarei minha filha conforme achar necessário. — Passo as mãos por trás da cabeça.

Ela se levanta.

— É necessário garantir que ela não saia novamente! — é quase um grito que sai da boca dela.

É melhor pegar leve, garota. Se continuar com isso, vai conhecer o outro lado de minha personalidade e eu não quero destruir meu plano assim tão rápido.

— Se continuar exaltando seu tom de voz, vou precisar fazer coisas que realmente não quero — aviso.

Ela bate a mão na mesa.

— Anúbis e Hela não podem ficar juntos. Não vou permitir isso — seu tom de voz é mais suave dessa vez.

Assim que eu gosto, docinho. Controle seu temperamento comigo.

É agora.

— Então, me entregue o cajado dele.

A hesitação dela é clara, mas ela ergue os ombros, o que deve significar que sou vitorioso.

— Será feito, mas ela primeiro. — Seus olhos focam os meus brevemente.

Meu sorriso vai de orelha a orelha. Anput, sua danadinha, agiu exatamente como eu queria.

Espero que Fenrir já esteja com ela.